智慧共生
理念的内涵与实践

深圳市深汕特别合作区智慧城市研究院有限公司 / 编著

中国环境出版集团 · 北京

图书在版编目（CIP）数据

智慧共生理念的内涵与实践/深圳市深汕特别合作区智慧城市研究院有限公司编著. —北京：中国环境出版集团，2021.11

ISBN 978-7-5111-4904-6

Ⅰ. ①智… Ⅱ. ①深… Ⅲ. ①现代化城市—城市建设—研究—中国 Ⅳ. ①F299.2

中国版本图书馆 CIP 数据核字（2021）第 200982 号

出 版 人 武德凯
责任编辑 丁莞歆
责任校对 任 丽
封面设计 宋 瑞

出版发行 中国环境出版集团
（100062 北京市东城区广渠门内大街 16 号）
网 址：http://www.cesp.com.cn
电子邮箱：bjgl@cesp.com.cn
联系电话：010-67112765（编辑管理部）
010-67147349（第四分社）
发行热线：010-67125803，010-67113405（传真）

印 刷 北京建宏印刷有限公司
经 销 各地新华书店
版 次 2021 年 11 月第 1 版
印 次 2021 年 11 月第 1 次印刷
开 本 787×1092 1/16
印 张 15.5
字 数 260 千字
定 价 109.00 元

编著委员会

主　　任：陈忠晓

副 主 任：徐怀洲

委　　员：贾林瑞　孙文灿　刘志辉　侯　凡

编写人员（以姓氏笔画为序）：

马　娇　马　哲　王少明　王静雯　齐江豪

李　龙　李宛仪　李　玲　李树林　杨思华

肖　昆　谷　广　张雨昕　林灿鸿　胡小阳

柳其志　戚　霁　梁运鸿　蔡亮红

序

城市留存着人民生活、工作的足迹，承载着人民对更美好生活的向往和希冀。智慧城市建设正在全国范围内如火如荼地开展。2018 年，国家标准化管理委员会发布了《智慧城市 顶层设计指南》（GB/T 36333—2018），明确规定了智慧城市顶层设计的总体要求、基本过程、实施路径等。同年，深圳市出台了《深圳市新型智慧城市建设总体方案》，提出实现“六个一”发展目标，即“一图全面感知、一号走遍深圳、一键可知全局、一体运行联动、一站创新创业、一屏智享生活”，以及建成国家新型智慧城市标杆市的总体目标。

深圳市深汕特别合作区（以下简称合作区）作为深圳市第“10+1”区，围绕着打造现代化国际性滨海智慧新城的战略部署，以“智慧共生”理念指导自身建设发展，推动形成“政府统筹、政企合作、全员参与”的智慧新城建设新方略，将“智慧”基因融入新城建设血液，全面构建智慧城市新格局。合作区正式揭牌时间短、信息化基础薄弱，既受到了开展智慧城市建设的掣肘，也为酝酿形成新的智慧城市建设模式、建设理念提供了土壤。

星光不问追梦人，时光不负实干者。在这片远离深圳的飞地沃土上，深汕人艰苦创业、攻坚克难、接力奋斗，在“十四五”开局之年，谋划推动重大项目攻坚、乡村振兴攻坚、土地整备攻坚“三大攻坚行动”，解决城市建设的难点、痛点、堵点问题，为建设智慧新城的实体城市基础付出了青春和汗水。同时，合作区同步推进新型智慧城市建设，逐步夯实虚拟城市基础。在体制机制创新方面，为统筹全区新型智慧城市规划、建设、运维和管理工作，合作区成立了新型智慧城市建设领导小组及其办公室，按照“一体化统分结合、体系化多方参与”的原则组织新型智慧城市建设。深圳市深汕特别合作区智慧城市研究院有限公司（以下简称深汕智研院）作为全区新型智慧城市建设的技术支撑和具体协调实施单位，将自身定位为智慧城市设计运维商、大数据管理基础库与高端人才蓄水池。本书正是由深汕智研院组织编写的。

习近平总书记反复强调“一张蓝图绘到底”，新型智慧城市建设更是需要前期做好顶层设计，实现目标引领。智慧共生理念正是从顶层规划出发，运用新一代信息技术指导、规范、辅助城市规划建设。智慧共生是一种智慧城市建设的全新理念，是数字孪生理论与实际城市建设需求相结合的产物，它在合作区孕育诞生具有历史必然性，因为这座新兴城市能够为物理空间与数字空间融合共生提供良好的土壤。

本书从智慧共生理念的内涵出发，立足于合作区新型智慧城市建设的具体实践经验，分析了智慧共生理念在合作区新型智慧城市建设中的作用，探讨了新型智慧城市建设中虚实互动、数据融合、一体应用等关键问题，注重国内外智慧城市建设理念与发展过程的比较，系统阐释了智慧共生理念的价值和意义。

笔者期望本书能够开启一扇新型智慧城市建设理念实践探索的全新大门，也诚邀新型智慧城市各个领域的优秀专家学者为合作区新型智慧城市建设出谋划策。百年风华正青春，十年深汕砥砺行。让我们以庆祝党的百年华诞为新起点，勿忘昨天的苦难辉煌，无愧今天的使命担当，不负明天的伟大梦想，以永不懈怠的精神状态、一往无前的奋斗姿态真抓实干、砥砺前行，加快建设现代化国际性滨海智慧新城，为深圳市早日建成中国特色社会主义先行示范区贡献力量。

编　者

2021 年 8 月于深汕特别合作区

目录

第1章

智慧城市简介与发展现状

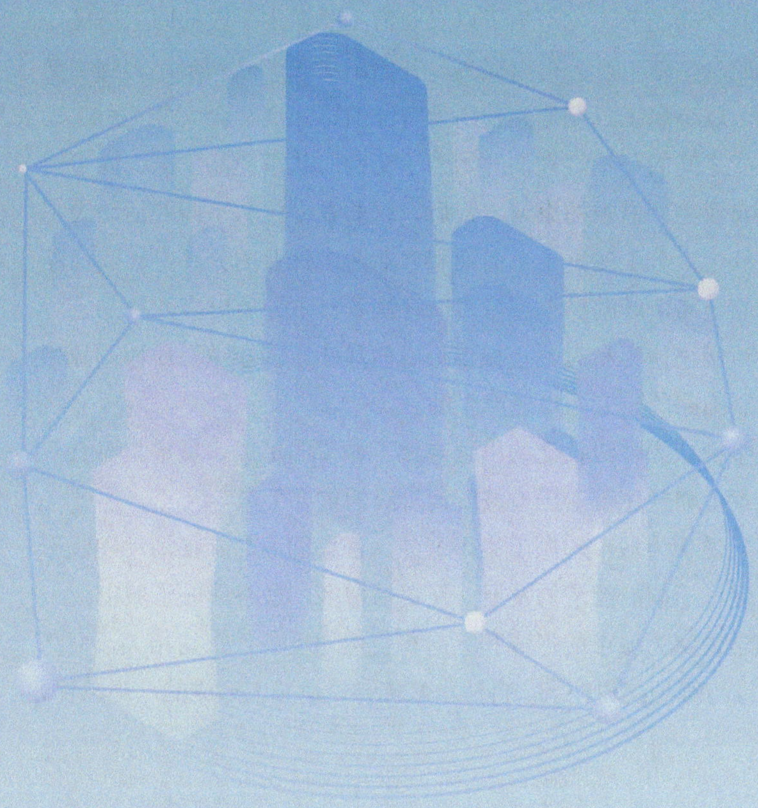

1.1 智慧城市产生的背景

1.1.1 智慧城市的缘起

从宏观上来说，城市的发展经历了多个阶段：传统城市—数字城市—智慧城市。

1. 传统城市

传统城市从产生到发展经历了漫长岁月。关于城市起源，全球各国学者有着不同的见解，形成了不同的城市起源学说。

一是防御说。该学说认为古代城市的兴起是出于防御上的需要。具体来说，就是在统治者（如氏族首领）的居住地或者居民聚居地修筑城墙、建造要塞，以保护财产不受外族的侵犯掠夺。

二是社会分工说。该学说认为人类历史上的三次社会大分工逐步导致了城市与农村之间的分离。具体来说，首先，原始社会后期的第一次社会大分工造成了农业与畜牧业两个行业之间的分工，产生了以农业为主要谋生手段的固定居民，即农民。此外，农民的产生使生产力得以提高，开始出现农产品剩余，为物物交换创造了前提。其次，以金属工具制作和使用为特征的第二次社会大分工引起了农业和手工业两个行业之间的分工，人们开始为了交换而从事商品生产，固定居民点的土地不再受到农业生产需求的束缚。最后，以商人专门从事商业活动为主要表现形式的第三次社会大分工触发了工商业和农业两个行业的分离，伴随商品生产活动的增加和商品交易市场的扩大，城市最终从乡村中分离出来。

三是私有制说。该学说认为私有制是城市形成的最初原因和主要原因，原始城市是随着大量奴隶制国家的建立而迅速产生的。

四是阶级说。该学说认为阶级社会的出现导致了城市的形成，城市本身具有统治的工具性，是奴隶主和封建帝王压迫被统治阶级的重要手段。

五是集市说。该学说认为城市起源于集市贸易，密集的商品交换活动逐步形成了城市雏形，进而促进了商品经济的发展，使贸易增多，最终形成了城市。

六是地利说。该学说认为城市的形成和兴起与自然地理条件密切相关，商路交叉点、河川渡口或港湾等处交通便利、自然禀赋优异，是城市形成的基础条件。

以上学说分别从防御、社会分工、所有制、社会等级制度、商品贸易、地理条件等方面对城市的起源做了解说和探索，这些角度和层次对我们了解城市起源具有重要意义。但从根本上来说，传统城市的起源应从经济方面寻找。马克思和恩格斯曾指出：“某一民族的内部分工，首先引起工商业劳动和农业劳动的分离，从而也引起城乡的分离和城乡利益的对立。”所以，寻根究底，拨开外在现象的迷雾，我们可以发现，城市的产生是生产力发展到一定历史阶段的必然结果。对于生产力发展有重要影响的政治、经济、社会、文化、自然、地理等因素都是城市产生的重要推动力。

考古研究结果表明，距今有 9000 年历史且被誉为“世界最早城市”的古里乔在其 4 万平方米的遗址范围内，堆积着从中石器时代到青铜器时代共计 17 层的文物，且筑造了厚度为 1.5 米、高度为 9 米的围墙，可容纳居民 2000 人。

综上所述，作为复杂的综合体，城市不可能在某一天、某一时突然出现，而是通过社会经济发展，经历了漫长的演变才最终产生的。

2. 数字城市

根据李德仁院士的观点：“数字城市”（Digital City）是城市地理信息和其他城市信息相结合并存储在计算机网络上、能供用户访问的一个将各个城市和城市外的空间连在一起的虚拟空间，是“数字地球”的重要组成部分，是赛博空间的一个子集。数字城市为城市规划、智能化交通、网格化管理和服务、基于位置的服务、城市安全应急响应等创造了条件，是信息时代城市和谐发展的重要手段。

作为以“人地关系”为主要特征的关系型系统，数字城市体现了人与人、人与地、地与地之间的相互作用和联系，政府、市民、企业、环境等构成了其独立的子系统。城市信息化的本质是以人为中心的，是为实现人地关系系统在城市中的数字化过程。在这个过程中，人的主导地位可以通过对城市的信息化展示和应用得到充分体现。通过技术手段，城市中的人能够更好地把握城市的运行状态和运行规律，调控城市中人与地的关系，并不断优化系统，促进城市居民生产环境的提升，以为后代预留可持续发展的空间。具体来讲，数字城市是通过 4 个信息化过程实现的：①地表测绘与统计方面的信息化，即数字调查与地图；②政府管理和决策方面的信息化，即数字政府；③企业管理和服务方面的信息化，即数字企业；④市民生活方面的信息化，即数字生活。

一方面，数字城市需要利用采集的空间数据和信息构筑城市级的虚拟操作平台，将城市中的自然和社会资源、城市基础设施、城市人文、城市经济等相关信息加载至虚拟平台，利用平台实现数据交换和共享，为政府和社会提供各方面的服务；另一方面，数字城市能够通过对上述数据和信息的综合分析输出相关结果，辅助支撑城市中规划、建设、运营、管理等相关实践，有力提升政府的行政效能，提高城市运行和管理的效率，节约水、电、气资源，促进城市按照可持续发展的标准发展。

有数据表明，人类在生产、生活场景中与空间位置有关的信息占 80%以上。与此相对应，数字城市的主要构筑也是建立在以空间信息为主的虚拟平台上的。城市中的其他业务应用大部分需要基于数字城市的空间信息平台，也就是说，在数字城市中，空间信息平台是一种基础设施，其重要性就像城市中的道路、桥梁之于实体城市的意义。

1998 年 1 月 31 日，继时任美国副总统戈尔提出“数字地球”的概念后，中国学者意识到这将是我国借由信息化建设，推动社会经济、资源环境等方面可持续发展的重要抓手。1999 年 11 月底至 12 月初，首届国际“数字地球”会议在北京召开。此后，“数字省”“数字社区”等名词层出不穷，“数字+”成为最热门的话题之一。我国许多省（区、市）甚至将“数字+”战略作为“十五”期间一个重要的经济和技术战略来抓。原国家测绘地理信息局也在全国性的局长级会议上提出，今后一个时期的重要任务就是构建“数字中国”基础框架。海南、山西、湖南、福建四省积极响应，其他省（区、市）亦紧密筹划，数字城市建设如火如荼。

3. 智慧城市

2008 年 11 月，IBM 公司在纽约首次提出“智慧地球”概念。作为智慧城市的发端，这一概念引发了全球智慧城市建设的热潮。2010 年，IBM 公司正式提出“智慧城市”愿景，认为城市由 6 个核心系统组成：组织（人）、业务/政务、交通、通信、水和能源。这些核心系统关系到环境、网络、基础设施等方面的构建，系统与系统之间不是分散的，而是互相协作、互相衔接的。城市就是构筑在这些系统上的更为宏观的系统。智慧城市是城市未来的发展方向，其实质就是运用信息化技术推动城市构建互联、高效的智能城市运行系统，为城市中的市民提供更加美好、和谐的生活环境，提升城市活力。

智慧城市是一种新的发展模式。这种模式的主要特征包括科学治理理念引领、智慧政务服务主导、信息泛在感知夯基等，可极大提升城市的环境承载力和经济驱动力，提升城市以人为本的感知体验。智慧城市建设着重驱动内生动力，不同城市可结合自身环境、资源和区位优势，探索出与其他城市完全不同的智慧城市发展路径。

智慧城市是当今世界上城市发展的趋势。如果将城市看作一个生态系统，那么城市中的交通、通信、水、电力、燃气、居民就构成了这个大的生态系统下的一个个子系统，这些子系统之间相互影响、普遍联系、密不可分。历史上，由于城市科技发展水平尚未成熟，城市子系统之间无法互相整合，以提供完整的信息支撑城市发展。但是，随着物联网、大数据、云计算等新一代信息技术的发展，通过全面感知、数据汇聚、资源共享可以将城市中的物理空间、数据资源和虚拟空间连接起来，构筑基于物理设施、信息设施、社会设施的新一代智慧设施平台，使各个子系统之间的关联进一步凸显，形成可以辅助城市决策指挥、实时响应、协调运作的神经网络系统。从这个层面来看，智慧城市可以实现数据共享交换充分、资源利用合理、管理决策最优、应对突发事件及时。

在应用过程中，人们常常将低碳城市、生态城市、无线城市、感知城市、数字城市、智能城市等概念与智慧城市的概念相混淆、相交叉，有时甚至与电子政务、智能交通等具体的业务领域概念交叠。此外，研究者对于智慧城市概念的进一步解读也存在着不同的观点，如有人认为智慧城市的核心在于技术应用，有人认为智慧城市的关键在于网络构建，有人认为智慧城市的特征在于人的参与，有人认为智慧城市的要点在于智慧化实效，而信息化建设较早的一些城市则强调，智慧城市的本质是以人为本和可持续发展。总之，智慧城市与智能城市存在本质区别，不仅包括信息技术的应用和设施设备的智能化，还包括以人为本、可持续发展等关键内涵。

如何才能实现上述内涵要求呢？一方面，从技术的角度来说，要通过物联网、大数据、云计算相关技术及应用实现对城市的感知、连接、普适计算及业务融合；另一方面，从社会建设的角度来说，要应用社交网络、微观装配实验室、应用创新实验室、综合集成技术等方法工具，实现城市透彻感知、泛在互联、融合应用，基于用户创新和大众创新逐步实现开放创新和协同创新，并进一步推动社会环境下的可持续创新。智慧城市的构建强调通过信息化手段，以人为本，创造新的价值。可以说，智慧城市是知识社会环境下城市信息化在经历了数字城市之后发展的高级形态。

自“智慧城市”理念出现以来，国内外相关研究机构、企业以及专家学者对其进行了定义和研究，大致可归纳为 3 个关键观点。

第一个观点：智慧城市建设是以信息技术的应用为主线的。智慧城市是城市信息化的高级阶段，必然涉及以物联网、大数据、云计算和移动互联为代表的信息技术创新应用。

第二个观点：智慧城市是一个复杂系统。在这个复杂的系统中，信息技术与其他资源要素相互作用、相互碰撞，不断进化和优化，最终实现更加智慧的管理和运行。

第三个观点：智慧城市是未来城市的新模式。对于政府、企业和个人等城市服务主体，智慧城市促使城市演变的结果是整个生产、生活、生态的变革，它们的提升和完善最终让居民拥有更加美好的城市生活。

综上所述，智慧城市的本质可以概括为城市建设与信息化建设高度融合，数字城市的更高发展阶段。智慧城市将成为未来城市的整体发展战略方向，成为城市产业转型升级、经济腾飞、城市品质提升的新引擎，助力城市实现信息化、工业化的深度融合，缓解“大城市病”，提升精细化治理水平，实现城市动态管理，改善民生，提升市民幸福感，提高企业竞争力，实现城市的可持续发展。

1.1.2 国外智慧城市发展

20 世纪末，随着信息化技术的发展，业界提出了“数字城市”的概念，以期以计算机技术介入城市建设，让城市发展变得更加高效，但由于技术“瓶颈”仍旧存在，数字城市并不能完全满足解决城市发展问题的现实需求，其停留在思路层面的方案占绝大多数。随着技术的发展，今天移动互联网、工业互联网、云计算、大数据等方面的技术逐步实现了规模化应用，为城市建设充分赋能，全球多个国家和地区陆续提出智慧城市发展战略。例如，欧盟为了实现智能、可持续和包容性的城市增长，颁布了“智慧城市和社区欧洲创新伙伴计划”；新加坡为了提升行政效率和创新发展能力，颁布了“智慧国 2015 计划”。这些深入实施智慧城市建设的战略举措都是为了优化城市现有的组织形式、产业结构、管理体制，增强城市服务经济、服务人群、辐射带动的作用。

1. 美国

2008 年以后，尽管美国遭受了国际金融危机的冲击，但其作为世界第一大经济体，在新市场拓展方面并未受到金融危机的负面影响。奥巴马总统走马上任后，对“智慧地球”概念高度认可，将其作为国家战略推广，这使美国陷入困境的企业重燃信心。美国在智慧城市基础设施建设、新技术研发、产业链构建等方面的创新创造又一次走在了世界前列。迪比克市在 2009 年与 IBM 公司合作，开始建设美国第一个智慧城市。在建设过程中，迪比克市充分利用物联网相关技术，对一个拥有 6 万名住户的居民社区实施改造，将社区内部的水、电、气、交通等公共服务通过物联网连接起来，利用泛在感知设备监测公共基础设施的运转情况，通过数据分析输出运算结果，并作出及时而充分的智能化响应，以为社区内的居民提供更好的服务。

2. 日本

基于国家物联网信息化方向，日本在 2004 年推出了 u-Japan 战略，其中“u”是单词“ubiquitous”的缩写，意思是无所不在的。日本希望通过实施 u-Japan 战略为新一代信息技术革命奠定基础，在日本国内实现普遍互联的信息社会。u-Japan 战略就是日本的物联网发展战略，其当时的建设目标是，在 5～6 年的时间里，通过打造无所不在的物联网，将日本的公共基础服务覆盖社会所有群体（特别是儿童、残疾人等弱势群体），使每一个人都能参与到社会活动中，使整个国家充满朝气，在日本创建全新的信息社会。在该战略发布实施后，日本积极践行，成功完成了当初设定的诸多目标，甚至赶超了世界先进国家的 IT 建设目标。

u-Japan 战略最重要的理念即“以人为本”，通过人与人、物与物之间的充分连接解决官、产、学、研联合不足的问题，通过具体的政策对社会资源进行统筹整合，共同创建前所未有的网络社会，以全球信息社会楷模为目标，通过统一标准解决社会高龄化问题，确保日本在国际竞争中仍处于领先地位。

3. 新加坡

以 2006 年为起点，新加坡启动了“智慧国 2015 计划”，其建设目标就是将本国建设成为新一代信息通信技术（ICT）驱动下的国际大都市。该计划已实施多年，建设成效显著。新加坡在对信息通信技术的开发利用方面一直处于世界领先地位，并成功地利用技术进步完成了促进经济增长和社会进步的目标。新加坡因地制宜，在“智慧国 2015 计划”的实施过程中，优先保障港口和物流方面服务能力的提升，由政府主导在相关企业和机构大力推广射频识别（RFID）、全球定位系统（GPS）等技术，利用多种技术的联动效应增强管理服务能力。目前，新加坡在智慧城市建设方面建树颇多。

4. 荷兰

荷兰的首都阿姆斯特丹在智慧城市建设过程中主要是通过构建智能家居（Living Lab）推动政府、科研机构、企业及社会用户之间的积极参与协作，增强用户体验，推动设计创新，完善示范推广，并策划了可持续能源开发利用、节能建筑建造、智能家居网络、电动汽车普及等相关计划。例如，通过智慧电表，让电力用户的耗能情况可视化，并对用户的能源使用情况进行效能评估，提出具体的改善建议。阿姆斯特丹既是荷兰的经济中心和最大城市，也是第二大港口，它利用清洁能源发电，通过港口中的73个靠岸电站和154个接入电源为船只充电，以此取代燃油发动机，达到降低环境污染的目的。作为欧洲 Living Lab 组织（ENoLL）的重要成员，阿姆斯特丹以Living Lab为载体，促进市民、游客、企业和政府的积极合作，让城市里的外地游客和本地居民都可以作为参与主体深入新技术应用试验区，共同设计、共同创新。在整个智慧城市的建设过程中，阿姆斯特丹强调“5R”（Reduce、Reuse、Recycle、Recovery、Repay）原则，即（垃圾）减量、（废物）重复使用、循环利用、（资源）再生和有偿使用，推动电网智能化、区域统一供热、城市集约设计、家居智慧化、可再生能源（太阳能、风能等）利用等方面的创新和示范应用，以最终实现所有资源计量使用、有偿使用，同时还利用碳当量对废弃物进行测算，推行碳当量交易交换，共同营造一种可持续的城市发展环境，实现城市建设的可持续性、智慧化、创新型目标。

5. 法国

一段时间以来，法国对于智慧城市投入颇多。其首先关注通过新一代信息技术的应用大力提升城市中的民生效益，改善市民的生活质量、生活品质和舒适度。法国的智慧民生项目主要包括对可能的气候灾害风险和地质灾害风险进行预警，如洪水、大火、山体滑坡等，并利用电话、无线网络、有线网络等第一时间将预警信息发送到应急管理和服务部门，最大限度地降低灾害对市民生活的影响。其次关注生态效益的提升。根据法国政府层面的专家预测，假设其规划建设的智慧城市项目全部实现，预计可降低全国20%～40%的温室气体排放。最后关注智慧城市建设过程中通过带动相关产业发展带来的经济效益。

里昂是法国第二大城市，在建设智慧城市方面主要考虑以下几项内容：①注重缓解能源问题和环境问题，提倡使用可再生能源、清洁能源及过渡能源；

②重点关注政府、企业、市民和游客间的沟通网络；③鼓励市民参与城市的智慧化建设；④促进多个、多类网络信息资源的共建共享共用，充分整合信息、通信、机器人、智慧交通等新技术。其中，对新技术的整合是法国智慧城市建设的重要特点。法国电信公司曾于 2008 年在卡涅和格勒诺布尔利用物联网感知和信息通信技术联用的方式提升市民的生活质量。在卡涅，法国电信公司在城市的各个区域安装了感应器，用于监控、测量、调控城市环境，具体包括街道照明系统、公共建筑供水系统和环境控制系统等。需要特别说明的是，对于海边的路灯、海面温度监测器数据，法国电信公司通过无线网络进行了全方位覆盖。对于环境控制系统，主要使用各类传感器对二氧化碳浓度、噪声强度、紫外线强度、气压、风速及温度等进行实时监测，并将数据实时传输至政府相关决策部门，以为市政建设提供基础的数据支撑。根据测算，卡涅的路灯照明能源消耗占整个城市能源消耗的 40%，通过传感器实行实时控制可将城市街道照明、维护成本降低 20%～30%。这充分体现了智慧城市通过数据的精确收集、传输、存储、分析、服务和指导决策，使城市实现了降低管理成本、提升市民生活质量的目标。

此外，法国城市的智慧化建设还鼓励通过政府和社会资本合作的方式开展，以期充分发挥企业等市场主体在城市智慧化建设过程中的重要作用，关注政府、企业、机构、市民之间及企业间的跨行业协作。例如，基础电信网络和城市水务网络是市政基础设施建设中的两个关键环节，法国电信公司和法国威立雅水务公司作为电信和水务行业的两个“领头羊”，开展了跨行业合作——智能水表项目。在项目实施过程中，双方充分发挥各自优势，其中，法国电信公司充分利用有线网络或无线网络收集、传输智能水表传感器的感知信息，并运用大数据分析技术，在对采集的数据进行解析后将分析结果反馈给用户；威立雅水务公司则重点负责相关问题的处理工作，并根据用户需求，用短信等方式将不同类别的服务内容推送给用户。总体来看，法国电信公司为威立雅水务公司搭建了一个数据分析平台，并提供智能水表，威立雅水务公司利用这一平台和智能水表反馈的数据巡查用户漏水、偷水等异常情况，同时监测供水水质的污染情况，从而快速解决问题，在节省成本的同时提升了效率，实现了共赢。

法国在智慧城市建设过程中对于信息安全问题也高度重视。例如，考虑到数据主权和数据安全，法国政府将本国政府投资的云计算项目和智慧城市基础设施建设项目统一交给法国企业完成。2012 年，法国国家信托局联合法国电信公司、泰雷兹公司成立了三方合资公司，专门为政府的云计算提供安全服务。

6. 意大利

意大利作为文艺复兴的发源地，具有悠久的历史、灿烂的文化。米兰是其第二大城市，也是其经济和金融中心。米兰这座城市中存在多处博物馆、剧院等地标性文化建筑，所以在开展智慧城市建设时，最常碰到的问题便是如何利用智慧化建设解决文化遗产保护问题和环境污染问题。因此，在遵循欧洲整体的经济、社会、管理、网络、环境和生活等智慧城市建设主题的同时，米兰还创新性地开展了智慧世博建设，以便于 2015 年迎接世博会。米兰的智慧城市建设主要是在原有的数字城市建设的基础上增加了移动性，提升了社会治理方面的创新，促成城市中文化、环境和社会之间的和谐发展。总的来说，意大利智慧城市建设更关注利用新一代信息化技术形成对城市治理有益的解决方案，在保护城市现有文化氛围和设施的基础上，通过新一代技术的应用实现市民生活品质的提升。意大利的智慧城市建设方案处处体现着人文关怀，实现了技术与美景、传统与现代的和谐共处。从意大利的城市智慧化建设过程中我们可以清晰地看到并得到启示，每个城市均具有独特的特点，都应该在城市智慧化建设过程中充分尊重自己的历史和文化，通过独特的智慧城市建设模式最终形成各具特色的智慧城市建设风貌。例如，米兰在智慧城市项目建设完成后仍旧完好地保护了其历史文脉的传承，穿梭在米兰的街头仍可看到那些具有悠久历史的有轨电车在运转。

作为米兰智慧城市建设中重要的一部分，绿色交通尤其注重优先发展公共交通，并将其作为城市交通建设的首要着眼点。在米兰街头随处可见接入了 Wi-Fi 的自行车借用点，该供用点还为市民提供城市信息查询与旅游向导服务。此外，米兰政府还颁布了鼓励市民以公交方式出行的政策，如通过赠送公共交通代金券使市民减少私家车的使用。

米兰政府在城市公共服务和城市精细管理等方面也让人印象深刻。除了公共交通异常发达，城市中随处可见警察、警车。警察除正常执勤外，还是政府向市民提供公共服务的窗口，他们配备着通信设备，随时接听呼叫，为市民提供力所能及的各类帮助，包括维持街面秩序、城市管理，此部分职能相当于我国的“城市管理”加“交通管理”及其他相关执法单位的职能。这样，普通市民根本无须知晓城市中各类繁复的运行管理分工，只要铭记一点——“有问题，找警察”，就可以解决生活中遇到的各类问题，警察成为米兰城市街道上的一道亮丽风景线。与我国不同的是，米兰真正涉及治安和刑事的权责是由宪兵队负责的，这使城市的职责更加合理、管理更加高效、服务更加贴心、秩序更加井然。以市民为中心的街面执法服务正是米兰这座城市在城市管理服务中践行智慧城市理念的具体体现。

1.1.3　国内智慧城市发展

进入 21 世纪，新一代信息技术和通信技术发展迅猛，智慧城市得以充分运用相应技术手段对城市运行的核心系统进行感测、分析、整合，使城市管理者对市民需求的响应快速、准确。随着全球智慧城市建设大潮的兴起，我国各大城市也纷纷融入智慧城市建设浪潮，不断推进城市发展。

随着我国经济的快速发展，国内各大城市也进入加速发展期，城市化率的不断攀升，对我国经济、社会具有明显的促进作用，但同时城市人口爆发式增长，水、土壤、大气环境污染，教育、医疗等民生资源短缺，道路交通堵塞等“城市病”亦逐步显现，逐渐成为制约我国大部分城市进一步发展的关键问题。为实现可持续发展，我们一方面需要顺应全球形势，融入全球化浪潮，打造多样化、协同化的城市建设理念，建立新的城市发展模式；另一方面需要紧密结合新一代信息通信技术革命的契机，争取后来居上，夯实城市发展新模式基础。诺贝尔经济学奖得主斯蒂格利茨曾说：“在 21 世纪初期，影响世界最大的两件事，一是新技术革命，二是中国的城市化。”在时代发展的宏观趋势下，中国如何借助新一代信息通信技术革命的契机，充分融入城市化发展的洪流中，有效解决快速城市化带来的“城市病”，综合解决相关问题，智慧城市成了首选。

自 2013 年 1 月起，住房和城乡建设部（以下简称住建部）就开始组织专家，对各省级部门初审后的国家智慧城市试点开展评审，经过激烈角逐，首批共评选出 90 个国家智慧城市试点，其中包括 37 个地级市、50 个区（县）和 3 个镇，项目资金共计 800 亿元。

目前，我国智慧城市建设主要分为以下 5 类。

1. 创新型

这类城市建设智慧城市的主要目标就是通过智慧化建设提高城市创新能力和综合竞争力。

2018 年 7 月 12 日，广东省深圳市政府颁布了《深圳市新型智慧城市建设总体方案》（深府〔2018〕47 号），以“六个一”作为发展目标，即“一图全面感知、一号走遍深圳、一键可知全局、一体运行联动、一站创新创业、一屏智享生活”。近期，深圳市打造了一套全系列的物联网生态，既有视频监控、无人驾驶等高速场景，也有穿戴设备、物流等中速场景，而与市民休戚相关的则是关于城市基础设施大量应用智慧化技术建造。窄带物联网已完成在深圳全市的覆盖，形成了智慧基础设施间的感知信息传输网络，并依托该网络开展智慧供水、智慧燃气的自动抄表工作。深圳市开展了数字空间打造，主要依托基础空间信息平台，通过向市民提供遥感影像、电子地图、地名地址、城市建筑三维模型等基础地理信息服务，率先实现市区两级、市级部门之间的数据交换和共享，并在规划、自然资源、住建、应急管理、教育、生态环境、水务、卫生健康、公安、气象部门及福田、南山、罗湖等 11 个区（含深汕特别合作区）超过 90 个政府机关单位中广泛应用，为全市的多规合一、工程项目“深圳 90”改革、网格化社区的精细化治理、应急管理、公共安全等提供了支持平台与支撑服务。

2013 年，江苏省南京市被住建部列为国家首批智慧城市建设试点后，利用“互联网+”在政务、民生等领域大胆创新、积极探索，特别是建设了智慧南京中心，打造最强“城市大脑”，真正实现“让数据多跑路、群众少跑腿”的服务模式转变。南京市“城市大脑”建设过程中运用了大数据、云计算、区块链等新一代信息技术的重要成果，在全国范围内率先实现 40 多个政府市级部门、9 家企事业单位的数据共享和重点应用整合。整合后，“城市大脑”中交换的数据量达到了 1 亿条/天以上：交通拥堵指数，每 5 分钟更新一次；商品房转移登记，全程网上通办；去医院看病，网上预约、在线支付……在对数据进一步分析和应用后，南京市率先建成“我的南京”App 作为市民的智慧城市服务入口，集成了政务应用、公共交通应用、医疗医保应用等六大领域的智慧应用，向市民一站式提供城市公共服务，平台集成度和用户数据量均位列全国第一。

2. 产业型

湖北省武汉市主要是通过市政府与互联网公司——腾讯合作，共同建设智慧武汉。依托腾讯公司在大数据、云计算及人工智能（AI）等重要领域的丰富积累，打造 We City 武汉样板，建成武汉智慧城市总体应用平台，重点从政务、治理、决策和产业互联等关键领域推动武汉智慧城市相关经济业态的发展，提升政务服务水平。同时，为了进一步利用智慧城市建设契机加速城市产业升级，武汉市推动腾讯（武汉）数字产业总部项目落地。腾讯 5G 实验室研究推广的各类场景均可以依托该项目在武汉应用，进一步主推武汉 5G 产业发展。腾讯移动支付技术可以帮助武汉市推进城市在卫生健康、商业开发、教育、民政、交通等多个领域广泛接入微信支付，最终实现开放、共享的全面移动支付覆盖。

3. 管理和服务型

广东省佛山市在全国范围内首创“市民之窗”终端，通过自助服务，市民可以实现行政审批事项一窗办理。此外，佛山市的“一门一网”服务模式改革也大获成功，并被评为全国“创新社会治理”最佳案例。通过“健康佛山”平台建设，佛山市在医疗领域取得了突破，推出了在全国范围内首先使用预约挂号、实时结算的政务服务类微信公众号。

4. 技术和基础设施型

2010 年，上海市经济和信息化委员会印发了《上海推进云计算产业发展行动方案（2010—2012 年）》的通知，提出将为智慧城市建设提供优异的云计算条件。

在大数据方面，上海市一直秉承资源、技术、产业、应用、安全融合联动主线，聚焦政府治理和公共服务能力提升、经济发展方式转变两个方面，创新交易机构+创新基地+产业基金+发展联盟+研究中心“五位一体”的产业链生态布局，打造国家数据科学中心、亚太数据交换中心和全球“数据经济”中心。2016 年 4 月 1 日，上海大数据交易中心挂牌成立，加速了上海与周边地区之间的商业数据流通互联、跨区域的机构合作、政府与商业数据的融合应用等。

5. 人文和生活型

重庆市在智慧城市建设方面，重点关注环境、医疗、社会保障等领域，打造“健康重庆”；在产业方面，重点在大数据、大健康、大生态、大文旅等领域发力，加快经济转型发展。此外，重庆市加快建设重庆软件园、5G 产业园，依托飞象、根云、洛可可等平台打造工业互联网小镇。

1.2 智慧城市的概念与内涵

1.2.1 智慧城市的概念

1. 智慧城市的几种解读

关于智慧城市的概念，不同的学者、专家、机构、企业有不同的见解。

（1）维基百科

在各种信息技术或创新理念的基础上，智慧城市通过与城市系统和服务相结合，使资源利用效率、城市管理和服务优化等方面得以显著提升，并最终实现市民生活质量的提升。智慧城市是城市信息化的高级形式，通过将信息化、工业化与城镇化进行深层次融合可有效缓解“大城市病”，提高城镇化质量，实现精细化和动态管理，提升城市管理成效，改善市民生活质量。如今在国际上得到广泛认可的智慧城市定义是一种以高新技术作为支撑、在创新 2.0 环境下的城市形态，它不仅是由物联网、大数据以及云计算等新一代信息技术堆砌而成的，更重要的是强调以人为本，通过面向知识社会的下一代创新（创新 2.0）方法论应用，创建以用户为出发点、以社会为载体、以共同创新与开放创新为特征的城市可持续创新生态。

智慧城市利用投资人力、社会资本、交通、信息通信等方式促进经济的可持续发展和生活质量的提高，同时对上述资源进行参与式的科学管理。目前，那些建设智慧城市的先行城市越来越关注以人为本的可持续创新，如欧盟围绕市民需求开启了全民参与的 Living Lab 计划，维也纳大学将城市体系分为智慧经济、智慧运输业、智慧环境、智慧居民、智慧生活和智慧管理共 6 个方面。

（2）华为公司

智慧城市是现代化城市发展的新模式，指在城市规划、城市建设、城市治理与运营等领域充分利用物联网、大数据、云计算、人工智能、区块链等新技术手段，对城市居民生活工作、企业经营发展、政府行政管理过程中的相关活动进行智慧化的感知、分析与集成，从而为市民提供更美好的生活和工作服务，为企业打造更友好的商业发展环境，为政府提供更高效的管理运营机制。

（3）邬贺铨院士

邬贺铨院士指出："智慧城市是使用智能计算技术，让城市的关键基础设施的组成与服务更智能、互联更有效，是利用投资人力、社会资本、传统和现代设施等方面来促进经济的可持续发展和生活质量的提高，同时对上述资源及自然资源进行参与式的科学管理。"此概念从城市运行模式的角度强调利用智能计算技术支持、核心系统内的数据和信息、智慧化手段助力经济和社会的发展。

（4）2012 年中国智慧城市高峰论坛

2012 年 12 月在上海召开的中国智慧城市高峰论坛发布了《智慧城市评价指标体系 2.0》，明确定义智慧城市是"以数字化、网络化、智能化的信息技术设施为基础，以社会、环境、管理为核心要素，以低碳、惠民、高效为主要特征，以透彻感知、广泛互联、深度智能为技术特点的现代城市可持续发展道路"。

（5）《中国智慧城市体系结构与发展研究报告》

《中国智慧城市体系结构与发展研究报告》对智慧城市作出解释："智慧城市是通过利用物联网、云计算、光网络、移动互联网等前沿信息技术手段，打造支撑城市建设的一种全新形态，打通信息化系统之间的壁垒，创建具有较好协同、协调能力的有机体，为公众服务、社会管理、产业运作等活动及时作出响应。"

2. 国外智慧城市相关概念及其发展

1990 年，在美国旧金山召开了一场国际会议，该会议以"智慧城市、快速系统、全球网络"为主题，对综合信息通信技术与城市经济、基础设施建设之间的联系，以及如何共同提升城市竞争力和智慧发展的可持续性等内容进行了探讨，这为智慧城市的系统规划开辟了先河。

2008 年全球金融危机后，美国 IBM 公司在《智慧地球：下一代领导人议程》主题报告中首次提出"智慧地球"概念，旨在将新一代信息通信技术运用到可持续发展中。该报告把智慧城市定义为"能够充分运用信息和通信技术手段感测、分析、整合城市运行核心系统的各项关键信息，从而对包括民生、环保、公共安全、城市服务、工商业活动在内的各种需求作出智能的响应，为人类创造更美好的城市生活"。21 世纪初，"智慧地球"的概念掀起了智慧城市建设热潮，利用云计算、人工智能等技术进行数据加工处理，突破信息间的壁垒，实现更加深入的智慧与智能相互联动、相互促进，成功弥补了数字城市的不足。

2007 年，欧盟对自己提出的一整套智慧城市建设目标采取行动、实施建设，对智慧城市的经济、移动性、环境、社会治理等方面提出了相应的评价标准。同年，欧盟通过了第七研究框架计划，着重支持云计算、未来互联网、物联网及智慧城市等方面技术难关的攻克。

瑞典、韩国、日本、新加坡、美国等国家先后开展了智慧城市建设。新加坡在原有基础上加入云计算、商业分析和绿色通信等技术，利用信息通信技术提升数字媒体与娱乐、卫生医疗、教育培训、金融与服务行业、贸易和物流产业、旅游零售和电子政府七大领域的发展水平。

3. 我国智慧城市概念的发展

2012 年 11 月，《住房和城乡建设部办公厅关于开展国家智慧城市试点工作的通知》（建办科〔2012〕42 号）发布，启动了智慧城市试点，探索智慧城市建设、运行、管理、服务和发展的科学方式。当时，智慧城市是一种新模式，它通过全面使用现代科学技术、整合信息资源、统筹业务应用系统来加强城市的规划、建设和管理。随着住建部的推进，智慧城市建设逐步成为促进集约化、智能化、绿色、低碳的新型城镇化发展和扩大内需、促进产业转型升级的重要方式。

2014 年 3 月，中共中央、国务院下发《国家新型城镇化规划（2014—2020 年）》，首次将智慧城市建设引入国家发展战略，并明确指出，到 2020 年打造一批特色鲜明的智慧城市。

2014 年 8 月，国家发展和改革委员会（以下简称国家发改委）牵头八部委发布了《关于印发促进智慧城市健康发展的指导意见的通知》（发改高技〔2014〕1770 号），并成立了“促进智慧城市健康发展部际协调工作组”，参与探索智慧城市建设的主管部门随即扩大。此时，智慧城市是集成了物联网、大数据、云计算、空间地理信息系统（GIS）等的新一代信息技术，是对城市规划、建设、管理以及智慧化服务等产生极大促进的新理念和新模式。

2016 年 5 月，住建部发布了《关于开展智慧城市创建工作情况总结的通知》（建科综函〔2016〕67 号），总结过去的试点情况，智慧城市主管工作随即转交国家发改委和网信办。此时，智慧城市以全程全时地为民服务、高效有序地治理城市、共融共享地开放数据、绿色开源地发展经济、安全清朗地运行网络为主要目标，通过系统规划、信息引领与改革创新推动新一代信息技术和城市现代化进行深度融合、迭代进步，形成国家与城市协调发展的新生态。

2016 年 10 月 9 日，习近平总书记在中共中央政治局第三十六次集体学习中指出："要深刻认识互联网在国家管理和社会治理中的作用，以推行电子政务、建设新型智慧城市等为抓手，以数据集中和共享为途径，建设全国一体化的国家大数据中心，推进技术融合、业务融合、数据融合，实现跨层级、跨地域、跨系统、跨部门、跨业务的协同管理和服务。"

2016 年 12 月，《国务院关于印发"十三五"国家信息化规划的通知》（国发〔2016〕73 号）发布，新型智慧城市建设行动正式被明确提出，要求分级分类推进新型智慧城市建设，并明确牵头单位为国家发改委和网信办。新型智慧城市应具备随处可见的惠民服务、透明高效的线上政府、协调创新的信息经济、精确无误的城市管理、安全可靠的运转系统。

2018 年 12 月，国家发改委、中央网信办下发了《关于继续开展新型智慧城市建设评价工作　深入推动新型智慧城市健康快速发展的通知》（发改办高技〔2018〕1688 号），进一步推动新型智慧城市健康快速发展。

由上可见，2012—2015 年是我国智慧城市的试点探索期。该阶段在我国城镇化加速发展的大背景下，对于 RFID、云计算等信息技术应用进行重点推进，在系统结构上表现出横纵分割的特点，信息共享方式以共享交换平台为基础、以重点项目与协同应用为着力点。在推进主体方面，国家部委层面由住建部牵头，在全国范围内选定了 290 个建设试点，积极研究和探索智慧城市建设方法和模式。国内外软件开发商、系统集成商、设备提供商等都积极参与各环节中的建设工作。

之后，新型智慧城市概念在我国应运而生，突出强调以数据为驱动、以人为本、统筹集约、注重实效，其关键技术涵盖了 NB-IoT、5G、大数据、云计算、人工智能、区块链、智慧城市平台和系统集成等，信息系统向横纵联合大系统方向演进，信息共享方式由运动式向依职能共享转化，推进方式逐渐向政府指导、市场主导的格局转变。政府方面，由 25 个国家部委全面进行统筹；市场方面，基础电信运营商、软件开发商、系统集成商及互联网企业等已各自形成生态。

4. 小结

智慧城市的提出是人们追求美好生活及展示智慧成果的自然需要。人类社会的追求在于不断创造价值、实现价值，从而造福人类。智慧城市以其"发展更科学、管理更高效、社会更和谐、生活更美好"的前瞻性理念为社会发展与城市建设带来质的飞跃，因此智慧城市的出现对于人们实现自身的美好愿望是非常必要的，也是非常及时的。

智慧城市的提出既增强了对全球经济的信心，又满足了寻找新的经济增长点的需求。国际金融危机爆发后，各个国家试图通过加大投资、促进消费、扩大就业等措施来促进经济复苏，智慧城市作为一个具有巨大拉动力的城市投资建设和管理领域受到极大关注，并逐步成为促进经济发展的重要途径之一。

智慧城市的提出是促进社会发展、解决“城市病”的现实需求。当前，信息世界与物理世界的分离严重阻碍了经济社会的和谐发展，同时城市越来越严重的交通堵塞、空气污染、能源短缺等问题时刻困扰着城市的决策者，制约了城市的快速发展，使城市居民的幸福感不断下降。智慧城市作为一种具有超强感知、认知、学习、成长、创新、决策、调控能力和行为意识的全新形态，可以促进未来的社会发展和城市建设。智慧城市的出现是新一代信息技术快速发展和直接推动的结果。目前，信息技术在城市基础设施、教育文化、医疗卫生、交通物流、环保、安全等方面已得到广泛应用，对城市发展起到了重要的推动作用。在第三次信息技术革命的时代背景下，提出建设以信息技术应用为基础的智慧城市成为可能，先进的信息技术为智慧城市建设提供了全面支撑。

智慧城市发展至今，其理论研究尚处于起步阶段，对其内涵的界定尚未形成统一的认识。随着理解的深入，不同的学者、专家、机构、企业、城市对智慧城市的理解产生了差异，但对智慧城市内涵的界定有共同点和交叉点。综上所述，智慧城市是运用物联网、大数据、云计算、人工智能等新一代信息技术，通过感知、监测、传输、融合、分析和共享城市系统关键信息，对城市的基础设施、政务服务、城市管理、产业发展、民生服务、资源环境等领域的变化和需求作出的智能响应，是面向公众、政府、企业的数字化、智慧化的新型城市形态。

1.2.2 智慧城市的内涵

1. 更全面的感知

智慧城市通过使用智能传感器对城市物理空间进行全面、综合的感知，动态收集城市信息，实时监测城市核心系统，实现“无处不在的连接”。通过分析收集到的城市核心系统监测数据，帮助城市管理者提升实时监测自然环境和城市运行状态的能力，改善分析问题的广度和解决问题的深度，优化城市运营管理方式。

智慧城市以高度智能化平台为建设基础，实现物联网、移动互联网、传感器、云计算、智能终端设备与设备的操作系统、应用商店、大数据处理等的无所不在，依托高度智能化的城市运营管理决策平台，将机器智能与人的智慧创新能力有机融合成一体，同时这些技术将形成一个由宏观到微观的系统，深入城市发展的每个角度，并推动城市的智能化运行。

2. 更深入的整合

智慧城市具有全面物联、联通融合、集成整合、智能运作和创新驱动等特征。它利用协同共建的多元理念、无处不在的智能感知、无限共享的信息网络及兼容并蓄的创新机制，使城市运行和管理效率得到质的飞跃，进一步提高城市公共服务水平，提升城市建设发展的有序性、创新性、高效性和持续性，并实现跨跃式发展；通过将新一代信息技术与人工智慧创新相结合，并将现有的经济、文化、地理和社会等各类资源进行整合与优化，搭建一个智慧化城市综合创新决策指挥大脑，依托云计算，通过智能融合技术的应用实现对海量数据的存储、计算与分析，加之融入人的“智慧”，将大幅提高辅助决策能力，实现城市各类核心资源的智慧化优化配置、协同调度处理、应急决策等，让人人都能享受智慧化的优质服务。

3. 更多样的创新应用

智慧城市可以从不同深度挖掘、处理从多个源头获取到的数据，将不同种类、不同层次、不同需求的低成本、高效率智慧服务提供给市民。它可以充分利用一系列高新技术手段，创造高质量的社会生活环境，增强城市的“智慧”。在此基础上，还将尽可能对城市各种核心资源进行优化配置，推动城市向真正的智慧化迈进，促进城市的可持续发展。智慧城市以创新为核心理念，务实推进城市的智慧化建设，聚合与协同各类自主创新应用，同时进一步推动“云”与“端”的结合，以及从个人通信、个人计算到个人制造的进步，实现智能集成随时随地、随心所欲的应用，进一步彰显个人的参与和用户的力量，促进更多引领型创新浮出水面，进而给政府、企业、个人更多的创新机会，于智慧城市系统内部探寻全新的经济发力点，为社会提升、经济发展、文明进步提供源源不断的动力。

4. 强调以人为本

著名经济学家兼社会活动家成思危指出，智慧城市是运用人们的智慧对城市各种核心资源进行优化配置，以期管理与发展好城市，它将“以人为本”作为一切理念的基础，突出强调人的智慧与创新的头等作用，并精确瞄准市民的切实需求。

在“中国新型智慧城市建设峰会”上，时任国家发改委高技术产业司副司长伍浩表示，新型智慧城市正由以前的便于管理思维变得更加注重以人为本，以便民为目标，提升城市的承载能力和政务效率。

由此可见，智慧城市实际上更注重“技术”与“人本”的结合，强调丰富的惠民服务、精准的城市治理、以人为服务中心，目的是让城市更加适合人们的生活、工作。考虑到每个城市的特殊性，智慧城市建设必须基于城市本身的问题，并相应提升城市的信息化水平、管理理念和治理水平等，与整个城市的定位挂钩，着力于关键点，让技术更好地服务于城市建设。

5. 注重可持续性

智慧城市作为城市文化、城市知识的载体，其在城市经济的可持续发展、城市空间结构的合理布局及城市文化的融合共荣等方面应体现出一定的先进性；同时，这样的先进性又能极大推动城市的可持续发展，从而进一步提升各方面品质，包括城市生活的安全、和谐与幸福指数等，全面推动以智慧创新为核心，集科技、政治、文化、经济、社会与生态于一体的具有中国特色的城镇化可持续发展。

1.3 智慧城市的基本要素

成功的智慧化建设战略应采取整体方针，通盘考虑城市互联系统中的人员、机构等多元要素。虽然各组分之间不可避免地会存在某些重叠，但是成功的智慧城市建设至少应该包括以下基本要素。

1. 政府领导和公共政策

建设智慧城市的一大目标是解决市民迫切关注的问题，为此需要各级政府部门的公职人员制定具体的解决方案并付诸实施。目前，这方面还面临一些挑战：国家、省市层面出台了系列总体规划、行动计划，但计划性的智慧城市项目以政务类居多，民生类的工程实效备受争议。因此，需出台更加翔实的实施计划，梳理更为细致的项目库，方可确保智慧城市建设的健康、可持续发展。

由于智慧城市的发展要打破官僚主义的孤岛，并在政府各部门、社区、机构之间开展合作，因此需要强有力的领导才能和创造性的思维来实施发展战略、达成共识并设定计划。智慧城市的发展有必要建立政策咨询机构，以支持和培育智慧城市项目。其中，最重要的是，领导者必须敢想敢为——随着城市需求的变化和技术的进步，必须提供进行试点试验和从失败中学习的空间。

2. 监管

智慧城市的建设必须评估和调整各级监管机构，以适应新技术和新系统的部署与采用，同时确保利益相关人员的信任和安全。从激励各类企业投资先进技术到有效设计可降低开发成本和提高部署速度的法规，创新监管举措还有许多可以发挥的空间，尤其是监管机构应注意隐私和网络安全风险，探索面向未来的新技术、新方法应用，确保智慧城市建设可以持续利用不断释放的技术进步红利。

3. 技术创新

技术是智慧城市发展的驱动器和加速器。技术的运用并非最终目的，如果适当加以利用，则可以促进现代化。利用先进技术并不意味着一切都是新的，先进的分析功能可以集成和改进现有系统，如通过识别出因其他目的已经收集的数据，并使用这些已有数据来驱动决策和运营，以高效、创新和具有成本效益的方式提供新服务，就可以优化有限预算所能取得的最佳成效。

4. 电信

智慧城市中的设施、人员、企业和政府必须能够快速、安全地连接共享数据，以改善日常活动。追求落地见效的智慧城市策略必须考虑为下一代电信网络建设铺平道路，制定推动无线通信基础设施部署的政策。此外，必须促进跨代兼容的软硬件研发，在实现数字、信息技术更新换代的同时保证服务延续性。

5. 网络和物理安全及隐私

网联在提供便利的同时也带来了风险。为了减少网络入侵的风险，可以专门建设机房、管线、监控设备等物理设施以进行隔离。但是，数字经济是建立在相互连接的基础上的，必须找到最小化网联风险和最大化网联收益的平衡点。这就需要研究人员、技术人员、政策制定者和利益相关者多方合作，创建物理上安全的系统，并在保护隐私的同时允许数据采集与共享，设计出智慧城市发展将面临的层出不穷的新挑战的解决方案。

6. 金融、投资与经济发展

几乎每个智慧城市发展都不可避免地要回答以下问题：谁来埋单？智能基础设施现代化升级改造带来的收益是多方面的，传统的市政预算或融资模式并不完全适用于智慧城市建设的举措。因此，需要在投融资模式上做出跨部门、跨领域的积极探索，如探索新型的公私合营关系，拓展资金来源，创新红利分配方式。

7. 交通与出行

安全可靠、便捷高效的交通运输基础设施将市民与货物、服务、就业、机会和其他事务更紧密地联系在一起。面向新一代交通技术的城市基础设施建设将提供诸多好处：建设充电桩，可以推广电动汽车的使用；部署路侧网联设施以发展自动驾驶汽车等做法，可以降低交通碳排并减少交通拥堵；部署智能监控设施、制定交通监测分析报告，可以增强公共安全；发展公共交通、加强城区互通，可以为经济欠发达区域提供就业和发展机会。

8. 能源

智慧城市是电气化城市，能源管理是智慧城市策略的重要组成部分。基于动态技术的多种措施为市政公司实现能源管理的控制使用精细化或节能自动化提供了便利。智慧能源管理策略结合了多向网格和先进的技术解决方案，如分布式能源、需求响应式能源供应，并兼顾了服务可靠、经济有效等多种方式。

9. 水资源与废弃物处理

水文模式的变化以及对市政供水可靠性和质量的更高期望，要求城市严格审查水资源和从源头到最终用户的供水基础设施。智能技术可用于监测和管理排水系统，改善水资源储存、处理和再循环利用，以及对公众进行节水意识教育。随着人口密度的增加，智慧城市建设应从政策、目标和技术等方面制定多元措施来管理废水和固体废物。

10. 城市绿地规划与建筑

市民生活、工作和娱乐的物理空间至关重要。鼓励提高生产力和生产效率的智能建筑正成为清洁、健康城市的基础。城市绿色空间给城市环境带来的不仅仅是美观，它已成为可持续发展和宜居性的重要组成部分，如绿色屋顶有助于能源和水的管理，而垂直耕作有助于获取食物。

11. 环境、健康与安全

可持续性、公共健康和安全是城市领导者和市民的主要关注方面，应纳入城市发展、运营和服务的各个方面。事实证明，城市环境状况与其繁荣度之间存在相关性，因此有必要通过投资高效和与可再生能源技术相关的城市基础设施建设，以及相应的监管改革等行动，加快培育更清洁、更健康、更可行的增长模式。

智能技术为改善市民健康与安全提供了多种便利，它包括用于监测街坊邻居状况的传感器技术，以及通过减少老年人对医院或疗养院的依赖来改善其生活质量的出行和远程医疗服务等。

12. 非政府组织和科研院校

在制订智慧城市新型基础设施建设计划时，政府部门应与大学和非政府组织合作，以获取智力支持并培养公众信任。这些机构有可能成为智慧城市试点项目的孵化器，经验表明，它们在项目的协作、创业精神和跨学科方法方面的成功率较高。非政府组织和科研院校比政府单位拥有更多进行试验甚至失败的空间，这对积累建设经验和取得更好的结果都大有裨益。

13. 他山之石

每个城市都有自己的历史、文化和关注点。然而，全球各地的城市都在努力解决类似的问题，即如何可持续且经济高效地满足居民的需求。全球许多城市都在探索建设智慧城市的变革性技术，世界各地的城市都可以从其他城市的试点和应用中学习和受益，通过对其他智慧城市解决方案进行适应性调整，可以满足本地的个性化建设需要。

1.4 智慧城市的演变发展现状

1.4.1 信息社会的兴起

相对于农业社会、工业社会而言，信息社会是数据、信息、技术起主导作用的社会形态。在信息社会中，信息技术快速发展并广泛应用，以互联网、物联网、大数据、云计算、人工智能等为代表的信息技术崛起，促进了生产力水平的提升和生产方式的智能化变革，最终导致社会组织、社会生活、社会管理等方面发生较大变化，对社会价值观、意识形态及人们的思维方式产生了较为深远的影响。

当然，社会发展同时也带来了一系列问题，如人口、交通、医疗、卫生、住房、环境、资源等问题愈发严峻。通过布设智能化的基础设施，运用大数据、物联网等新一代信息技术，新型智慧城市建设为公众提供了便利的服务，使社会治理朝着精细化的方向发展，从而可以准确定位社会发展路径，精准聚焦城市问题产生的原因，并破解难点。

1.4.2 智慧城市的来临

目前，智慧城市建设已在全球铺开，尤其是在欧洲、美国、亚洲等国家或地区，智慧城市建设进展较快。

1. 欧洲智慧城市发展现状

2005 年 7 月，欧盟启动“i2010”战略，持续在通信技术领域发力，建设新网络、提供新服务、创造新的媒体内容。2007 年，欧洲建立了智慧城市评价体系，对 70 座城市进行了综合评价，促进了欧洲智慧城市建设的高速发展。2010 年 3 月，欧盟委员会发布“欧盟 2020 战略”，明确了“智慧型增长、可持续增长和包容性增长”的发展路径。其中，智慧型增长重点强调利用信息技术推进技术的创造和创新。2011 年，欧盟正式推出“智慧城市和社区开拓计划”，并为之投入了 8100 万欧元，内容涉及交通和能源两大领域。2012 年 7 月，欧盟委员会又启动了“智慧城市和社区欧洲创新伙伴计划”，作为当时欧盟在智慧城市领域最核心的建设措施。

欧盟主要通过以下几个计划来推动智慧城市相关领域建设。

（1）智慧城市和社区欧洲创新伙伴计划（EIP-SCC 计划）

EIP-SCC 计划是欧盟委员会 5 个欧洲创新伙伴（EIP）计划中的一个，EIP 计划的目的是在各方面建立泛欧洲市场，实现市场的变革发展。EIP-SCC 计划涉及范围广泛，包括各种规模的城市和企业，汇集了城市、工业、中小企业、投资者、研究人员和其他智慧城市建设的参与者，启动的目的是依靠欧洲更多的参与者共同推进智慧城市技术的大发展，同时推动欧洲各城市更加科学合理地开展未来城市体系和基础设施建设。

在 EIP-SCC 计划框架下，欧盟委员会设立了集群（Action Cluster），用于具体实施该计划。欧盟委员会希望通过这些集群内部实现同行间的知识分享，从而解决智慧城市的具体问题。目前，EIP-SCC 计划下共有 6 个集群，主题分别是公众聚焦，商业模式、经济和采购，综合基础设施及进程，综合规划、政策与法规，可持续的区域发展和环境建设，可持续的城市交通。

（2）欧盟智慧城市信息系统（SCIS 系统）

SCIS 系统是欧盟各参与方的知识和交流平台，汇集了项目开发商、城市和来自欧洲各地的研究机构、行业专家和公民等，旨在为欧洲资助的智慧城市和建筑节能项目收集专业知识，交换数据、经验和技术，分析项目结果，识别障碍，建立最佳实践提供政策建议，并促进创建智能城市方面的合作，从而实现欧洲范围内智慧城市的可复制推广。

（3）“灯塔项目”（Lighthouse Programmes）

欧盟智慧城市和社区“灯塔项目”是由欧盟“地平线 2020”（Horizon 2020）科研计划的研究和创新项目筹资设立的，旨在向城市、产业和市民示范可复制的智慧城市运营模式，目标是通过这些示范项目推广能够实现节能、资源优化、新市场开拓和增加新就业岗位的商业模式或解决方案。2014—2019 年，欧盟已有 14 个“灯塔项目”获得资助，涉及 40 个示范城市和 50 个伙伴城市，涵盖治安、清洁能源、智慧电动交通、智能工具和服务等领域，具有经济可行性和在其他城市复制实施的潜力。

（4）“市长盟约”（Covenant of Mayor）

“市长盟约”于 2010 年启动实施，是由欧盟委员会支持的一项自下而上的自愿运动，目的是集合地方当局达成欧盟承诺的气候和能源目标。这些政治承诺通过签约城市当地的可持续能源和气候行动计划（SECAPs 计划）转化为具体行动和项目来付诸实施。只有参与承诺 SECAPs 计划的城市才有资格获得“灯塔项目”的资助。目前，“市长盟约”相关方与 EIP 计划的组织方合作建立了一个流程来实施当地项目。“市长盟约”也是一个城市平台，能够促进智慧城市领域的实践交流和知识互通，有助于城市之间关于气候和能源方面的合作，并提供可复制的具体解决方案。

（5）欧洲城市议程（Urban Agenda）

欧洲城市议程是一个“伞形”城市政策倡议，旨在有效协调欧盟与成员国国家层面的政策和立法，从而给予各城市发展清晰平衡的影响。该议程的具体做法是进行各层面的创新性合作，包括欧盟机构、成员州行政机构、区域、城市及其利益相关方。目前，该议程在“欧盟 2020 战略”框架下，在智慧、可持续发展等方面建立了 12 个伙伴关系小组，其中，智慧城市领域的伙伴关系小组主要聚焦能源、交通和数字化转型等。这些小组的主要任务是在城乡协同、中小城市、多元化背景和城市规划方面进行考量，制订克服阻碍的具体行动计划，促进城市发展计划整个实施过程的有效协调。

2. 美国智慧城市发展现状

美国智慧城市建设整体发展较快，且各大城市之间较均衡。2015 年 9 月，美国政府推出了智慧城市发展计划，并给予资金帮扶，组织了智慧城市技术研讨，大大提高了美国境内智慧城市建设的积极性。同时，白宫鼓励政府与大企业和高等院校合作，共享智慧城市技术，共同推进智慧城市建设。

2016 年，咨询公司 HIS Marit 与美国市长联盟深入调研了美国 28 个州的 54 个城市的智慧城市发展状态，其研究方法主要是统计 2015—2016 年正在实施的智慧城市项目，以及 2016—2017 年规划实施的智慧城市项目。经统计，2015—2016 年共有 335 个智慧城市项目正在实施，分布在大城市、中等城市和小城镇的项目分别有 69 个、168 个和 98 个；2016—2017 年共有 459 个智慧城市项目建设规划，分布在大城市、中等城市和小城镇的项目分别有 103 个、225 个和 131 个。研究发现，不同尺度的智慧城市建设项目均呈增长态势，且交通运输领域的项目占比较大。

美国开展智慧城市项目建设的主要目标是提高政府运转能力、增加公民的体验感。目前，美国在推动智慧城市建设中面临三大挑战：一是难以获得充足的项目启动金，二是难以确保有足够的经费保障全过程智慧城市项目建设，三是难以协调部门和各利益获得者的关系。总体而言，尽管目前美国的智慧城市建设仍处于初级阶段，但是其后续发展前景光明。

3. 日本、新加坡与韩国智慧城市发展现状

（1）日本：从能源管理、弹性城市出发

日本将“从能源管理、弹性城市出发”作为智慧城市发展的基本思路。首先，日本老龄化问题严重，2019 年老年人（65 岁及以上）占日本总人口的 28%，给经济发展造成沉重负担。其次，日本是岛国，各类资源能源都较为匮乏，其对资源能源的使用都精打细算，实施精细化管理。最后，日本的台风、海啸等自然侵害严重，迫切需要建设弹性城市。基于以上原因，日本极力推崇资源节约型智慧城市建设，如在众多住宅安装能源管理系统、大力发展电动车、充分利用可再生能源等。

日本建设节约型社会值得我们学习。我国在过去 40 年借助廉价的劳动力、粗放的资源使用、巨大的环境污染代价等红利要素快速发展，这些都是不可持续的。目前，这些红利要素已变成我们的负面因素；2021 年 5 月 11 日，第七次全国人

口普查结果显示，中国老年人（65 岁及以上）占总人口的 13.5%；环境问题和资源过度消耗问题已严重制约我国的经济、社会发展。所以，在智慧城市建设过程中，我国也需要重点探索并努力建设节约型社会。

在节约型社会的建设过程中，除了可以利用信息化技术提升资源的有效利用率，更应将节约理念普及到居民意识中，共同构建节约型社会。

（2）新加坡：城市虚拟化

新加坡经济发展较早，与亚洲其他城市相比，其智慧城市建设起步更早、规划更精细，有很多值得学习借鉴的成果。

早在 1992 年，新加坡即出台“智慧岛计划”，对智慧城市建设先行探索。2006 年，新加坡在已有经验的基础上启动了“智慧国 2015”行动计划，其智慧城市建设的核心理念是连接、收集和理解（Connect、Collect、Comprehend，3C）。与其他地区相比，新加坡的智慧城市建设更关注基于通信网络和物联网的数据共享和分析。

同时，新加坡政府着力推动全民参与，让居民借助公共服务平台充分参与智慧城市建设。REACH 机构是新加坡政府在 1985 年成立的，目前已经演变为特定的电子互动平台，该平台能便捷地辅助居民参与制定政府关键政策。

新加坡对智慧城市技术的应用更强调技术在民生领域的实用性，而非技术的先进性。例如，在智慧交通建设中，新加坡实时收集公交车刷卡数据以计算车辆客流的拥挤程度，并通过 App 推送给用户，辅助用户提前选择拥堵程度较低的乘车方案。

此外，新加坡同步在建设虚拟化城市（国家），尝试在信息世界构建一个数字化国家。政府各部门可以在虚拟城市里直接模拟城市管理，如在城市规划中对房屋建设和交通关系的模拟、停车位设置合理性的模拟以及城市布局对能源效率的影响模拟等。

新加坡发展较早，城市中基础通信设施及物联网建设较完善，城市的信息化发展也处于世界领先地位，所以新加坡是全球公认的智慧城市发展最充分的国家。

（3）韩国：注重提高政府决策能力

近年来，韩国也在智慧城市建设方面进行了探索，但是效果不尽如人意。

松岛新城有着“全球最智慧的城市”的称号，其服务智能化水平较高，但由此导致入住成本也相对较高，只有富人才能充分享受到智慧城市的服务，更多的普通市民难以进入服务范围。这种不平衡或严重向富人倾斜的智慧城市建设值得我们反思。但是，仅从技术角度来看，松岛新城的建设充分展示了未来智慧城市建设的成果，建立了品牌效应，促成了韩国在智慧城市领域技术和设备的大量出口。

除此之外，韩国在利用智慧城市技术提高政府管理决策能力方面也有成功案例。近年来，韩国出现了大量政府腐败丑闻，导致民众对政府的信任度出现历史新低，为提高民众的信任度，韩国政府大量使用智慧城市新技术让民众参与决策，让决策更依赖于客观条件而非领导人的主观判断。该举措不仅赢得了普通百姓的认可，也大大推进了智慧城市建设的进程。

4. 我国智慧城市发展现状

与其他国家相比，我国采用了不一样的智慧城市建设方式。国外一般采取自下而上的建设发展方式，结合城市本身的特点，选取典型的智慧城市项目，由小到大、由点及面、逐级部署。我国更倾向于采取自上而下的建设方式，从智慧城市的顶层设计出发，统筹兼顾，全面把握智慧城市建设的各个方面。2012 年至今，我国陆续发布了智慧城市建设的总体规划、标准规范和评价体系等文件（表 1-1）。其中，2012—2014 年的政策文件从顶层设计出发，制定了智慧城市的中长期规划、建设方案，并给出了相应的指导性意见以及智慧城市类项目管理方法，而 2015—2019 年的政策逐渐关注智慧城市的基础设施建设和具体细分场景，如智慧交通、智能电网、智慧政务、智慧空间、智慧水务等。

表 1-1　2012—2019 年我国智慧城市重点政策文件

发布时间	发布单位	文件名称	主要内容
2012 年 11 月	住建部	《国家智慧城市试点暂行管理办法》	提出申报国家智慧城市试点项目，并对其实施管理进行了规范
2013 年 8 月	国务院	《关于促进信息消费扩大内需的若干意见》	明确提出要加快智慧城市建设，并提出在有条件的城市开展智慧城市试点示范建设；鼓励各类市场主体共同参与智慧城市建设
2014 年 8 月	国家发改委、工信部、科技部、公安部、财政部、国土部、住建部、交通部八部委	《关于促进智慧城市健康发展的指导意见》	明确了我国智慧城市建设目标，即到 2020 年，建成一批特色鲜明的智慧城市，聚集和辐射带动作用大幅增强，综合竞争优势明显提高，在保障和改善民生服务、创新社会管理、维护网络安全等方面取得显著成效；为我国的智慧城市建设确立了基本原则

发布时间	发布单位	文件名称	主要内容
2015 年 10 月	国家标准委、中央网信办、国家发改委	《关于开展智慧城市标准体系和评价指标体系建设及应用实施的指导意见》	明确智慧城市标准体系建设：到 2020 年累计共完成 50 项左右的智慧城市领域标准制定工作，同步推进现有智慧城市相关技术和应用标准的制定和修订工作；到 2020 年实现智慧城市评价指标体系的全面实施和应用
2016 年 2 月	中共中央、国务院	《关于进一步加强城市规划建设管理工作的若干意见》	到 2020 年，建成一批特色鲜明的智慧城市，通过智慧城市建设和其他一系列城市规划建设管理措施不断提高城市运行效率
2017 年 1 月	交通运输部	《推进智慧交通发展行动计划（2017—2020 年）》	到 2020 年逐步实现基础设施智能化、生产组织智能化、运输服务智能化、决策监管智能化四方面的目标
2017 年 7 月	国务院	《新一代人工智能发展规划》	构建城市智能化基础设施，发展智能建筑，推动地下管廊等市政基础设施智能化改造升级；建设城市大数据平台，构建多元异构数据融合的城市运行管理体系，实现对城市基础设施和城市绿地、湿地等重要生态要素的全面感知以及对城市复杂系统运行的深度认知；研发构建社区公共服务信息系统，促进社区服务系统与居民智能家庭系统协同，推进城市规划、建设、管理、运营全生命周期智能化
2019 年 1 月	自然资源部	《智慧城市时空大数据平台建设技术大纲（2019 版）》	智慧城市建设是建设智慧社会的重要组成部分，而时空大数据平台是智慧城市建设与运行的基础支撑
2019 年 4 月	国家发改委	《2019 年新型城镇化建设重点任务》	突出抓好在城镇就业的农业转移人口落户工作，推动 1 亿非户籍人口在城市落户目标取得决定性进展，培育发展现代化都市圈，推进大城市精细化管理，支持特色小镇有序发展

2017—2021 年，我国制定了多项有关智慧城市的标准体系，涵盖智慧城市的总体框架、顶层设计、技术模型和基础设施等方面（表 1-2）。

表 1-2　智慧城市相关标准

发布时间	标准名称	归口单位
2017 年	《智慧城市　技术参考模型》（GB/T 34678—2017）	全国信息技术标准化技术委员会
2017 年	《智慧城市评价模型及基础评价指标体系　第 1 部分：总体框架及分项评价指标制定的要求》（GB/T 34680.1—2017）	全国信息技术标准化技术委员会
2017 年	《智慧城市评价模型及基础评价指标体系　第 3 部分：信息资源》（GB/T 34680.3—2017）	全国信息技术标准化技术委员会
2018 年	《智慧城市评价模型及基础评价指标体系　第 4 部分：建设管理》（GB/T 34680.4—2018）	全国智能建筑及居住区数字化标准化技术委员会
2018 年	《智慧城市　顶层设计指南》（GB/T 36333—2018）	全国信息技术标准化技术委员会
2018 年	《智慧城市　SOA 标准应用指南》（GB/T 36445—2018）	全国信息技术标准化技术委员会
2018 年	《智慧城市　数据融合　第 1 部分：概念模型》（GB/T 36625.1—2018）	全国信息技术标准化技术委员会
2019 年	《智慧城市数据开放共享的总体架构》（YD/T 3533—2019）	中国通信标准化协会
2019 年	《智慧城市　敏感信息定义及分类》（YD/T 3473—2019）	中国通信标准化协会
2021 年	《智慧城市评价模型及基础评价指标体系　第 2 部分：信息基础设施》（GB/T 34680.2—2021）	全国通信标准化技术委员会

自住建部 2012 年年底启动首批国家智慧城市试点项目以来，我国智慧城市试点数量持续增加，截至 2016 年已超过 500 个。2016 年 3 月，中共中央办公厅、国务院办公厅印发国家“十三五”规划，明确提出“建设一批新型示范性智慧城市”，到 2017 年全国已有 73.68%的地级以上城市启动新型智慧城市指标数据填报。

近几年，智慧城市在我国被广泛认同，各地针对自身的特点和优势形成了一批较为成熟的智慧城市重点项目（表 1-3）。

表 1-3　我国智慧城市重点项目

城市	重点项目	内容
广州	智能交通	智慧交通感知平台覆盖核心区、主次干道、城市出入口等，实时监控客运枢纽的客流数量和流向
深圳	物联网平台	智能物联网平台能够将交通、物流、社区生活等各领域有机结合起来
杭州	物联网+大数据	计划推进云计算、大数据产业、物联网、互联网金融、智慧物流、数字内容产业“六大中心”建设
上海	信息化+智能基础设施	强化信息基础设施、网络安全，推进公共交通实时信息采集等
天津	智能生活	以电子政务、信息便民、硬件建设等助推天津智慧城市建设
北京	大数据+智能经济	以覆盖广泛的宽带设施、智能融合的信息化应用推动首都信息化发展与物联网建设，促进经济增长
南京	物联网平台	推进物联网技术在一系列市政项目中应用，以及政务数据中心、市民卡等便民设施应用
武汉	智能生活	通过城市信息的高效传递和智能响应增加政民互动、改善民生
重庆	信息化+智能基础设施	促进信息基础设施、城市传感基础设施、公共信息平台的完善，使网络覆盖能力加强
成都	智能交通	与滴滴出行、微软等企业合作，借用云计算、物联网技术等完善智能交通网络、发展旅游业

在政府全局规划的政策推动下，很多企业也嗅到了智慧城市的巨大商机，纷纷依据自身优势从不同的维度切入相关领域。三大基础电信运营商目前是智慧城市云计算中心建设的主力军，负责提供云计算中心的硬件设施集成和运营服务，从无线城市切入智慧城市建设；华为公司对智慧城市应用起到支撑辅助作用，从云管端服务切入智慧城市建设；其他企业，如 IBM 公司等从市民融合服务平台切入智慧城市建设；更有包揽全局者提供从顶层设计到垂直行业软硬件方案再到城市大数据运营的全面解决方案，从城市综合体切入智慧城市建设。

我国的智慧城市建设，从政府到企业覆盖各类民生活动，建设景象一片繁荣。大量的互联网企业和庞大的用户为各类智慧应用提供了丰富的数据，激发了人工智能创新的环境。不过，我国的智慧城市建设也存在一些问题，如在智慧城市规划和建设方面涉及范围较广，且建设主体主要是政府，企业只是辅助建设，这种自上而下、考虑全面的建设方式会导致出现对公众参与的引导和调节不足、智慧城市建设缺少特色、普遍存在对社会资源的浪费、城市居民的体验感提升较少的问题。

5. 智慧城市发展现状小结

通过对世界各地较先进的智慧城市的发展研究，并与国内智慧城市建设进行对比剖析，总的来说，国内外的智慧城市建设有以下区别。

（1）发展模式不同

欧洲的智慧城市建设发展是自下而上的，综合了市民、企业和政府三方的力量，共同推进智慧城市发展，是一种混合型发展模式。美国的智慧城市建设发展强调政府和企业共同推进信息基础设施建设，是一种政企协同型发展模式。我国的智慧城市建设则几乎是政府主导模式，统筹考虑智慧城市的标准、规划、建设和运维。

（2）理念目标不同

欧洲的智慧城市建设理念更贴合民生，以智慧化手段提升市民生活的便捷性和对环境的保护，更强调智慧城市建设的可持续发展。美国的智慧城市建设理念趋向于推动经济的发展，政府想通过智慧城市的信息基础设施建设拉动社会经济的发展。我国的智慧城市建设理念强调全面和统筹，在规划阶段就建立了较高的标准和目标，利用城市基础信息化建设提高政府管理能力和优化经济结构，同时推动城镇绿色发展，努力提升居民工作、生活环境的质量。

（3）实践应用领域不同

欧洲将智慧城市建设项目分为公共管理、公共服务和产业经济等应用领域，各应用领域均衡发展。美国的应用领域则明显突出公共设施建设，把信息基础设施建设放在第一位。我国由于城市众多，智慧城市实践的应用领域百花齐放，包括城市规划、交通、工业、商业、制造业、水务、教育、旅游、餐饮、医药、电子商务等。其中，政府主推的项目侧重于公共设施建设，如智慧政务、智慧水务等；非政府主推的项目侧重于电子商务和智慧交通等。

（4）技术研发不同

欧洲在智慧城市技术中的研究坚持可持续发展理念，重点偏向改善环境和节约能源等领域。美国各城市则侧重于基础信息技术研发，包括网络和通信等，希望能加强城市的信息化服务能力并以此推动经济发展。我国在信息技术领域起步较晚，但是充分吸收了国外智慧城市的技术，并因地制宜地进行了本地化改造，快速地发展了智慧城市技术，并推动了经济发展。同时，我国也非常重视基础技术的研发，在政策方面不断向基础研发倾斜。

（5）资金模式不同

欧洲投入城市建设的资金模式主要有 4 类：①以政府投资为主的科研类资金；②在实际建设项目中常用的 PPP 投资资金；③企业合作形式的跨行业投资资金；④跨国协同合作形式的国际资金。以上 4 类资金的投入较平衡。美国投入智慧城市建设的资金模式主要有 3 类：①政府大量投入基础性信息化建设；②大企业出资建设核心的智慧城市工程；③政府、企业和科研结构协同投资。我国投入智慧城市建设的资金均与政府相关，一方面，由政府设置专项资金直接投入；另一方面，由政府引导，政府、企业、风投基金和其他机构协同投入，如 PPP 模式。

总体而言，我国智慧城市建设较晚，但是目前已经逐步成为城市建设的中心工作。在推动智慧城市建设的过程中，我们应加强对国外经验的学习，取长补短，更经济、更科学地推动我国智慧城市建设。

1.5　当前智慧城市面临的问题与挑战

1.5.1　缺乏顶层规划、政策引导

1. 城市发展定位不明确，缺乏总体协调规划

目前，我国智慧城市建设正在紧锣密鼓地推进中，已提出要建设智慧城市的各类城市有 700 余个，大部分城市照搬照抄，而不是根据自身条件，如区位、自然资源、经济发展状况、产业发展状况等进行思考分析，也未准确定位智慧城市的建设目标，造成许多城市的智慧城市建设模式类似、缺乏特色。

此外，我国缺乏智慧城市建设的统筹部门，智慧城市建设职能和权责分散于多个行政部门，各部门依照自己的权责和职能进行智慧城市规划建设，缺少统筹协调机制，难免会出现资源浪费、重复建设、数据割裂等问题。

2. 智慧城市建设的法律法规不健全，建设标准体系不完善

目前，我国出台了部分智慧城市技术规范，但没有与智慧城市相关的法律法

规，无法跨行业协调、约束建设行为，造成各行业信息隔绝，资源无法整合共享。智慧城市建设涉及的专业领域类型多样，缺乏统一的技术和评估标准，造成数据格式、数据接口等不统一，系统平台之间数据交换方式也不统一。在数字城市建设过程中，各部门建成了大量业务系统，系统之间彼此隔绝，缺乏有效的数据共享机制，“数据烟囱”现象严重。住建部发布的《国家智慧城市（区、镇）试点指标体系（试行）》中明确了三级指标体系共 57 个指标，涵盖了城市规划、建设、管理和运行等各个方面，起到了积极引导智慧城市建设试点和发展的作用，但该指标体系缺乏相应的实施细则，在具体应用中存在缺陷。

3. 重项目，轻规划；重建设，轻应用

目前，我国并未出台国家层面的智慧城市建设顶层规划，许多省市也未出台相关顶层规划，没有进行相应的智慧城市需求分析和可行性研究，许多项目在缺乏顶层规划的情况下匆忙开工，只是作为量化指标的基础设施建设和对外展示智慧城市建设成效的形象工程。真正的利民服务和应用及市场需求却不被重视，不能有效改善民生，反而造成资源浪费。

4. 制度创新成新突破口

从历史经验来看，技术和制度是交替牵引经济、社会发展的两个重要原因。从国内外现状来看，智慧城市发展正处于“技术创新牵引”向“制度创新牵引”过渡的重要阶段。

从目前的形势来看，技术发展对智慧城市建设的推动作用正在渐渐衰退，网络带宽、数据库容量的增长和计算处理速度的加快难以带来实质性的效果提升。部分颠覆性技术，如量子计算、人工智能距离大规模商用还有很长的距离。基于此，制度领域的创新，如体制机制、管理手段和模式等，很可能成为下一轮智慧城市高速发展的突破口。

5. 系统建设单一局限，需通过整体建设攻坚城市难题

2008 年，IBM 公司提出智慧城市“系统的系统”定义。在我国智慧城市建设初期，更注重运用信息技术解决城市发展中的单一问题，在智慧城市规划中并未充分考虑城市的复杂系统本质。随着大数据和物联网的发展，我国已进入新型智慧城市建设阶段，需要推进智慧城市的整体建设，联通整合业务系统，进而实现“系统的系统”。

在新形势下，智慧城市建设早已超越了电子政务，更不能局限于单个系统和

工程。随着技术的发展，数据的作用早已发生了质变。作为城市数权的最大所有者，政府需要承担的责任越来越大。政府必须应用城市数据进行精细化管理，为公共安全、环境保护、公共信用、便民服务做出贡献。新型智慧城市意味着新的战略重心，即为城市量身定做的行之有效的机制体制；意味着新的思维理念，即利用数据整合连通各部门，解决整体问题；意味着新的发展目标，即以人为本，解决城市复杂问题。

1.5.2　技术创新不足

1. 信息技术的应用创新及研发的动力和能力不足

智慧城市的建设伴随着大数据、物联网、云计算等技术的成熟进入了快速发展阶段，但我国的创新能力仍然较弱，缺乏信息技术领域的研发人才，欧美等发达国家和地区仍然掌握着大多数的核心技术。统计结果显示，我国信息技术的对外依存度超过 80%。在我国信息技术领域的研发企业中，中小企业和民营企业居多，其技术和经济实力较弱，资金投入有限。由于信息技术研发对投入资金、研发周期都有较高的要求，风险也较大，因此中小企业在很大程度上把“山寨”或模仿抄袭作为企业的发展路线，这不仅对我国的创新氛围造成了挫伤，而且随着发达国家对知识产权保护的加强，也限制了这些企业的发展空间，这些模仿品会带来信息安全隐患，威胁国家信息安全。

2. 传统路径弊端显现，数据驱动成为主要途径

技术的应用普及是提高技术创新成效的高效路径之一。对应到智慧城市建设中，则需要用硬件驱动智慧城市建设，即部署各类物联感知设备和应用系统等。在数字城市建设初期，这种做法卓有成效，但也产生了“数据烟囱”“重复建设”等问题。

制度创新的基础是数据，实现方式是进行流程再造和组织优化，提升效率是其目的。新型智慧城市建设的主要路径是围绕城市数据的采集、汇聚、融合、治理、分析、共享等优化各领域系统。

3. 数据的互联互通不够

从数字城市、智慧城市到新型智慧城市的演化过程是动态的、连续的，不能单一、割裂地看待。

数字城市的建设过程主要是将部门内部的业务流程由纸质转变为信息化，推

动了各部门内部的信息化和互联互通，提高了政府的管理效率。数字城市建设是将城市的各个单元作为单独的信息化单元，实现了业务运行于独立的信息系统之上。

智慧城市的建设过程是将政府视作一个整体，实现了城市管理对象的数字化联通和政府内部管理服务的整合，但并未将城市作为一个整体来解决问题。其主要运行特征包括政府部门在一定程度上实现了协同管理和服务，企业和其他社会服务实现了整合联通，利民服务得到了大幅提升。

新型智慧城市的建设过程是将城市视作一个互联互通的系统，政府、各类社会组织、企业作为互联互通的资源管理单元运行于系统之上。城市的各类管理、服务资源应当运用市场化、协同化原则进行统一规划利用，以提高资源利用率。城市管理从以城市管理者为中心开展向市民共管转变，城市管理手段从以人力为主向以制度、技术、数据为主转变，城市管理方式从以事件驱动为主向以“事件+趋势”驱动为主转变，城市服务从政府内部服务“一站式”向政府、企业和其他社会机构服务的“一站式”转变。上述转变的基础是城市大数据的收集。

4. 网络基础设计建设不充分

智慧城市建设的先决条件包括高效、便利、泛在、优质、互联、廉价的网络基础设施。而我国现有的网络基础设施无法满足相应条件，并且存在较多问题：各类网络质量不高、自成体系、相容性低、传输速度低；泛在网覆盖率低、发展落后；网络自接入机房至终端重复建设程度高，不利于社区物联网与骨干网的有机对接建设；业务专用网投入不足、重视不够、建设落后。为建设新型智慧城市，需要推进泛在网络建设，统筹各类有线、无线网络，尤其是要加快 5G 网络建设。

1.5.3 智慧城市涉及面广、资金需求量大

由于智慧城市是科技含量高、涉及领域广、时间跨度长的一项复杂庞大的系统工程，其建设始终在资金投入、运营方式、建设模式等方面存在难点。政府财政预算资源有限，必须通过变革和创新的投融资机制，以及政府购买服务、投资补助、特许经营等方式，引导社会资金积极参与智慧城市项目的投资和运营建设，从而逐渐形成管理职业、制约有效、权责明确的市场化管理体制和运行机制。主要建设运营模式如下：

1. EMC 模式

合同能源管理（EMC）模式是指政府与节能服务公司在一定合作期限内，双方按照一定比例共同分享项目产生效益的一种商业模式。这种模式能够有效解决市场化和城市照明管理中现有体制的矛盾。通过合理协调市场和政府的关系，政府能确保高质量地实现公共照明目标，企业能获得收益，实现双赢。

2. 特许经营模式

特许经营模式允许政府从基础设施公共服务的提供者角色转变为监管方，有利于政府职能转换，并可以通过运营获取收益，减轻财政预算压力。

特许经营模式促进了投融资体制改革，利用私营部门提供资产、服务、资金和技能，促进了投资主体的多元化，并且能促进私营部门参加智慧城市项目，革新项目设计、施工、管理、运营等，引进先进的运营管理理念。

3. PPP 模式

基础设施项目可根据使用者是否付费分为非经营性项目、准经营性项目和经营性项目三类。举例来说，收费型停车场属于经营性项目。PPP 模式是指政府和社会资本合作的公共基础设施项目运作模式，根据私营部门的参与程度不同，可以将 PPP 模式分为 O&M（Operation & Maintenance）、BOO（Build-Own-Operate）、BOOT（Build-Own-Operate-Transfer）、BOT（Build-Operate-Transfer）等数十种具体模式。

（1）新建项目采用 BOOT 或 BOT 模式

在 BOOT 或 BOT 模式下，一般由社会投资方成立项目公司，政府与社会投资方签订协议，通过运营回收投资、获取利润。此模式下，运营期内投资方拥有所建设施的所有权。协议约定的经营期限结束后，所建设施移交政府。

（2）存量项目采用 TOT 模式

PPP 项目根据项目现有资产的情况可划分为存量项目和增量项目。其中，新建项目属于增量项目，改建、扩建等项目属于存量项目。存量项目可以采取 TOT 模式，即转让—运营—移交（Transfer-Operate-Transfer），具体指社会资本购买某个项目资产的经营权或者产权，并在收回投资得到回报后再将项目移交原所有权人。通过这种模式，政府可以从转让经营权中获得非税收入，并按照相关管理办法使用。另外，社会投资者的引入提高了基础设施运营的质量和效率，并通过政府的可行性缺口补助或使用者付费得到合理回报。

4. 政企合作模式

目前，我国许多城市都开展了智慧社区建设，依照建设运营模式可分为政府主导型、企业主导型和政企合作型。其中，政企合作型结合了政府主导和企业主导的优点，具有推广价值。政企合作型是指政府和企业共同担任智慧社区项目的主体，企业从政府获得资金或政策支持，双方进行合作开发。企业建设基础设施、搭建基础平台、收集并整理发布信息。

1.5.4 网络信息安全缺失

智慧城市建设以大数据和通信网络为基础，涉及国家安全、社会利益，若监管不力则可能出现严重后果。

我国智慧城市建设中存在重建设、轻测评的现象，虽然购置了网络安全产品，却存在忽视效果测评的问题。不进行完整的安全测评会导致安全设备和措施无法发挥作用，致使一些城市出现了系统入侵、安全系统失效等安全事故。

智慧城市建设缺乏统筹和领导部门，在实际运营过程中以部门、领域、行业为标准进行分割，缺乏统领全局的安全监管。此外，部分平台系统未建设安全运营中心，无法获取实时网络信息安全现状，无法进行态势评估。

目前，随着等级保护、安全审查等制度的落实，大部分党政机关、国企和事业单位的信息系统已纳入安全监管，但部分企业、公众的基础信息系统还处于监管盲区。那些业务范围深入国民经济和公众日常生活的系统，用户基数庞大，若发生安全问题则可能造成严重的经济损失。

第2章

智慧城市建设理念的演变

2.1 智慧城市建设理念的演变历程

城市是人口集聚稠密的区域，在城市地理学中被称为“群落”，是人类历史发展到一定阶段的产物。亚里士多德曾说：“人们为了活着而聚集到城市，为了生活得更美好而居留于城市。”城市是大数据的发源地，其复杂结构形成了各种即时交错信息汇集，一般包含政府、企业和居民三大主体，以及水、能源、交通、通信、社会网络和政府对商业的管制六大核心系统，三大主体从城市获取资源并从事各种社会活动，六大系统相互作用并形成系统反馈。从功能来看，城市是地域经济、政治和文化中心，城市的科技、经济及居民生活质量等成为社会文明的集中代表。

在过去的几十年里，随着城市化进程的加快，城市经济迅猛变化，随之出现了各种各样的“城市病”，导致现阶段城市经济失衡，给城市运行和城市管理带来严峻挑战，既有错综复杂且要求公开透明的政府事务处理、日益突出的城市经济发展问题，又有城市居民生产、生活的民生质量问题。如何有效解决城市资源紧缺、民生质量差、经济和政务服务不稳定等现实问题，成为当下城市发展的焦点。

1998 年 1 月，美国副总统戈尔提出“数字地球”概念，当时互联网、虚拟现实和 GIS 等信息技术革命浪潮不断前进，智慧城市的概念也由此萌芽。2008 年，IBM 公司提出“智慧地球”概念，全球发达国家和地区，如欧盟、日本、韩国和新加坡等迅速接受并展开广泛的城市智慧化实践探索。

21 世纪，智慧城市作为城市信息化的集中体现与农业、工业、服务业等深度融合，进而成为应对城市人口规模不断增长与资源日益短缺间的矛盾、解决城市经济转型升级和生态环境变化问题的重要手段，是实现当前社会可持续发展的必然选择。习近平总书记在网络安全和信息化工作座谈会上指出，应分级分类推进新型智慧城市建设，打通信息壁垒，构建全国信息资源共享体系。为贯彻落实会议精神，国家发改委、中央网信办和国家标准委联合发布《新型智慧城市评价指标（2016 年）》，以推动新型智慧城市健康快速发展。

根据信息技术的应用特点，可将城市信息化发展分为信息港、数字城市、智慧城市和新型智慧城市 4 个阶段，如图 2-1 所示。

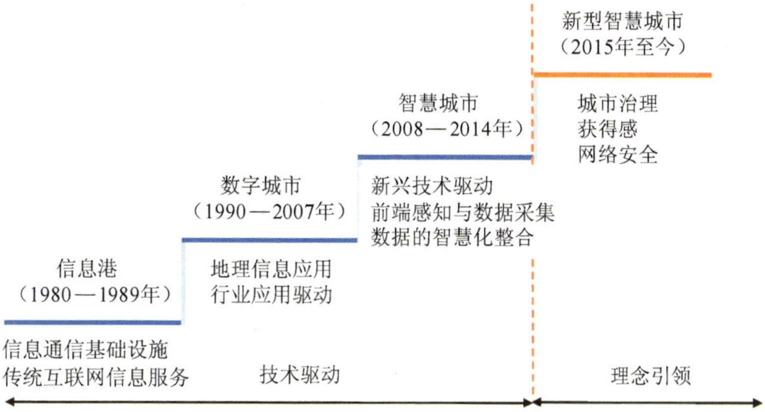

图 2-1　城市信息化发展阶段

1. 信息港

信息港概念诞生于 20 世纪 80 年代，是一种综合型的信息通信服务设施，欧美等发达国家和地区通过投入信息通信基础设施建设和实现网络设施互联，为用户提供便捷的互联网接入、电子邮件、文件传输和网页浏览等传统信息服务，进而提升城市信息流转的能力和竞争力。

2. 数字城市

数字城市兴起于 20 世纪 90 年代，主要利用对地观测空间信息技术对城市多元时空信息进行有效集成、管理和应用。通过全面整合城市电子政务、规划建设、环境治理、智能交通、电子商务和公众信息服务等领域的信息，实现城市各种信息的共享开放，服务于城市规划、建设和管理等方面的应用。

3. 智慧城市

在全球范围内，随着城市化进程的加快，城市规模不断扩大，人口众多、交通拥堵、环境污染和资源紧缺等诸多城市病也逐渐涌现，深刻影响着城市社会运行和公众生活质量。为解决城市建设中经济发展与民众生活需求之间的矛盾，IBM 公司于 2010 年提出了“智慧城市”愿景，通过物联网和云计算等技术手段，着力打通城市各部门间乃至城市间核心系统的业务壁垒，实现医疗、教育、环保、公共安全、城市管理与服务等方面的公众需求响应，提高城市服务效率和质量。

4. 新型智慧城市

在智慧城市建设过程中，由于缺乏对体系层面和协同思维的考虑，重技术轻应用、重投入轻实效的现象较为普遍，且信息化顶层设计未能顾及全局，基础设施也不够完善，部门之间缺乏业务协调，数据壁垒难以消除，经济上未能摆脱“高能耗、高排放、高污染、低效率”的城市发展模式。国家发改委等 25 个部门于 2015 年提出要加快新型智慧城市建设，以提升城市治理和服务水平为目标，推动新一代信息技术与城市治理和公共服务的深度融合，实现城市化途径的高质量转变和创新性发展，以适应国家治理体系与治理能力现代化的新要求。

2.1.1 智慧城市建设理念的提出

智慧是相对于高等生物而言的，是基于神经器官的一种高级综合能力，主要表现在自主感知、理解认知、联想思考、判断决定等多环节的完整反应链中，涉及调取知识与记忆、情感倾向与逻辑、决策过程及分析等诸多能力。城市是一个机制复杂却无神经反馈系统的综合体，无法满足类似人类的高级智慧表现的需求，虽然在当前建设中取得了一定成果，但未能全面且有效地完成整体链条的建设。对于城市而言，“智慧化”则是将其作为一个有机客体，注重感知问题的全面性、正确性，判别问题的科学性、准确性及解决问题的合理性和直效性的能力发掘。

智慧城市的基本概念尚没有一个被广泛接受的通行文本，存在不同角度的多种定义（表 2-1）。

表 2-1　8 种智慧城市/新型智慧城市典型定义

提出者	定义
Caragliu 等（2009 年）	智慧城市指城市对人力资本、社会资本、城市基础设施和信息基础设施的投资，能够促进城市可持续发展、提高人们生活质量、促进公众参与城市治理
Kanter 等（2009 年）	智慧城市将信息融入基础设施，能够实现城市的能源节约、生态改善、决策有力、资源科学配置和业务协作高效
李德仁等（2011 年）	智慧城市是在各行各业充分应用新一代的信息通信技术，通过传感器将各种物体普遍连接形成物联网，并与互联网整合，更加精细和动态地管理生产和生活

提出者	定义
胡小明（2011 年）	智慧城市不是局限于信息化，而是城市整体发展的智慧
许庆瑞等（2012 年）	智慧城市是对数字城市、知识城市、生态城市和创造城市的一种整合，它囊括了数字城市的技术架构、知识城市的价值观、生态城市的宜居环境和创造城市的创造力，最终实现城市的永续发展，以满足居民生活的安全感和幸福感
陈伟清等（2014 年）	智慧城市是在新一代信息技术与知识社会创新2.0环境下城市信息化发展的更高阶段
国家发改委等（2014 年）	智慧城市是运用物联网、云计算、大数据和空间地理信息集成等新一代信息技术，促进城市规划、建设、管理和服务智慧化的新理念和新模式
樊友山（2015 年）	新型智慧城市应突出市民的获得感，实现为民服务全程全时、城市治理高效有序、数据开放共融共享、经济发展绿色开源和网络空间安全清朗

过去 10 多年中，智慧城市已经成为政策制定和产业发展的重要着力点，智慧城市的内涵从不同视角有着不同的认知，大致可总结为“技术”“应用”“系统”三类。

第一类侧重于从技术的角度理解智慧城市的概念内涵。此类概念的特点是注重技术，认为智慧城市就像“被技术装备起来的城市”，通过新技术能够收集并挖掘到更多信息，城市基础设施资源的利用率得到提高，使城市变得更加“智慧”。此种界定抓住了智慧城市的基础特征，强调了信息技术对智慧城市的支撑作用。然而，技术并非智慧城市建设的关键，强化技术是用城市的“智能化”取代了城市的“智慧化”，从某种程度来讲，已经偏离了注重需求和服务的城市发展既定目标，忽略了城市管理与服务、居民生活等要素的作用和价值。

第二类侧重于从应用的角度理解智慧城市的概念内涵。此类概念内涵是以解决城市发展问题为核心，以技术创新为手段，重点落实在服务应用，认为智慧城市是借助新一代信息技术来提高产业经济、民生服务、城市管理、环境保护、交通服务等领域的信息化水平。其优点是通过各应用系统建设以实现智慧城市的总体建设目标，具有较强的目标性和可操作性，但其缺点同样不容忽视，最大的弊端就是应用系统孤立、信息孤岛形成。智慧城市是一个从基础设施、信息互联、平台共享到服务应用的复杂有机体，各个应用系统的建成不等同于智慧城市的系统建设，各应用系统间应耦合协同且逻辑契合。

第三类侧重于从系统的角度理解智慧城市的概念内涵。此类概念从整体角度描述智慧城市，注重系统论，强调经济、社会、环境等与城市的关联性和统一性，将城市当作人类可依靠的可持续发展空间。其优点是重视城市各系统之间的协同发展，重视社会的可持续性；缺点是建设路径不够清晰，缺乏可操作性，在建设过程中容易形成一环遇障、全盘受阻的困境。

智慧城市在关注信息技术发展及信息基础设施建设的同时，应注重以人为本，注重对城市的全面感知，注重对需求的理解认知，注重城市系统间的智能协同，注重内在发展的可持续性。总体来看，从技术应用到信息化发展，再到重视以人为本、可持续发展的理念，智慧城市的内涵随着时间的推移得到了更好的延伸和升华。

2.1.2 智慧城市建设理念的演变过程

智慧城市在我国虽只有短短几年的历程，但随着社会变革和进步，智慧城市发生着显著且深刻的变化，并逐步成为未来社会发展的趋势。智慧城市建设有着怎样实质性的演变呢？

1. 生态文明：智慧城市建设的新方向

在智慧城市建设过程中，尽管很多城市把绿色城市作为智慧城市建设的目标之一，但尚未将生态文明建设提升至战略高度。

党的十八大提出“美丽中国”建设目标，将生态文明建设放在国民经济和社会发展的突出位置。智慧城市与“美丽中国”密不可分，其建设必须符合“美丽中国”的要义，将创新、协调、绿色、开放、共享的新发展理念贯彻其中，改善人民的生产、生活环境，重视生态文明，强调人与自然的和谐共生和可持续发展。

2. 以人为本的新型城镇化：智慧城市内涵的新拓展

在新型城镇化的建设背景下，智慧城市的发展方向势必要与新型城镇化紧密结合。一方面，新型城镇化通过扩大城市规模和优化空间功能，拓展现有智慧城市建设的范畴；另一方面，新型城镇化在科学完善城市发展格局的基础上，构建城市群发展体系，这要求智慧城市顶层设计既要体现区域和城市发展布局，也要有国家层面上的统筹与规划意志。

此外，随着新型城镇化建设步伐的加快，以人为本成为发展核心，对智慧城市而言，其建设要站在公众角度去理解未来城市发展需求和公众服务需求，系统设计城市架构和功能，优先建设与民生服务相关的智慧基础设施。同时，在现有城市容量和格局的基础上，需要具备对城市基础设施、城市管理、城市服务等方面布局规划的前瞻性和科学性。

3. 建设实践：智慧城市内涵的进一步细化与丰富

理论指导实践，实践反过来又丰富和发展理论，形成理论与实践的迭代升华过程，智慧城市内涵的演变历程也是如此。行业、政府和公众在对智慧城市有了一定认知后，需要从实际出发，根据城市发展现状和社会迫切需求踏上智慧城市的建设之路，在建设过程中不断深化对智慧城市内涵的理解，思考建设实践中的问题和途径，进而寻求优化策略，并赋予智慧城市更深刻、更细化的内涵。

当前，智慧城市建设需要以国家经济发展战略为导向，结合城市发展优势与方向，借助信息技术力量改善生活环境基础设施，提升资源使用效率，努力打造一个兼顾经济稳步增长、公众宜居生活、社会和谐稳定、生态环境可持续的现代化创新生态城市。

智慧城市的建设发展与国家发展战略、城市本身定位与经济水平、信息技术能力、城市管理者与市民的参与程度等息息相关，智慧城市的建设实践与国家战略目标高度契合，是新形势下城市发展的需求，通过努力践行新时代国家大发展的使命，能够使未来城市发展迈向更高级形态。

2.2　智慧城市建设理念的类型梳理

美国、英国、新加坡是最早建设智慧城市的国家，这些国家注重政府与市场的合作，通过发挥市场在城市基础设施建设、技术创新等方面的积极作用，加快产业结构调整，促使高科技人才聚集，为智慧城市建设提供动力。

2.2.1　美国–哥伦布

1. 理念思路

哥伦布市是美国俄亥俄州的首府和最大的城市，由于年轻人口较多，常被作为新技术和新产品的试验田，因此成为美国城市信息化建设的创新前沿。哥伦布市在2008年被《福布斯》杂志评为全美排名第一的新兴科技城市。

2013年，全球“智慧社区论坛”（Intelligent Community Forum，ICF）将哥伦布市列入“2013全球七大智慧城市”之一，该市也是美国唯一入选的城市。

2016年，哥伦布市赢了美国交通部推出的“智慧城市挑战赛”，获得联邦政府的4000万美元拨款及Vulcan公司赞助的1000万美元，再加上当地筹集的9000万美元，共计获得1.4亿美元的智慧城市建设资金支持。这些资金被用于改善当地的交通运输服务，推广、普及电动车的使用和推动相关技术的研发，以创造一个未来的智能交通系统，帮助建设智慧城市的样板。

哥伦布市的智慧城市建设愿景是“美丽之城、健康之城、繁荣之城”，为此提出五大智慧发展战略：①建设智慧走廊，哥伦布市将沿Cleveland大道建设一条智慧走廊，吸引以前分散在各郊区的信息技术、医药研发、健康服务等产业向走廊集聚，同时在走廊沿线配套建设高速光纤及快速公交系统（BRT）等快速交通工具，从而创造新的工作机会，并解决城市交通拥堵问题；②打造智能物流，采集区域交通实时数据，提供基于实时数据的货车引导服务，完善区域配送服务网络，形成一个高效、安全、精准管理和低成本的物流体系；③建立游客服务网络，通过数据开放、手机App等举措，为访问该市的游客提供与交通、停车场、交通工具及其他附近目的地相关的实时信息；④建设市民服务网络，引导网络服务、银行终端、共享单车、共享汽车等服务进入那些孤立社区和无车家庭，帮助这些居民获得更多的公共服务和工作机会；⑤发展可持续交通，发展电动汽车和智能电网，将智能电网覆盖整个城市，鼓励居民广泛使用电动汽车。

2. 亮点特色

（1）可访问和可使用的数据

哥伦布市一直致力于分享、使用数据及信息的可视化，以便与公众互动，并激励私营企业进一步创新。自2013年以来，哥伦布市的移动市政厅“CBUS”一直是与公众互动的重要渠道。CBUS为居民提供Wi-Fi接入和技术，以享受各种在线服务，提供街道清洁、坑洞修理、散装垃圾收集、垃圾和涂鸦处理等服务。

为使辖区居民和游客能够无障碍访问和使用城市和社区资源，哥伦布市发布了一个名为MyColumbus的免费客户端移动应用程序（适用于iPhone、iPad和Android终端）。为了使数据易于访问并且对公众用户友好，MyColumbus维护着一个名为 MyNeighborhood 的强大的数据可视化程序，该程序把来自各种城市代理商和数据库的数据聚合成用户友好的格式，与 MyColumbus 应用程序同步。此外，俄亥俄州中部区域规划委员会（MORPC）还拥有一个公共可用的在线数据中心，可以访问交通数据、GIS 层和人口数据。

（2）自动驾驶班车

2018 年 12 月中旬，哥伦布市开通了一趟自动驾驶班车，是俄亥俄州智能交通改造项目的组成部分。该班车使用电能发电，更加环保，同时搭载传感器使其具有自动感知能力，行驶于博物馆与市区公园之间的固定路线。这个自动驾驶班车项目总计 6 台车，路线固定，全长 2.4 千米，串联城中各个景观，平时有 3 台车处于运行中的状态，另外 3 台车则在停车场充电待机，最高时速可以达到每小时 40 千米。该项目的实行将会明显改善一直以来依赖汽车的哥伦布市的道路安全与通行能力。“智慧哥伦布”计划在林登（Linden）开设了第二条自动驾驶班车路线，这是一个缺乏公共交通的低收入社区，其目标是将每日通勤者连接到公共汽车站和其他交通枢纽，消除所谓的“第一英里/最后一英里”的接入差距。

2.2.2 英国–伦敦

英国首都伦敦被誉为“全球十大智慧城市”之一，并且在欧洲智慧城市中的排名较高。伦敦充分利用交通数据、政府数据、商界数据、学术界数据及消费者数据建设智慧城市，令城市更加高效、创新。

1. 理念思路

英国建设智慧城市的时间较早，2009 年提出“数字英国”理念，要求在 2012 年建成全国性宽带网络，惠及所有人口。通过加强基础设施建设，英国全面开展了国民数字化应用，提供优质的数字安全服务，力争打造成世界的“数字之都”，并设定了五大目标：①升级数字网络，即有线传输网络、无线传输网络、宽带网络等；②发展数字经济，营造良好的数字文化创新产业环境；③鼓励数字内容，从英国民众的角度出发，提供满足需求的公正的新闻等；④确保广泛参与，使绝大多数英国公民享受数字经济和数字社会带来的全新体验；⑤完善政府电子政务建设。

伦敦长期被视为欧洲金融首都，就政府如何更好地提供便捷公共服务先后提出了“电子伦敦”和“伦敦连接”计划。2013 年 12 月底，伦敦市政府提出《智慧伦敦计划 2020》，通过“利用先进技术的创造力来服务伦敦并提高伦敦市民生活质量”，解决城市发展运行过程中面临的问题，为市民提供优质的服务。《智慧伦敦计划 2020》明确了 7 个实施路径，即以市民为中心，开放数据，发挥伦敦的科学研究、技术研发和人才创新方面的优势，基于网络提升伦敦创新生态系统能力，让伦敦具有适应性并不断成长，市政府为市民提供一个更智慧的伦敦，更好地服务伦敦市民。同时该计划通过将人、技术与数据有效整合创造性提出了智慧伦敦建设方法，从而解决了伦敦所面临的各项问题。《智慧伦敦计划 2020》指出，智慧城市发展要以市民为中心，把市民参与政策制定作为发展的首要方向。

2015年，伦敦进一步提出“伦敦数字包容战略”，深入分析伦敦在数字包容方面存在的问题及原因，提出支持互联网服务商提供灵活的网络接入方式、加强老年人网上培训、促进各机构合作共同应对数字鸿沟问题，使互联网真正成为每位伦敦市民生活中的一部分，深化发展与信息技术的融合。

基于以上种种努力，伦敦荣登“2015 年欧洲智慧城市指数”榜首。2019 年，伦敦智慧城市步伐继续推进，利用 15000 盏灯具组成无线控制网络，此网络系统除了照明控制（包括调光），还支持交通和停车监控、占用感测、环境监控和资产管理等应用，将灯具和互联网、环境等城市要素进行了智慧联通、融合。

2. 亮点特色

（1）数据开放

向社会公众开放市场、消费情况、服务、政府运作等数据，一方面提高了伦敦执政的透明度，促进了效率提高和技术革新；另一方面激发了企业和市民的积极性，更容易开发出适应各方需求且促进城市良性发展的方法和技术，使全社会受益。伦敦数据仓库是一个基于数据开放的综合数据平台，也是全球最早建立的开放共享式平台。截至 2015 年 12 月，伦敦数据仓库的开放数据从内容上覆盖了人口、住房、商务与经济、就业与技能培训、生态环境、健康、规划实施、交通、体育、基础教育、犯罪与安全、艺术与文化 12 个大类 26 个小类，共 633 个数据集。

数据开放的另一项重要举措是数据的三维可视化。伦敦特别针对城市空间的基础设施建立了三维数据库，包括地上市政设施和地下管网等，通过整合不同市政公司的基础设施数据，公开地上、地下基础设施数据，使市政工程建设更为高效，避免了重复开挖的情况（据统计，英国每年因路面重复开挖造成的损失高达 1.5 亿英镑），极大地节省了建设资金。除提供全区全视域直观展示外，该系统还具有动态更新能力，可随时更新增改设施信息，辅助城市规划决策、市政工程建设。

（2）智能交通

伦敦智能交通建设起步早，居世界前列。伦敦交通局（Transport for London，TFL）公开了租赁自行车、公交车、轨道交通的实时位置，其开发的“Countdown”服务可以使乘客利用网络、短信息和 2500 个路牌获得伦敦市区 19000 个公交车站的实时车辆到达信息。类似于自行车租赁，这些实时信息对社会公众、企业开源。目前，超过 60 个与交通相关的应用被开发使用，已为 13%的市民提供了出行服务，每天约有 65 万人使用。

伦敦还新推出了目的地查询服务系统——“可读的伦敦”（Legible London），由 TFL 和 Canary Wharf 地产公司合作开发。为方便地铁、公交出行者快速查询步行路线，伦敦已在公交站点附近安装了 1250 个目的地查询服务系统，既提高了大量游客出行的便捷程度，也鼓励了市民采用慢行交通出行方式。此外，触屏和电子地图为人们查询附近的餐厅、商店、公司及指定地点查询提供了方便，并给出最佳步行路线。TFL 和 Canary Wharf 计划不断优化测试该系统，提升了系统的性能，丰富了系统的功能，为人们提供了更多的优质服务。

（3）智能能源

从 2011 年起伦敦开始与哥德堡、科隆、热那亚和鹿特丹就 CELSIUS 项目建立合作。该项目是智慧伦敦的重要组成部分，立足于低碳发展以及资源使用，特别是废热利用。除了热能，能源管理中的电能管理也至关重要。智能电网（Smart Grid）可以有效提高用电效率，减少资源浪费，如收集发电厂生产的多余电量并充分利用智能分配用电量等。Islington’s Bunhill Ward 是伦敦智能电网的示范基地。智能水表（Smart Water Metering）属于能源智能管理，可以动态监测水消耗和泄漏情况，便于高效管理。

2.2.3 新加坡

埃森哲咨询公司研究认为，在“电子政务”方面，新加坡领先世界，2014 年在新加坡世界经济论坛上发布的《2014 年全球信息技术报告》在“最佳互联国家”评估中排在第二位；在信息通信技术发展水平方面，2016 年 7 月 6 日在世界经济论坛（WEF）上发布的《2016 年全球信息技术报告》中，新加坡“网络就绪指数”名列前茅；在 2018 年全球智慧城市排名中，新加坡位列第六。

1. 理念思路

早在2002年新加坡就被世界传讯协会称为“智慧城市”。2006年，新加坡提出“智慧国2015计划”，将在10年时间内由政府投资约40亿新加坡元，利用无处不在的信息通信技术（ICT）将新加坡打造成一个智能化的国家、全球化的城市，建设覆盖全国的数据收集、存储和分析的软硬件基础设施，从而为居民提供更好的公共服务。智慧国的主要战略是利用ICT不断提高国内经济发展水平，建成新一代全国ICT基础设施，包括覆盖全国的超高速有线和无线两种宽带网络；利用信息与网络科技提升数字媒体与娱乐、教育与学习、金融服务、电子政府、保健与生物医药科学、制造与后勤、旅游与零售七大经济领域的发展水平，使新加坡成为一个依靠信息技术产业驱动的智慧国家。

新加坡智慧城市发展阶段可以概括为通过30年的发展，从技术驱动阶段过渡到资源整合阶段，实现从孤岛求生到智慧国家的不断跃迁，最终迈向应用引领阶段。

在技术驱动阶段，新加坡智慧城市建设与信息技术产业同步发展，相辅相成，不断迭代升级。在这一时期，信息产业经历了个人计算机（PC）时代—互联网时代—大数据时代的升级进步，为智慧城市建设打下了良好的产业基础，并推动了城市信息的互联互通、数据的交换共享、信息与应用的整合，建立了新型信息化经济体系。

在资源整合阶段，新加坡突出政府主导地位，强化城市综合信息共享，实现网络融合。政府通过引导各个领域的信息化应用，建立统一的信息化管理体制，全面统筹城市级信息资源，营造政府、社会、企业、国民共同参与、协同作战的良好氛围。

在应用引领阶段，核心在于通过建立智慧城市示范试点持续推动企业技术创新。新加坡联合高新技术企业开发智慧城市试点项目，利用先进企业的产品和技术及数据资源，加快技术落地，驱动企业技术的创新和升级。

2. 亮点特色

（1）一门式数据公开门户

Data.gov.sg是新加坡首个政府数据公开门户网站，该网站包含80多个公共机构提供的8000多个公开数据集，用户能够自由访问和下载以进行科学研究或者开发应用程序，同时可查询使用官方数据开发的应用程序。在网站页面上还展示了一些已经做成的应用介绍、最受欢迎的数据信息与搜索量最大的关键词，方便用户可以第一时间找到自己想要的信息。

Data.gov.sg 网站中更多的政府数据可以用来创建应用程序的一些数据，如气象数据、邻近设施位置的地理数据、实时交通数据等。这些数据可以通过网站公开数据目录获取，也可在 Data.gov.sg 网站直接下载或向有关机构线上提交申请。

（2）智能交通建设

新加坡拥有十分发达的交通路网系统，车道长度达 7000 千米，公路占地面积占全国土地总面积的 10%以上，城市快速轨道总长 3000 千米。目前，在快速轨道中地铁与轻轨共计 170 千米，每天运输人次达 100 万以上，是新加坡最主要的陆地交通工具；公共汽车共 3300 辆，有 250 条运营路线，出租车总量为 18300 辆，机动车总量为 72 万辆，其中私家车为 41.4 万辆。

开放的公共交通信息数据库：新加坡综合交通管理系统 ITMS 建立了 Traffic.Smart 交通信息库与 Transit.Smart 公交信息库，在整合后统一存储，并通过网络供公众、车辆运营、政府机构同时使用。

互动式的公交站台信息服务：出行者信息服务系统（TIS）提供互动的电子指南，安装于巴士站或公交转换站，向使用者提供最佳的乘坐路线及公交抵达时间、交通环境信息。

统一平台的停车诱导服务：新加坡国土面积不大，已建成 1800 多个停车场，通过发布 ERP 系统，ETC 停车走进人们的视野，并已成为大多数停车场管理方的首选方式。新加坡的智慧停车系统通过将停车场场景与 ERP 电子道路收费技术紧密融合，取得了较大成功。利用电子扣费等非现金支付手段和微波通信技术，车辆在无人值守的停车场出入口不停车可通行，实现停车费的自动化便捷收取；停车场运营中心通过统一的管理平台，配合停车场相关设备对车道运行状况进行监控，实现远程管理，为用户提供高品质的服务，提高了运营效率，降低了运营成本（图 2-2）。这就是“无非不集”ETC 停车服务模式的由来。新加坡停车诱导系统（Parking Guide System，PGS）极大地方便了驾驶者寻找合适的停车设施，减少了因为无法找到车位造成的无效交通流量。PGS 通过接收各停车场实时车位信息，经过网络播放到城市中心区关键位置的诱导屏，同时在网页上实时更新信息，公众可以通过智能手机、计算机与诱导屏随时了解各个停车场车位信息与停车场收费标准。

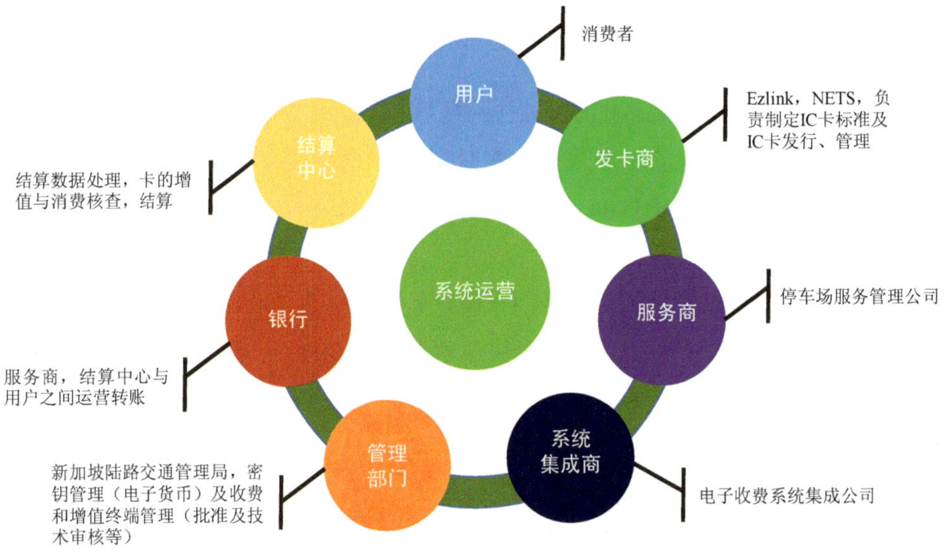

图 2-2 智慧停车系统运营模式

2.2.4 中国-上海

1. 理念思路

自 2010 年以来，上海市提出面向未来的智慧城市建设方针，加强城市的智能化水平建设，实现政府、民生智能服务的广泛普及，更好地为人民服务。“十三五”期间，上海市采取多项措施加快互联网、物联网、大数据、人工智能等新一代信息技术与实体经济的融合，建设为一个泛在感知、深度融合、智能便捷的新型智慧城市。

2. 亮点特色

（1）便民惠民的智慧生活服务体系

在智慧交通方面，上海市以道路交通综合信息服务、公交信息服务、公共停车信息服务为基础构建智慧交通应用框架。公交车实时到站信息已基本覆盖，部分公交车开通了 Wi-Fi，进行了无线网络覆盖。2017 年 6 月，上海虹桥机场落地全国首个支付宝无感支付停车场，车牌与车主支付宝账户绑定，实现用户不用停车便可收费。截至 2019 年 5 月 16 日，上海市地铁 App——“METRO 大都会”下载量突破 2000 万人次，使用现金购单程票的乘客明显减少，用户可以在火车、高铁、地铁、公交、共享单车、的士等几乎所有交通出行场景中使用支付宝支付。

在智慧医疗方面，上海市已构建“1+17”的健康信息平台，打通了全市500余家医疗卫生机构的数据壁垒，实现了各大医疗机构的信息互通与资源共享。同时，动态采集了3000万份电子健康档案，并对全国约1亿份的就诊患者电子病历进行存档和管理。在医联平台和电子健康档案基础上，上海市推动65家试点社区卫生服务中心与市级平台对接，同时充分考虑市民需求，打造基于“市民云”App的统一入口平台，进一步整合资源、拓宽服务渠道，市民通过一个App即可享受各类行政公用事业服务。此外，支付宝与上海复旦大学附属华山医院推出“信用就医”，这是全国首家“信用就医”医院。不同芝麻信用分数对应不同花呗额度，该额度可以在该院支付医疗费。通过支付宝“代扣”功能，医生开具处方后可以通过绑定支付宝自动付款，实现了门诊缴费零排队，大大提升了病患的看病体验。

此外，上海市建立了电子账单公共服务平台、数字博物馆、图书借阅“一卡通”等重大公共服务信息化项目。截至2018年年底，“市民云”已上线235项公共服务，实名注册用户超过1000万人。

（2）融合发展的智慧经济体系

2017年1月，上海市人民政府印发《关于本市加快制造业与互联网融合创新发展的实施意见》（沪府发〔2017〕3号）；同月，上海市政府办公厅印发《上海市工业互联网创新发展应用三年行动计划（2017—2019年）》（沪府办发〔2017〕15号），提出推进工业互联网创新发展以及制造业与互联网融合的目标任务。同时，上海市政府积极推动共享经济等基于互联网的新经济发展，鼓励互联网企业与传统行业的融合互动。

上海市正大力发展云计算、大数据、人工智能等新一代信息技术相关产业，力争在新一轮技术革命中占据优势地位。截至2018年年底，上海市开展了“两化融合”，贯标试点企业达92家，涵盖新能源汽车、自动驾驶、航空航天等多个重点领域。在互联网金融方面，上海市已汇集了银联、蚂蚁金服、汇付天下等一批行业龙头企业，成为全国重要的互联网金融产业高地。自贸区的建设也使上海市在涉外电子商务和支付结算以及电子口岸通关等方面处于全国前列。

（3）透明高效的智慧政务服务体系

上海市以“集中+分布”的建设原则，力争在全市形成“1+16”市、区两级云体系。通过构建集约高效的电子政务云，上海市采用政府购买服务的方式建立了基于政务外网的统一政务服务。作为国家大数据综合试验区，上海市持续推动政府公共数据开放，截至2019年1月，市政府数据资源目录管理系统共汇聚和发布了2.1万条市级预算部门数据资源目录，包含29.8万个数据项，向社会开放了2100项数据资源，涵盖了经济、环境、教育、交通、医疗等12个重点领域，认定了金融、能源等7个领域大数据联合创新实验室，不断释放公共数据价值，带动政企数据融合创新。上海市数据资源开放与共享实现了从市到区的延伸，浦东、黄浦、闵行、嘉定等区制定了政府数据资源共享开放的相关办法、规划与目录体系，其中浦东新区率先建立了区级政府数据对外服务平台。

（4）率先开放的数据创新应用体系

上海市在数据创新方面的发展以“资源、技术、产业、应用、安全、融合、联动”为主线，通过提升政府治理能力，转变经济发展方式，为公众提供更好的服务，依托“交易机构+创新基地+产业基金+发展联盟+研究中心”的一体化产业布局，实现了数据服务、数据贸易、先进产业的集群发展，使上海成为国家数据科学中心、亚太数据交换中心和全球数据经济中心。2012年，上海市率先开通了上海市政府数据服务网(上海市公共数据开放平台),它是国内首个数据开放网站。2016年4月1日，上海大数据交易中心挂牌成立，主要负责促进商业数据流通、政府数据与商业数据融合应用、机构跨区域合作、数据互联互通等。截至2020年6月，上海市公共数据开放平台的开放数据项总量达99316942条，开放数据资源达3663个数据集（其中包括1685个数据接口）和35860个数据项，开放数据部门已覆盖98个，包括经济建设、文化科技、信用服务、交通出行等12个重点领域，提供多种开放格式的数据产品、应用、App、接口等。

2.3 智慧城市建设理念的比较分析

2.3.1 典型智慧城市建设经验

1. 美国-哥伦布

（1）资源的合理应用

在智慧城市发展趋势中，美国更注重城市资源的合理应用，强调对各种资源要素进行重新排列组合，从中寻求最优解法。相比较而言，国内的做法更加侧重减法，通过智慧工业、新能源汽车等新科技手段减少工业和交通的污染物排放量。例如，哥伦布市侧重于增加现有资源的利用率，而非减少资源利用的负面产出，银行、慈善机构及餐馆的数量、土地的利用率等都被纳入智慧城市的建设规划中。相同地区食物的需求、存储与分配，可以根据计算地区分布及弱势群体数量得到精确的规划。哥伦布市基于目前已较为成熟的图像识别技术，对停车场的监控视频数据进行挖掘，在停车位紧张的 CBD 区域推行分时间段车位共享。

（2）未来交通系统的铺垫

哥伦布市的智慧城市建设作为由美国交通部主导的项目，重点集中在交通方面，在未来交通体系的建设上以城市未来规划发展为切入点。俄亥俄大学和肯扬大学正在逐年扩大招生规模，但其周边缺乏地铁系统，从而给在校师生的出行带来极大不便。参照哥伦布市可乘坐短途电动自动驾驶班车往返于市内热门景点的举措，这两所大学也将引入自动驾驶班车系统。另外，哥伦布市计划在市内铺设 164 英里的智慧公路，与此同时，都柏林和俄亥俄州之间也计划新建一条无人飞机线路，载人无人飞机项目（Fly Ohio）目前已经启动，通过铺设地面进而实现系统和雷达体系的监测。

（3）开放创新

在哥伦布市，政府、企业、大学和其他组织之间形成了一个良好的合作交流信息体系。各个机构之间的交流顺畅便捷，与该市整体联系在一起。以哥伦布市的能源研究为例，其中 2/3 由企业和科研院所共同承担，两者的长期合作造就了这种良好的发展趋势。

2. 英国-伦敦

（1）从城市发展需求着手建设智慧城市项目

伦敦以为市民提供更加高质量的生活作为建设智慧城市的核心价值，所以将突破点选择在交通、环境、社会保障等领域。这些领域新技术、新产品的研发与应用对接的是城市发展的重点，往往是普通民众最关心、最迫切的问题。例如，在伦敦市，通过应用“City Mapper”App，使用者可用手机与城市的公交信息实时相连，只要输入出发地和目的地或者出发时间和抵达时间，就会得到各种供选择的交通方案。在“City Mapper”的帮助下，伦敦市民能准确地知道什么时间出发、能赶上哪趟车、在哪里换乘及整个行程的花费。

我国城市在智慧化发展的过程中应参考英国的实践路径，切忌盲目跟风，需围绕解决实际问题而有针对性、有步骤地开展智慧城市建设。最先解决的应该是困扰城市发展的最突出问题，如缓解交通拥堵、降低能源消耗等，建设智慧城市必须从各地方的实际需求出发。

（2）注重跨界整合

建设智慧城市是一项自上而下的系统工程，需要政府、企业、科研机构、公众等多个主体共同参与。首先，应重视发挥企业的市场化主体作用，建立高效的投资回报机制。其次，应重视营造科研创新环境，培养更多的专业技术人才，促进智慧城市新技术的转化和新产业的培育。最后，应重视公众的体验互动，每项新技术的研发与应用都不是一蹴而就的过程，而是设计—反馈—再设计—再反馈的不断迭代的过程。

3. 新加坡

（1）设立政府 CIO 制度，统一推进政府信息化建设

新加坡在推动政府信息化的过程中，形成了一项独特、有效的制度，设立政府首席信息办公室（GCIO）。首席信息官（CIO）由作为实施 GCIO 制度负责单位的新加坡国家资讯通信发展管理局（IDA）统一委派。IDA 除了管理 CIO，负责统筹各政府部门的信息化建设工作，还肩负着政府信息通信总体规划的任务，在各种系统执行和信息化项目管理方面承担重要职责，涵盖政府政策方案、IT 标准、指导方针的制定，实施流程的监管，以及重要信息通信基础设施的安全监管。

在智慧城市的建设过程中，各个组织、部门之间的壁垒一向是阻碍数字资源共享利用的问题所在。GCIO 管理模式有助于解决数字资源汇聚共享难的问题，为政府各部门在信息化过程中提供清晰明确的思路和建设原则。

（2）重视基础性工作的持续投入，夯实发展基础

目前，在统一的公共服务平台上，新加坡居民只有一个身份认证，享受着政府提供的各类公共服务，个人的任何信息变动都会同步到各部门的子系统中，避免了同一信息的重复多次更新，打破了政府部门公众服务割裂不通、各自为政的格局。新加坡政府 10 多年来在管理、软硬件系统等方面持续不断地投入及累积，不断地完善健全电子政务功能，尤其是通过实行问责和保持透明度的手段，实现了规划实施的长期有效监管以及持续不断的资源投入。

（3）重视理念的推广和宣传

城市管理与每位市民的生活息息相关，因而智慧城市建设的需求要从民众关心的生活实情出发，需要民众认知、参与及最终的认同。无论是在新生水厂、交通管理局，还是在人流量较多的公共场所，新加坡政府都大力宣贯“政府与市民共同创新”的观念，殷切希望通过各种信息化手段，以生动形象的方法大力宣传智慧城市建设的整体思路和理念，寻求各方利益关注和冲突的平衡点，以最终得到市民的逐步支持和更多的理解，同时增加市民对政府管理的总体满意度。

4. 上海

（1）加强基础设施布局规划

作为城市和国家的基础设施建设，信息技术设施将会越来越重要，早在2011年，上海市就发布了国内第一个公用移动通信基站站址布局专项规划。该站址布局专项规划设计与整个上海市的城市空间规划衔接，作为整体规划的一部分。2019年，我国进入5G 商用元年，上海市紧跟新一代信息通信技术发展趋势，加快推进5G 基础设施布局，发布了《关于加快推进本市5G 网络建设和应用的实施意见》，指出到2021年，累计建设3万个5G 基站，实现5G 网络在全市的深度覆盖。

在城市宽带建设方面，截至 2019 年 7 月，上海电信千兆城市光网部署 10G PON 端口 25 万个，约 2 万个小区接入千兆光网，覆盖用户数达 1000 万户，千兆光纤覆盖率高达 99%。千兆用户的数量已发展上升到 60 万户，IPTV 用户总体规模近 400 万户，Wi-Fi 精品智能组网近 100 万户。在无线城市建设方面，截至 2018 年 5 月，上海市已基本实现全市 4G 网络覆盖，4G 用户达 2662 万个，占全市移动电话号的 75%。4G 用户平均下载速率达 20.26 Mbps，保持全国排名第一，4G 弱覆盖区域网络优化累计完成 331 处。根据《关于加快推进本市 5G 网络建设和应用的实施意见》，全市将在 2021 年前基本建成以 5G 为引领的新一代信息基础设施总体架构，以 5G 为引领，打造技术多样、主体多元、模式创新的供给格局，按照最高标准、最高水平构建“连接、枢纽、计算、感知”四大体系，实现到 2035 年建成卓越的全球城市的总体目标，为智慧城市的创建奠定良好的基础，真正实现数字化、网络化、智能化。

（2）完善规范标准

随着近年来通信技术领域的快速发展，光纤宽带技术具有数据传输量大、损耗小等优点，替换了很多原有的技术，但是很多旧版的通信配套标准缺少及时的同步更新。上海市已率先完成了基于公共建筑、既有住宅和新建住宅这三类不同情况的通信设施相关标准规范的修订和编制，同时积极推动无线城市建设，发布了针对各个公共服务通信服务网的建设指南。

围绕公共信息资源开发利用，智慧社区、智慧村庄、智慧商圈、智慧园区、智慧新城建设和电子商务发展等需求，上海市不断推进相关技术、应用、管理规范的建立和实施，积极参与国际和国家标准、规则的制定与修订；鼓励企业和社会组织加强行业信息技术标准体系建设，发挥标准的技术支撑作用；支持新一代信息技术领域知识产权专利池建设，推动创新成果产业化。

（3）加强渠道整合以服务民生

在民生服务方面，上海市政府不断以渠道整合作为工作的突破口，以促进信息的共享、业务的协同、系统的集成和资源的集约。

目前，上海市已实现民生服务信息化应用的全面覆盖，在交通出行、在线医疗、多元化教育、文化设施等方面都极大地改善和提高了市民的生活品质，惠民效果显著。一是卫生信息化应用以电子健康档案为基础，以市、区两级卫生综合管理平台为主干建立，实现了 3000 多万份市民电子健康档案的动态采集和联网共享。二是教育信息化成果显著，其中尤其以教育信息资源共享、电子书包、网上教学等应用为重点和亮点，上海学习网注册用户达到 184 万人，在线课程达到 1.5 万门，促进了学习途径和人员的多元化。三是广泛推广重大公共服务信息化项目，如综合为老服务信息平台、电子账单公共服务平台、图书借阅“一卡通”等，在 54 个市级部门、单位和各区县政府网站实现网站首页或全网的无障碍建设。四是基本完成全市交通信息化应用框架建设，包含道路交通综合信息服务平台、公共交通综合信息服务平台及公共停车信息平台等，200 多个中心城区停车场、900 多条公交线路已实现状态信息在线实时查询。

2.3.2 新型智慧城市的发展趋势分析

1. 新一代信息技术驱动新型智慧城市加速发展

（1）大数据助力新型智慧城市的发展

基于新一代信息技术的数字驱动模式正逐渐成为智慧城市发展的核心引擎。根据“十三五”规划，大数据作为基础性的战略资源，将在全国范围内得到促进和发展。国务院印发的《促进大数据发展行动纲要》（国发〔2015〕50 号）指出，智慧城市建设应充分结合信息惠民工程，通过多方数据共享促进公共服务建设、制度对接和协同配合。随着智慧城市建设在全国各地的陆续开展，大数据驱动作为核心引擎，其作用得到了肯定，上海、杭州、南京、深圳等地在智慧城市建设“十三五”规划中都确立了将大数据作为城市创新发展要素的地位，数据驱动在智慧城市发展中的核心作用日渐凸显。

（2）人工智能深度渗透到参与新型智慧城市的众多行业中

人工智能在新型智慧城市众多领域的率先落地和成功实践，标志着城市管理和服务水平进入一个新阶段。在国务院于 2017 年 7 月印发的《新一代人工智能发展规划》（国发〔2015〕35 号）中，人工智能被提至国家战略高度。经过多年的数据积累和技术攻关，我国领军企业已具有较强竞争力的人工智能服务能力，并在智慧城市的众多场景中得到广泛的应用和实践。在城市治理方面，阿里云打造的“ET 城市大脑”在杭州和苏州等城市陆续落地，通过对城市运行状态的全局感知和分析，实现了包括实时交通信号调节、违法车辆追踪等智能干预，大幅提升了城市交通的运转效率。在健康医疗方面，科大讯飞上线了辅助医生出诊的 AI 语音应用，支持通过语音自动生成病例，极大地提高了医生和患者间的沟通效率。在交通出行方面，百度早在 2018 年已量产无人客车，并在雄安新区等新开发的地区和城市开展合作，为城市提供无人驾驶服务。随着人工智能技术的进一步成熟，人工智能必将加速渗透到智慧城市的各个领域。

（3）区块链促进城市高效、透明、安全、可信的运转

近年来，随着智慧城市的发展，不断呈现线上线下相互融合、虚拟空间与现实空间相互交融的特性。点对点数字货币系统的试验技术逐步发展成为重塑社会信任、变革生产关系的新技术基础。信任是维系智慧城市有序运转、正常活动的核心。然而，信任也正面临着授信中心节点负荷重、多利益方共享信任信息难、网络活动时空分离溯源难等众多问题。因此，在智慧城市建设中引入区块链技术具有强大的现实基础和迫切的现实需求。区块链技术的三大特性有助于全面升级基于信任的智慧城市应用与服务：①全网节点共同参与维护，区域链利用分布式网络存储链式区块的全量信息，利用共识机制确保全网数据一致性；②数据不可篡改与伪造，区块链利用密码学成果，确保存储和交易信息的不可篡改与安全访问；③过程执行透明自动化，区块链利用自动化脚本，以代码形式固化流程与契约，确保执行过程是透明和自动的。基于区块链的技术特点，其在新型智慧城市

中的应用可划分为两大场景。一是重要数据保全与认证。区块链具有分布式、可追溯、不可篡改、非对称加密、自维护等特性，在安全性方面有绝对优势，信息未经允许不能擅自修改。对于有较长时间序列、安全可靠性要求高、具有多主体信息记录和查询需求的场景，适合用区块链方式进行存储、认证，如食品药品的信息溯源、电子证照等重要资产登记、投标投票等。二是低成本可靠交易。在智慧城市应用场景中，如果增加中介实体则会带来较大开销和成本，且实施主体对交易的时延、实时性并无苛刻要求，对于大量数据不要求全量存储的场景，适合用区块链方式解决。而数据保全场景相对成熟，这也是当前新型智慧城市中各类创新应用聚集的领域。

2. 数字经济是推动新型智慧城市发展的重要驱动力

习近平总书记指出，“发展数字经济，加快推动数字产业化，依靠信息技术创新驱动，不断催生新产业新业态新模式，用新动能推动新发展。”这为智慧城市发展指明了前进的方向，勾画出清晰的未来。随着与互联网的深度融合，数字经济已成为引领世界科技革命和产业变革的核心力量，亦随着生态的不断优化有力推动了质量变革、效率变革和动力变革，为智慧城市高质量发展注入新动能。

加快发展数字经济，要以调结构、转方式、换动能为重要抓手，贯彻落实新发展理念，培育新的经济增长点，同时也是创新驱动推进供给侧结构性改革的应有之义。新型智慧城市是经济发展的内生动力，智慧化发展成为当前与未来城市建设及转型发展的主旋律，而以互联网技术为赋能的数字经济是驱动新型城市智慧化发展的核心引擎。

3. 强调统筹、共享、协同等理念，未来将基于新型智慧城市建设智慧社会

习近平总书记在党的十九大报告中指出，创新是引领发展的第一动力，是建设现代化经济体系的战略支撑。创新为加快建设创新型国家，实现建设科技强国、质量强国、航天强国、网络强国、交通强国、数字中国、智慧社会提供了有力支撑。智慧社会是农耕社会、工业社会和信息社会之后的一个新的社会形态。智慧社会是我国新型智慧城市建设和发展的重要方向。

党的十九大报告提出的智慧社会蕴含着 4 个层面的要求：①统筹城乡发展；②在数字化基础上实现万物感知；③在网络化基础上实现万物互联；④在智能化基础上使社会更加智慧，实现社会感知、融合、共享、协同、智能。相较于新型

智慧城市，智慧社会重视智慧城市的惠民服务，让智慧城市真正“为民所用”，实现“城市即服务”（City as a Service）的美好愿景。这意味着我国未来的智慧城市建设仍然任重道远。

4. 分级分类成为新型智慧城市建设的基本导向

智慧城市建设的目标和进程差异较大，不同城市的发展定位和侧重点不同，经济水平、社会发展程度、地理位置、自然环境、产业基础条件也不尽相同，并没有一套适用于全国所有城市的统一解决方案。智慧城市的建设需要综合考虑城市发展定位、经济社会发展水平、人口规模、区位特点，以解决实际问题为出发点，因地制宜，找准定位，找到各类城市有针对性的特色发展路径。总体而言，特大型城市应对标国际先进水平，积极学习国际先进经验，在自身建设的同时带动周边卫星城的智慧城市发展，形成世界一流的智慧城市群；充分发挥省级城市的辐射带动作用，协同打造区域性的经济社会活动中心；最大可能地缩小地级市、县级市着眼的数字鸿沟，促进城乡统筹、均衡发展；全方位推动新城新区发展，促进小城镇差异化、特色化发展。

随着“智慧社会”“数字中国”“乡村振兴”等国家战略的提出，智慧城市建设进入新型智慧城市阶段。智慧城市建设范围正向微观、宏观两个方向不断扩大发展。微观方面，在智慧区县、智慧园区、特色小镇的政策规划中纷纷引入新型智慧城市的建设思维。智慧区县和智慧小镇已经成为深入推进新型城镇化的重要抓手，区县（辖乡镇）一级作为我国最低的行政管理区划级别，由于规模小，其智慧城市建设更容易统筹推动，智慧城市从地级市逐步下沉态势明显，智慧小镇典型竞相涌现。都市圈规划、城市群规划在宏观方面也呈现出不同程度的智慧化。随着长三角、环渤海、京津冀、粤港澳大湾区等跨城市的区域合作机制、资源共享体系、区域协同管理和服务体系建设，加强城市群区域基础设施、公共服务互联互通，建设一批具有国际竞争力的世界级智慧城市群势在必行。城市 GDP 是衡量地区经济发展水平的重要标志，也是智慧城市群格局形成的基础。根据我国城市 GDP 的统计数据，不难推测出我国未来的新型智慧城市群将率先出现并迅速成长在珠江三角洲、长江三角洲、淮海经济区这 3 个经济基础优良的重要区域。

5. 新型智慧城市与现实城市同步规划、同步建设将成为必然

新型智慧城市的生命力在于与城市规划、生态文明协同创新。谷歌（Google）

母公司Alphabet旗下的Sidewalk Labs在多伦多滨水区项目中提出一种新的智慧城市建设模式，即从城市建设之初就对基础设施进行完整的IT化改造，在实体城市之外同步建设数字城市。在新时代，以城市发展问题为导向，建设出发点回归城市和公众，在整个城市规划中融入智慧城市的思维方式成为必然。

新城新区处于城镇化的初期阶段，其基础设施尚未完善，可将数字化新型基础设施建设与传统的基础设施建设同步进行，是发展智慧城市的试验田和探索创新的亮点。通过运用城市信息模型（CIM）技术可以实现现实城市与数字空间的同步建设、同步规划，为城市管理提供智能化、协同化的决策与服务，确保城市全状态做到实时化和可视化，真正实现全要素、全过程数字化。推动城市水、能源、交通、生态环境等资源合理配置，提升城市运行的及时响应能力，最终形成物理维度上的实体世界和信息维度上的虚拟世界协同发展，虚实结合的城市发展新格局。

2.4　智慧城市建设理念在实践中面临的挑战

自智慧城市兴起、出现和发展后，各地结合自身情况制定和出台了相关政策，智慧城市面对着不断增大的市场容量。然而由于对智慧城市的本质、内容未充分地了解和掌握，一些企业、园区、地方政府投入了越来越多的资源，导致虚假繁荣（表面上看有一拥而上之势），但在建设过程中存在的风险和随意性都非常大，很难实施有效控制。

2.4.1　政府部门开展智慧城市建设还存在误区

很多政府部门，一是将智慧城市看作一项政绩工程，在建设过程中未和自身需求、特点相结合，借智慧城市之名构建了一些无关项目，如信息产业基地、软件园、物联网基地、大数据中心等，虽然建成了大量的厂房、写字楼，但是并未有效促进和推动相关产业的发展，使园区出现了较为严重的空心化问题。二是将智慧城市看作信息技术的内容，在建设过程中表现出较为明显的单一化、简单化、扁平化等特点，唯技术论极受推崇。这一思路十分符合信息技术公司的要求和标准，一味追求平台的全面覆盖，以及最先进和最高端的软硬件配置，然而未有效结合公司的运营能力，也未对市民的接受能力加以考虑，造成建设结果严重背离了城市当前的发展，进而导致资源的严重浪费。三是智慧城市没有较为清晰明确的权责，牵头部门通常是信息化主管部门，同时需要其他部门的配合。然而职能条块分割的这些部门是平级关系，很难有某个部门具有对全市的智慧城市建设进行有效统筹的能力，而且针对智慧城市制定的各种规划仅停留在表面上，在客观上导致主管部门难有作为。四是智慧城市建设过程中存在严重的跟风现象，在设计具体项目时存在较为严重的雷同现象。主要是因为智慧城市属于新兴市场，只有很少的建设方才具有相当的实力，而且项目也需要投入非常多的资金，很多中小型建设公司只会模仿、复制，导致一个成功的案例在其他多个城市中被完全模仿和复制，只求量的增加，不求质的提升，从而形成了千城一面。五是认识程度不够深入，这是智慧城市建设过程中的突出问题，易导致总体建设思路不清。在政府体系中不同部门对智慧城市的认识不一，在建设过程中往往只注重自身的发展需求和业务范围，未形成统一焦点。在建设智慧城市时，部门不同，其落脚点、出发点也存在较明显的差异，因此出现了较为明显和严重的多头管理、重复建设等问题。六是从市民的角度来看，智慧城市建设主要依靠一些企业和政府机关，还未形成全民建设、参与、关注的氛围。

2.4.2　在资源整合方面还存在限制

智慧城市建设涉及多个信息系统建设，资源整合就显得尤为重要。但是，当前资源整合度低、资源整合不理想较为普遍，导致各个信息系统在运作中相对独立、数据隔离，无法进行数据交换、共享，也就形成了所谓的“数据孤岛”“信息孤岛”。

一方面，市区部门整合不够。市区各部门按传统思维各管一段，信息系统建设的割裂使信息化的全局和协同效益不能得到有效发挥。以政务服务为例，机构和职能也较为分散，没有形成政府统一的政务服务体系，全市各区、各部门分头建设了不同的审批系统，但缺乏整合，没有形成一个整体和统一入口，不仅导致系统对接和资源共享困难，而且市民办事和咨询要面对政府不同部门，体验不好。此外，教育、医疗等行业由于市区两级管理和财政独立等原因，本领域和市区跨层级统筹的考虑不够，各医院、学校独立建设信息系统，以致本领域内共享协同困难，信息化整体建设效果不佳。

另一方面，信息化系统重复建设，数据共享不足。随着经济的快速发展和投资力度的加大，重复建设存在于基础建设的方方面面，特别是在信息、通信、计算资源等方面尤为严重，各级政府部门都建设了所属行业内的一套资源，但垂直管理现象一直无法通过有效手段加以解决，信息、通信、计算资源的闲置率较高。此外，未形成职能部门间的智能化协同管理，在传统的城市管理方式中，政府部门具有相互交叉和错位的行政职能，使部门之间出现了非常多的推诿扯皮现象，行政效能较为低下。部门在工作过程中往往只关注自己的业务需求，而对用户的体验需求、部门间的协同未进行有效考虑，在应用系统的开发方面也太过独立和单一，未对整个行业、产业情况加以考虑。此外，相较于技术壁垒，部门利益壁垒会产生更严重的限制和约束，很多部门以信息安全为借口避免数据资源的共享，其实现在的信息安全保障措施基本可以满足共享要求和标准。以往的很多数据资源只是由拥有特定权限的单位独享，而现在变为共享、公开，这必然会重新调整、配置当前的行政权力资源，部门产生的共享意愿受到上述冲击而被大大削弱。在建设智慧城市时，数据是整个建设的前提和基础，同时也是最为关键、重要的资源，如果失去了数据，那么建设智慧城市的整个过程将变为无源之水、无本之木。

政府海量数据缺乏开放和共享平台，尚未在城市管理、公众服务等方面为城市的发展提供有效的支撑。大数据虽然绘制了一张美好的蓝图，但是一些政府部门信息不畅，制约了政府的协同管理水平、社会服务效率和应急响应能力。各部门普遍将智慧城市建设当作简单的信息化应用，存在技术主导思维，遇到工作任务首先想到建设新的信息系统，未充分利用互联网、大数据和信息共享思维对传统的管理模式、服务方式和业务流程进行优化创新，在系统设计上往往是从自身工作需要的角度而不是从服务对象需求的角度出发，出现技术和业务两张皮现象，导致建设成效不佳、公众体验不好。同时，政府部门普遍对大数据的认识和应用能力不足，未建立基于大数据的工作机制，尚未充分利用大数据提升政府治理能力和决策水平。

2.4.3 城市规划没有考虑市民的需求，也缺乏相应的市场导向

近年来，城市规划面临着很大的压力，没有发生大的变革，依然保持着传统的观念和习惯。具体的问题在于没有从市民的实际需求出发，没有满足市民的实

际需要，缺乏市场导向。要完善城市规划，需要考虑人口、经济、社会、文化、地理等各方面的综合因素，也需要将大数据支持和智慧化的规划工具作为辅助，但往往会受制于主观思想，缺乏主观工具。如何权衡长期利益和短期利益，在公共利益和私人利益间取得平衡，确保社会公平，成为城市规划必须考虑的关键点及重要问题点。还有一些城市，在没有考虑市民实际需要的情况下，就盲目向项目中投入大量的资金，导致无法准确度量公共需求和完成土地配比，所建设的设施对于市民来说没有实用意义。智慧城市的构建要对城市规划的发展模式进行改革，积极探索新的城市空间形态，让城市规划和信息资源得到最有效的整合，有效解决城市规划中存在的问题冲突，从根本上提高居民的生活质量，逐步实现城市的智慧化和经济的可持续发展。

第3章

智慧共生理念的内涵

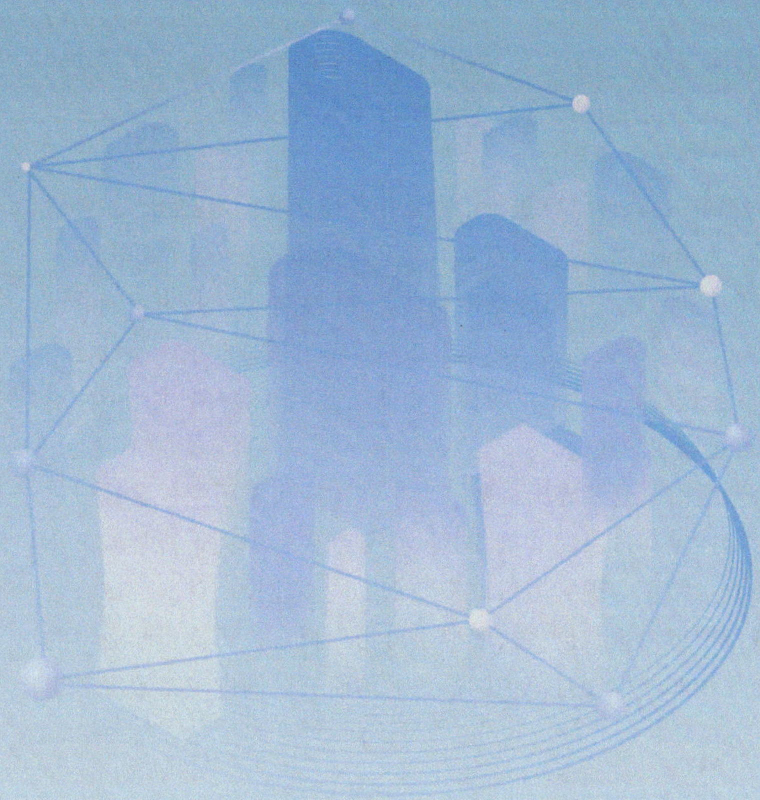

3.1 智慧共生理念产生的背景

与“智慧共生”相近的理念是“数字孪生”。数字孪生是指利用数字化物理世界的所有要素（人、物、事件等）形成完全映射的数字模型，通过虚实对象的交互反馈、数据的融合分析、决策的迭代优化，形成物理、信息 2 个维度上实体空间和数字空间同步发展、虚实交互的格局。

数字孪生源自工业界。2003年，美国密歇根大学教授 Michael Grieves 在产品全生命周期管理课程上首次提出“镜像空间模型”，并将其定义为一种由实体产品、虚拟产品及二者间的连接组成的三维模型。2010年，美国国家航空航天局（NASA）将数字孪生概念应用于太空技术路线图中，如镜像仿真飞行器的实际运行路径。2011年，美国空军研究实验室（AFRL）提出构建完整虚拟映射的飞行器，打造数字孪生体实践案例。此后，数字孪生的概念受到广泛关注。2016年、2017年，数字孪生连续两年被全球最具权威的 IT 研究与顾问咨询公司——Gartner 列入《2017年十大战略科技发展趋势》。2017年11月，商洛克希德马丁公司将其列在未来国防和航天工业六大顶尖技术首位；同年12月，中国科协智能制造学会联合体在其发布的“世界智能制造十大科技进展”“中国智能制造十大科技进展”中将数字孪生列为世界智能制造十大科技进展之一。

数字孪生近年来受到广泛关注，并进行了大量相关研究和应用实践。相关研究主要集中于数字孪生的建模、信息物理融合、交互与协作及服务应用等方面，应用实践则广泛存在于工业领域，尤其是智能制造。利用数字孪生技术，能够设计制造流程、预测设备故障、提高运营效率以及改进产品开发，实现产品设计、制造执行、应用服务等全过程数字化。据统计，全球已有 40%的大型生产商应用虚拟仿真技术辅助生产过程中的建模。

2017年，中国信息通信研究院提出将数字孪生技术应用于新型智慧城市建设，引起强烈反响。2018年4月，《河北雄安新区规划纲要》中关于智慧城市建设的内容提到，坚持数字城市与现实城市同步规划、同步建设，首次尝试将数字孪生技术应用于城市治理，也首创“数字孪生城市”概念，再次引起业界的广泛讨论。2018年12月和2019年10月，中国信息通信研究院两度发布数字孪生城市研究报告，总结了数字孪生城市的理念内涵、技术方案与实施路径，以及其建设的核心平台、关键技术和典型场景，也总结了数字孪生城市落地实施的相关指导意见。

2018 年，深汕特别合作区基于“以数字孪生城市推进新型智慧城市建设”的思路及基础设施“几乎一张白纸”的实际情况，开展新型智慧城市顶层规划，创造性地提出新型智慧城市建设的智慧共生理念（图 3-1），即以物理空间（实体城市）衍生数字空间（数字城市），以数字空间拓展物理空间，推动数字空间与物理空间同步规划、同步建设、联通互动、循环反馈、融合共生，打造深汕特别合作区“智慧城市共生体”，重塑未来城市形态。

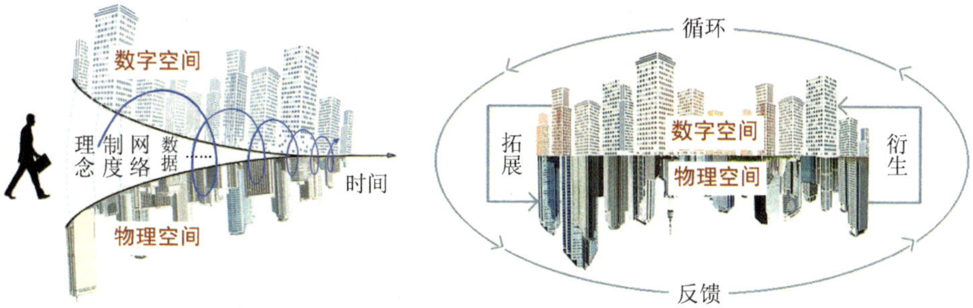

图 3-1 深汕特别合作区智慧共生理念

智慧共生是一种全新的智慧城市建设发展的技术方案和城市治理理念，有 3 个方面的创新区别于传统智慧城市：①建立数字城市——将人、机、物等物理世界的主体从建设之初就进行数字建模并接入数字化系统，建立起数字城市；②双同步——同步规划、同步建设，实体城市与数字城市同时进行顶层设计并相互协调，数字城市建设与实体城市建设同步生命周期和建设时序，并动态更新，记录和保留其完整的城市环境和过程状态；③双向互动——数字城市与实体城市之间有量测数据流和控制信息流传递，数字城市基于实体城市累积的数据并加以分析和模拟，实现对物理世界的感知、预测和警示，实体城市基于数字城市的模拟结果调整城市策略（如规划设计、政策制定）和物理世界建设，进而影响数字城市建设。可以说，智慧共生与数字孪生具有高度相似的技术基础和应用场景，同时智慧共生又是数字孪生推进方式和应用方式上的一种理念升级和制度升级。

3.1.1 问题与挑战

1. 智慧城市建设现存的问题

（1）尚未实现城市治理核心转变

自从“智慧地球”概念被提出后，智慧城市建设开始在世界范围内兴起，先是发达国家城市通过互联网将交通、水、电、气、油等公共服务资源信息整合联通、智能应答，以更好地服务于市民的生活，以及更智能地服务于政府管控与治理。之后，智慧城市建设逐渐演变为一种解决城市管理问题的“灵丹妙药”。

在我国智慧城市正如雨后春笋般快速蓬勃发展。2012 年，我国开始智慧城市试点申请和审批；2015 年，超过 500 个城市开展了智慧城市试点；2020 年，住建部、科技部、国家发改委等部委共开展智慧城市试点数量达 749 个，我国 95%的副省级及以上的城市和超过 76%的地级城市均明确提出或正在建设智慧城市。

与此同时，由于智慧城市建设存在重技术轻应用、重项目轻管理等问题，并没有抓住治理方式的核心转变，城市运行和治理水平有量的提升，但没有质的改变，交通拥堵、环境污染、能源紧缺、资源浪费等问题仍不断涌现。

交通拥堵方面，中国产业信息网的一项数据表明，2017 年我国因交通拥堵产生的时间浪费、因燃油和环境污染等造成的损失约为城镇居民人均可支配收入的 20%，问题十分严峻。2019 年，上海市机动车保有量达 70.6 万多辆，除出租车约 4.2 万辆外，还有 40 多万辆的助动车和 700 多万辆的自行车。市区空间的交通饱和度（车流的实际交通流量与该车流的饱和通行能力的比值）突破 0.8，城市核心地段（黄埔、卢湾等地）交通堵塞更为严重，交通饱和度甚至突破 1.0。

环境污染方面，2018 年，中国城市垃圾年产生量约为 2.28 亿吨，生活垃圾露天堆放、占用耕地、传播病毒及其渗透液污染地表水和地下水等问题十分突出；城市大量排放工业废水、生活污水等，有些甚至未经处理就直接排放，严重污染自然水体。长江流域的废污水排放中，工业废水占比 75%，生活污水占比 25%。与此同时，由于一些城市没有对污水治理工作给予重视，缺乏相关的污水管理机制，导致污水处理厂运行合格率比较低，城市生活污水、工业废水等未进行系统化的处理就直接排放进入自然环境中，严重影响城市环境质量。

资源浪费方面，一提到智能技术、智慧城市，许多地区采取的方法就是建设超大规模的大数据中心或云计算园区，几十亿元的投资和上百万元新增服务器更是不在少数，但实际上许多园区建成后由于缺乏合适的应用，最终只能将设施闲置，导致资源浪费、空壳化现象严重。根据工信部2014年6月公布的数据，超大型数据中心的投产率仅为1.8%，大型数据中心投产率为21.5%，中小型数据中心投产率为40%。盲目建设导致的投产过剩、空间资源浪费等问题进一步加剧了城市负担。

（2）管理机制、技术标准条块分割

一方面，我国管理体制和城市发展存在不协调性。历来采取的“两级政府、三级管理”的政府管理体制——市区分级使规划、建设、管理分离，因而形成了条块式的管理方式，即行政等级纵向发展的“条”结构和以部门、行业划分的“块”结构，从而导致中央和地方的同级政府间横向联系、协作少，城市的管理职能割裂。同时，随着智慧城市理念层出不穷，新技术不断发展，大中城市的智慧城市建设不断向纵深推进，区县级城市依托后发优势也积极投入智慧城市建设。城市级别不同、部门不同、领域不同，其出于自身需求所建设的智慧城市往往难以建立统一的数据中心、数据共享机制等，导致各领域、部门、城市间信息流通不畅。

另一方面，各地未建立适应信息资源整合、数据共享的统一标准。传统IT系统由不同厂家实施，而系统协议、标准链接等受历史因素影响和技术条件限制等不统一，不同系统之间数据接口不一、难以联通，从而形成“信息孤岛”“数据烟囱”等壁垒。

（3）非技术“瓶颈”严重制约发展

智慧城市建设过程庞大而繁杂，涉及大量科技、人员、设备、资金、时间等的投入，是一项持续性系统工程，需要各领域进行数据资源共享和协作，但目前面临缺少资金、缺乏完善的运营模式及管理机制等问题。

资金投入方面，英国网站Smart Cities World与Signify联合开展的研究显示，一半以上的受访者认为资金问题是智慧城市建设的最大挑战。当前，我国智慧城市建设资金的主要来源是政府投入，但仅依靠政府投入难以平衡智慧城市建设大量的资金需求，导致信息基础设施建设缓慢、创新能力提升受限、建设进程缓慢。市场主动投入积极性不够是因为智慧城市建设中政府和市场边界不好划分，工程周期长、投入大且充满变数，企业盈利和资本回报前景模糊，在没有其他因素的干预下，市场很难大量投入资金和时间成本主动参与建设。

建设模式方面，目前，我国主流的智慧城市建设模式分为3种，分别为政府独资建设模式、企业自主建设模式、政府与企业合资建设与管理模式。这些建设模式总体上存在以下特点：体系化程度较弱，缺乏整体性的思考与顶层设计，缺少有效的系统集成机制；子系统间发展失衡，协同性、关联性不强；信息平台、绩效评判、风险管控等配套设施尚不完善。

（4）网络信息安全存在隐患

智慧城市的发展对网络信息安全提出了更高的要求，网络信息安全风险越来越不容忽视。从技术维度来看，信息安全风险主要存在于智慧城市建设的核心技术、智慧基础设施等方面。当前，在我国智慧城市建设过程中，部分未经国家信息安全审查的智慧设施设备的引进存在后门、漏洞等；物联网、大数据分析、云计算等核心技术由于技术本身的不成熟，也容易导致网络信息泄露。从管理维度来看，现行信息安全管理制度与智慧城市建设、运行不协调，可能导致信息安全问题。当前，我国各级组织的制度不完善，缺乏主动管理，过度依赖管理服务外包，制度的执行不严格，用户道德防线较弱、安全意识素养较低等因素均可能导致网络信息安全受到威胁。从政策维度来看，法规制度支撑保障不够。我国现行关于信息安全的相关政策制度暂时难以满足智慧城市建设、运行的需要，已出台的一系列政策、法规不完善，存在有法难依、执法不严等现象，导致网络信息安全存在风险。此外，公共信息开放速度过快、共享力度过深，“封闭”导向的传统安全技术不足以应对新风险等因素，也是网络信息安全存在的一大风险。

2. 智慧城市建设面对的挑战

（1）信息技术缺乏高效的集成创新

智慧城市是在信息技术驱动下城市创新发展的一种新模式，是信息技术综合运用和集成创新的大平台，但纵观多年来智慧城市中的技术应用，基本上是单点的、割裂的，集成的、融合的少，如云计算技术用于政务云建设，物联网技术用于感知监测、数据采集，大数据分析技术用于城市治理的决策分析，互联网技术用于电子政务服务和公共服务交互，人工智能则是用于提升各种应用的智能化体验。这些技术对提升智慧能力的作用毋庸置疑，但技术间缺乏系统架构级的融会贯通，导致集成创新的效益难以真正释放。

随着物联网、云计算等技术研发和无人驾驶、城市仿真、深度学习、人工智能等产业化加速突破，智慧城市的规划建设、运行发展受到深刻影响，多领域、多层次融合创新已成为主流趋势。信息通信技术与其他技术（如智能技术、定位技术、仿真技术等）有机耦合，集成应用驱动创新出现拐点，智慧城市"共生"——数字城市与实体城市虚实融合孪生并行，虚拟服务现实，数据驱动治理——成为一种全新的智慧城市建设模式与路径。

（2）同步规划缺乏系统的顶层设计

城市是开放而复杂的巨系统，让智慧城市的探索回归城市巨系统，需要探讨人类发展、技术经济发展、城市可持续、高质量发展的主脉络和主趋势，进行系统顶层设计和智慧城市降维。目前，智慧共生理念尚缺乏系统的基础理论研究和实际应用，同步规划只是一种愿景。实体城市由城市规划主管部门主导，智慧城市规划由信息化主管部门主导，管理机制不同将影响实体城市与数字城市的同步规划。

城市动态信息、城市面板数据在数字模型中的语义化表达方面，对城市信息模型中可视化表达的研究不足，在数据、软件和模型的关系研究，智慧共生模式下城市管理和服务的优势研究，动态数据、静态数据仿真优化研究等方面的案例较少。此外，通过"由虚控实"来实现城市智能控制，更是无例可循。

（3）同步建设缺乏系统的建设方案

智慧城市共生体缺乏系统的建设方案，亟待深入探索。智慧城市共生体几乎包括了迄今为止所有的信息科技，这种前所未有的技术集成创新不仅要能理解并体现非精确、模糊化的城市治理规则和运行机制，还要实现对物理城市的模拟、监控、诊断、预测和控制五大层次的融合创新。第一个层次是模拟，即虚拟映射物理对象，建立与之完全对应的模型。鉴于城市系统复杂、要素多样，需进一步深入探索其全量模拟的技术和标准。第二个层次是监控，即通过虚拟模型的仿真模拟反映物理对象实际的变化。物理对象数据的收集与传递依赖物联网技术，其标准、编码、寻址、安全等问题亟待解决。第三个层次是诊断，即当城市发生异常时，基于人工智能对多维数据进行复杂处理与异常分析。在此方面，我国与发达国家相比仍存在差距。第四个层次是预测，即预测潜在风险，合理有效规划城市或对城市设备进行维护。城市预测需要众多技术融合集约，在灵活性和适应性方面存在巨大挑战。第五个层次是控制，需要庞大复杂的软硬件系统支撑，尤其是通过软件实现对城市管理与服务的赋能，以及设施控制。

3.1.2 技术发展趋势

城市为了增强其功能，在发展过程中逐渐向信息化、数字化方向转变，以期最终实现智慧化。随着新一代信息技术的迅猛发展，物联网、云计算等与智慧城市建设的进一步结合，为新型智慧城市的繁荣发展带来了崭新的机遇。

1. 数字孪生技术

数字孪生技术通过集成仿真、映射完成虚拟空间呈现相对应的物理对象的全生命周期过程（图 3-2）。数字孪生技术体系是对物理空间、虚拟空间二者间信息流动等的重要支撑。在虚拟空间，需要具备对基础设备、产品系统、生产环境等进行多层次的仿真和建模能力；在物理空间，需具备三大能力，包括生产系统运营管理能力、全集成自动化系统工程能力、数字孪生分析和服务能力。同时，在连接和协同方面，需要具备虚拟空间和物理空间的信息集成和闭环反馈能力。

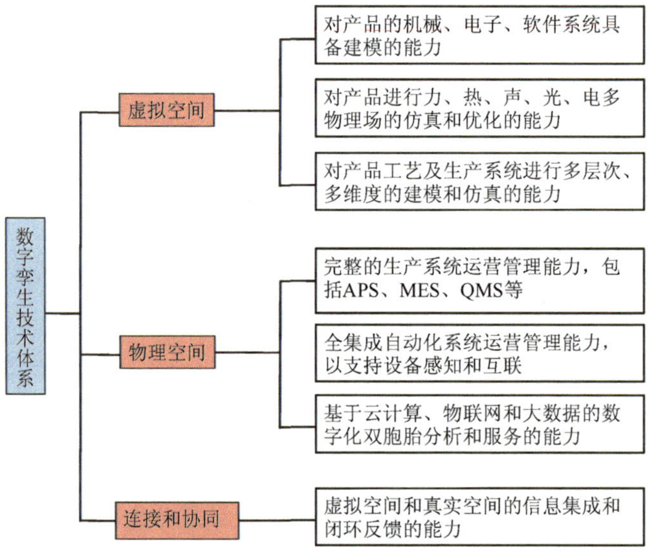

图 3-2　数字孪生技术体系

数字孪生技术体系包括六大核心技术，即感知控制、数据集成、模型构建、模型互操作、业务集成、人机交互。感知控制技术是连接物理世界的入口，也是反馈物理世界的出口，具备数据采集和反馈控制两大功能。数据集成可无缝衔接物理世界和虚拟空间，实现异构设备与系统的互联互通。在模型构建中，几何模型实现对物理实体形状的映射，机制模型实现对已知（或经验）物理规律的模拟，数据模型实现对未知物理规律的模拟。模型互操作则将几何、机制、数据三大模型进行融合，从而实现物理实体从“静态映射”到“动态协同”的转变。业务集成打通了产品全生命周期、生产全过程、商业全流程的价值链条，成为价值创新的纽带。人机交互一方面将人的指令、要求等因素植入数字孪生系统，另一方面设置人机操作方式将控制指令反馈给物理世界，从而实现数字孪生全闭环优化。

2. 物联感知技术

物联感知技术分为采集控制、感知数据处理技术两类。采集控制技术通过直接与对象绑定或与对象连接的数据采集器、控制器技术，完成对对象的属性数据识别、采集和控制操作，主要包括传感器、条码、RFID、智能化设备接口、多媒体信息采集、位置信息采集和执行器技术；感知数据处理技术是对感知数据和控制数据的加工处理技术，制定了覆盖物理链路层、传输网络层及应用层的协议，从而实现感知信息的高效传递。其中，物理链路层又包括近场通信（NFC）、近距离通信（蓝牙、ZigBee、Z-Wave、UHF 等）和远距离通信（2G、3G、4G、NB-IoT、LoRa 等）；传输网络层包括 TCP、UDP 协议；应用层包括 MQTT、CoAP、LWM2M、HTTP、FTP、XMPP、ModBus、LoRaWAN 等协议。城市物联感知体系在城市信息模型平台通过唯一的身份标识——物体全域标识，实现数字孪生城市数据库的物体快速索引、定位及关联信息加载。目前，主流的物体标识采用 Handle、Ecode、OID 等。

新型智慧城市的建设通过交通、能源、安防、环保等各系统海量的物联网感知终端，可实时、全面地呈现实体城市的运行状态，仿真实体城市的虚拟镜像，通过监测、预测和模拟分析等实现智能管理和调控。

3. 地理测绘技术

地理测绘技术为城市建设各领域的发展提供数据支撑，目前已被广泛应用。倾斜摄影测量技术利用搭载在同一飞行平台的多台相机，从多视角采集地物影像，一次性可获取几十平方千米的城市建筑物及地形模型。国内对倾斜摄影设备的研发不断进步，通过提升航摄仪的光学性能和定位定姿系统可直接获取带有高精度姿态位置的原始影像数据，同时实现对地物顶部和侧立面信息的有效纹理采集。

三维激光扫描技术，即实景复制技术，利用高速激光扫描测量方法和激光测距原理，大面积高分辨率获取被测对象表面的三维坐标、反射率和纹理等密集点云数据，从而快速构建出被测对象的三维模型以及线、面、体等多元图件数据。近年来该技术发展迅速，成本伴随设备小型化、轻量化、支持多元挂载等趋势大大降低，测量速度和测量精度快速提升，最快速度可达120万点/秒、精度优于1毫米，在载体高速行驶的过程中，能够快速扫描并采集两侧的道路、建筑、井盖、路灯等要素的空间位置及属性数据，故而其在室内、地下、难以访问的危险区域，以及城市建筑测量、地形测绘、海洋测绘等领域均被广泛使用。

实景三维重建技术是一种模型构建技术，基于倾斜摄影测量结果，结合计算机图形学算法、摄影测量学等原理、自动化处理流程手段，获取三维模型、真正射影像（TDOM）、三维点云、数字表面模型（DSM）等测绘成果。实景三维重建技术具有建模速度快、位置精度与几何精度高、纹理真实性强等特点，因而表现出非常真实、细致、具体、有冲击力的视觉感受。激光点云三维重建技术体现了数字孪生时代下三维模型自动化构建优势。采用 CAD 技术、航空摄影测量技术等建立的传统 3D 模型，依托二维信息建立 3D 立方体，其纹理依赖特定的 3D 软件进行转换，工作量大、生产成本高。区别于激光点云三维重建技术，运用点云构网 TIN 技术，将现有点云贴近显示地物的三维曲面重建，使用多幅建筑物立面的倾斜影像及屋顶垂直遥感影像与三维几何模型快速、高精度纹理映射。

4. 云边协同计算技术

云边协同计算技术主要通过在网络节点中根据需求统筹部署调度云计算和边缘计算资源，建立虚拟一体化计算资源池，实现从终端到中心的“云—边—端”无缝协同计算。感知终端在采集数据之后，由边缘计算节点进行局部初步处理和快速决策，并将高价值处理数据汇聚到云中心，由云计算做大数据分析挖掘、数据共享开放等处理和分析，优化升级业务规则或算法模型，并下发到边缘侧，由边缘计算基于更新的算法或规则运行计算，更新和升级端侧设备，从而实现完整的自我学习优化的闭环。

随着物联网感知终端的规模化建设，通用感知设备、边缘计算设备、智能应用等形成了逻辑上不同的边缘管理域，以物联网数据为主，融合少量业务数据，围绕明确的行业和任务，通过数据融合、智能算法达到智能发现、高效管理、便捷服务的要求，做到“全域感知、同数多用、设备协同”。云中心接收通用感知终端、边缘域上报的物联网数据，并汇聚互联网数据、业务数据，结合空间时间数据，更关注城市整体运行的态势，以及跨行业、跨区域的业务和创新。通过“云—边—端”协同，使城市全域感知体系满足低时延、高效能的设备协同要求，降低对传输网络的要求，达到就近计算、高效反馈、按需分析的设计目标，使城市立体感知体系更为丰满。

5. 人工智能技术

人工智能可以看作是一种利用机器感知、模拟、延伸和扩展人类思维的过程，从而使机器达到或者超越人类智能的理论。由于算法、数据和算力的迅速发展，当前人工智能已迎来第三个发展高潮。2006年，深度学习概念的提出，极大地丰富和发展了人工神经网络算法，也提升了机器学习的能力。随后，深度学习、强化学习等算法研究进一步突破，算法模型持续优化，人工智能应用（如语音识别、图像识别等）的准确性得到极大的提升。

互联网和移动互联的普及带来的全球海量网络数据量成为人工智能大发展的重要前提环境。大数据、云计算、数字虚拟等信息技术的快速发展，GPU、NPU、FPGA等各种AI-PU专用计算芯片，提高了处理海量视频、图像等的计算能力。智能应用将成为未来互联网发展的核心部分，人工智能技术不断兴起，即将步入产业化发展阶段。机器学习快速发展、人工智能快速提升，互联网借此为用户提供更个性、更精准、更智能的服务，大幅优化业务体验。互联网融入生产生活的各个领域提升其智能化水平，给传统领域带来变革机遇。

6. 深度学习技术

计算机视觉、自然语言处理、生物特征识别、知识图谱等是深度学习核心应用技术。计算机视觉是使用计算机模仿人类视觉系统的科学，让计算机拥有类似人类提取、处理、理解和分析图像以及图像序列的能力。自动驾驶、机器人、智能医疗等领域均需要通过计算机视觉技术从视觉信号中提取并处理信息。自然语言处理主要包括机器翻译、阅读理解、问答系统、文章摘要提取、命名体识别等，是人与计算机之间进行有效交流的方法之一。生物特征识别通过人体生理特征，如虹膜、指纹、掌纹、声纹、指静脉等进行识别认证。知识图谱借助符号描述物理世界中的要素及其关系，其基本组成结构为“实体—关系—实体”三元组，和实体及其相关属性——值对。知识图谱能够依托新型智慧城市的海量信息为海量实体建立各种各样的关系，为城市运行管理奠定基础。深度学习算法，如胶囊网络、迁移学习、联合学习等算法理论进一步拓展了人工智能在新型智慧城市中的应用。

利用深度学习技术，一是可以自动对实景三维检测、分割、跟踪矢量、挂接属性入库，将物理世界中多源异构和多模态的空间大数据组织形成复杂庞大的数据语义网络，解决跨领域的数据在几何位置、属性语义、逻辑等方面的相似性、不一致性问题；二是可以结合天-空-地一体化多源三维数据融合和可视化技术，实现静态三维可视化向智能动态可视化转变；三是可以利用城市信息模型（CIM）构建“描述性可视分析—解释性可视分析—探索性可视分析”的多层次可视分析体系，快速有效地从多模态实景三维大数据中发掘价值，支撑数字孪生各应用领域的决策分析。

7. 模拟仿真技术

仿真的概念源于信息处理技术和网络技术的发展。目前，模拟仿真主要有计算流体力学、有限元分析、多物理场耦合仿真等。计算流体力学（CFD）的应用领域除了传统流体力学工程，在航空航天、气象、水利、船舶、建筑、环境、化工等领域也逐渐广泛应用。有限元分析方法广泛应用于近乎全部科学研究和工程技术领域，如核能、机械、航空航天、土木、地震、气象、力学等。目前，主流的有限元分析软件有 ABAQUS、ANSYS、MSC 等。多物理场耦合仿真的结果更贴近现实，广泛应用于工程中湿度场、温度场、应力场等多个物理场之间相互作用的仿真分析。模拟仿真技术正朝着网络化、协同化、虚拟化、智能化方向发展，未来主要的发展趋势包括基于面向对象语言的芯片仿真、综合自然环境建模与仿真、分布交互式仿真、智能仿真（Intelligent Simulation）、虚拟现实仿真（VR）等。

8. 区块链技术

区块链技术的本质为共享数据库，由 2008 年诞生的比特币系统发展而来。区块链技术通过点对点传输网络和分布式数据存储的时间戳服务器，集体维护和审计数据，解决电子现金系统双重支付的难题。区块链行业已进入崭新的应用落地阶段，其应用也产生了新的分化，公有链、联盟链成为两个重要的发展方向。

公有链（Public Blockchain）是指世界上任何人都可以随时参与无任何访问限制的区块链。公有链通过代币机制鼓励互联网用户竞争记账，用户在公有链上发布、验证、接收交易，参与记账。公有链是一个全球化的信任平台，凭借其“共有、共建、共治、共享”的核心特征，具有在全球范围提供一般信任服务的潜力。

目前，公有链已经探索了包括信息安全、商品溯源、支付、征信、保险、供应链金融、社交、娱乐、商业服务等多个领域。在公有链内部产生了诸如矿机生产、矿池、交易、托管、钱包等基础设施产业。目前，全球 400 多个公有链项目的业务范围涵盖了 65 个领域，其中 71.7%的项目具有支付功能，33.3%的项目涉及基础设施服务、支付服务、商业服务、隐私服务、娱乐、股权证明、物联网、社交、游戏等较多的领域。公有链技术的应用方向在持续探索，目前仍旧缺乏重量级、关键性的应用。

联盟链（Consortium Blockchain）是指由若干个机构组织共同参与管理的区块链，每个机构组织都运行着一个或多个节点，其中的数据只允许系统内机构进行读写和发送交易，并且共同来记录交易数据。联盟链上的读写权限和记账权限都由联盟规则限定。联盟链的共识过程由预先选好的节点控制，一般来说适合于机构间的交易、结算或清算等 B2B 场景。由于参与共识的节点比较少，联盟链一般不采用工作量证明的挖矿机制，而是多采用权益证明 PoS 或 PBFT、RAFT 等共识算法。联盟链对交易的确认时间、每秒交易数都与公有链有较大的区别，对安全和性能的要求也比公有链高，所以联盟链适合组织机构间的交易和结算，目前国内比较有影响力的联盟链有中国分布式总账基础协议联盟（ChinaLedger）、中国区块链研究联盟（CBRA）和微众银行等。

9. 安全防护技术

设备的安全防护包括设备安全加固、设备唯一可信认证、设备通信加密、设备安全态势感知及设备安全修复等全方位的 IoT 设备安全防护技术。设备安全防护技术应适应多种操作系统，如 Android、Linux、RT-OS 等，还需要不受各种网络通信协议（如 LoRa、NB-IoT、4G、Wi-Fi）的限制。在设备安全加固方面，针对设备代码进行字符、函数、运行逻辑等多级混淆，防止源代码被逆向，同时提供安全 SDK，保护应用免受越狱系统、软件调试、资源篡改的困扰；在设备唯一可信认证方面，基于证书双向认证为每个设备分配全球唯一的身份标识，使用轻量级算法，减少资源消耗，同时隔离非法终端接入，并在设备通信传输时采用 SSL 加密，保证设备与边缘设备及云端通信数据的安全，全程防窃取、防逆向破解、防非法调用。此外，在安全防护的同时，通过检测设备的内存、CPU、进程、系统行为、网络行为等，构建设备安全态势模型，建立安全策略，迅速定位威胁。设备安全修复可以通过 FOTA、热补丁或虚拟补丁等技术对设备漏洞进行修复或网络攻击拦截，保障设备持续运营安全。

3.1.3 政策导向和应用诉求

1. 政策导向

近年来，我国智慧城市建设成为城市建设的热点，国家、各省市层面出台了大量的政策支持智慧城市建设。国家大数据战略、“互联网+”计划、中国工业 4.0 战略、创新、协调、绿色、开放、共享的新发展理念等为新型智慧城市建设提供了新方向，也带来了新机遇。2012 年以来，国家层面指导、规范智慧城市建设的规划设计、评价指标体系等政策陆续出台。综合来看，2012—2014 年的政策着重于政府长期规划、建设方案、指导意见、项目管理方法，2015—2020 年的政策关注焦点逐渐转向建设智慧城市基础设施和打造细分场景。

2012 年 11 月，住建部办公厅印发《国家智慧城市试点暂行管理办法》（建办科〔2012〕42 号），规定国家智慧城市试点申报的条件、实施管理内容、试点范围等；同时，印发《国家智慧城市（区、镇）试点指标体系（试行）》，列示智慧城市区镇试点的三级指标体系。

2013 年 8 月，国务院印发《关于促进信息消费扩大内需的若干意见》（国发〔2013〕32 号），指出“要加快智慧城市建设，在有条件的城市开展智慧城市试点示范建设”“鼓励各类市场主体共同参与到智慧城市建设中”。

2014 年 3 月，中共中央、国务院印发《国家新型城镇化规划（2014—2020 年）》，指出城市化进程中应关注城市的内涵与质量，提出“农业转移人口市民化、大中小城市协调发展、城市可持续发展、城乡发展一体化”四大战略任务，提出“到 2020 年建成一批特色鲜明的智慧城市”，首次将智慧城市建设提升至国家战略规划层面。8 月，国家发改委等八部委联合印发了《关于促进智慧城市健康发展的指导意见》，强调“要加强顶层设计，各地城市人民政府要从城市发展的战略全局出发研究制定智慧城市建设方案”，以破解当时智慧城市存在的问题。10 月，国家发改委、中央网信办会同教育部、科技部、工信部、公安部等 25 个部门为形成政策合力以推进智慧城市建设，联合成立了促进智慧城市健康发展部际协调工作组。

2015 年 12 月，在第二届世界互联网大会乌镇峰会上，习近平总书记提出互联网发展“四点原则”“五点主张”，指明新型智慧城市建设的关键是“要深刻认识互联网在国家管理和社会治理中的作用，以推行电子政务、建设新型智慧城市等为抓手，以数据集中和共享为途径，建设全国一体化的国家大数据中心，推进技术融合、业务融合、数据融合，实现跨层级、跨地域、跨系统、跨部门、跨业务的协同管理和服务”。

2016年4月，习近平总书记在网络安全和信息化工作座谈会上的讲话中表示，“要以信息化推进国家治理体系和治理能力现代化，统筹发展电子政务，构建一体化在线服务平台，分级分类推进新型智慧城市建设，打通信息壁垒，构建全国信息资源共享体系，更好用信息化手段感知社会态势、畅通沟通渠道、辅助科学决策。”10月，习近平总书记在主持中央政治局集体学习时强调，“加快推进网络信息技术自主创新，加快数字经济对经济发展的推动，加快提高网络管理水平，加快增强网络空间安全防御能力，加快用网络信息技术推进社会治理，加快提升我国对网络空间的国际话语权和规则制定权，对建设网络强国做出全方位部署，也是智慧城市建设的重要指引。”

2017年5月，习近平总书记在“一带一路”国际合作高峰论坛开幕式上的讲话中提出，“要坚持创新驱动发展，加强在数字经济、人工智能、纳米技术、量子计算机等前沿领域合作，推动大数据、云计算、智慧城市建设，连接成21世纪的数字丝绸之路。”同年10月，习近平总书记在党的十九大报告中指出了新型智慧城市建设关键词——网络强国、数字中国、智慧社会、数字经济。

2018年5月，习近平总书记在两院院士大会上的重要讲话中指出，“世界正在进入以信息产业为主导的经济发展时期。我们要把握数字化、网络化、智能化融合发展的契机，以信息化、智能化为杠杆培育新动能。”这一重要论述是对当今世界信息技术的主导作用、发展态势的准确把握，是对利用信息技术推动国家创新发展的重要部署。

2019年1月24日，自然资源部办公厅印发《智慧城市时空大数据平台建设技术大纲（2019版）》（自然资办函〔2019〕125号），其主要内容为建设智慧城市时空大数据平台试点，指导开展时空大数据平台构建；鼓励其在国土空间规划、市政建设与管理、自然资源开发利用、生态文明建设以及公众服务中的智能化应用，促进城市科学、高效、可持续发展。

2020年4月，习近平总书记在浙江考察时强调，“运用大数据、云计算、区块链、人工智能等前沿技术推动城市管理手段、管理模式、管理理念创新，从数字化到智能化再到智慧化，让城市更聪明一些、更智慧一些，是推动城市治理体系和治理能力现代化的必由之路，前景广阔。”

2. 应用诉求

基于智慧共生理念，结合新一代信息技术（数字孪生技术、物联感知技术、地理测绘技术、云边协同计算技术、人工智能技术等），城市可以在规划、建设、管理、运营等各方面实现场景仿真模拟、事件测试预警、实体空间数字空间虚实交互等。

（1）城市仿真

通过模拟仿真技术可实现国土空间“一张图”，实现在城市规划环节的智慧共生。当前，我国正全力推进国土空间规划，而国土空间现状数据标准、精度及应用目标不一，严重影响相关工作的开展。基于遥感影像、地理国情和互联网 POI 等多源数据及城市规划、土地利用规划等多规融合，擘画国土空间“一张图”，需要一个统一融合的基础支撑和可视化展示平台。打造城市的数字空间，整合基础空间数据库（城市现状三维实景、地形地貌、地质等）、现状数据库（人口、土地、房屋、交通、产业等）、规划成果数据库（总规、控规、专项、城市设计、限建要素等）、地下空间数据库（地下空间、综合管廊等）等数据资源，筑牢“一张图”合并叠加的基础。通过模拟仿真技术，可以统一空间边界范围，检验潜在的冲突差异，并据此进行规划评估、多方协同、动态优化与实施监督。通过模拟多种方案，以及对不同方案进行可视化展示，可以实现方案的优化比选以及规划调整等。

城市交通中智慧共生的运用体现在交通信号仿真。将交通环境在数字空间重现，通过计算城市道路网密度、干线网密度、人均道路面积、可达性等指标，可以对路网进行分区、分段、总体的空间拓扑评价；基于交通流量数据或者起止点数据，可以对交通运行结果仿真，对运行效率、路网负荷度等进行分析评价；结合公交线网密度、班次信息、客流需求信息，可以进行公交客流分配计算或者微观仿真，实现对城市地面公交系统专项评价。利用仿真平台，综合道路数据、模型数据和案例数据，可以对自动驾驶车辆进行训练和测试，有效提升无人驾驶的决策执行力和安全稳定性，推动无人驾驶安全落地、广泛推广。

突发事件的发生往往让人措手不及，且事件的演变具有极大的不确定性，人类无法完全预测和消除事件的潜在威胁和现实的破坏性，只能在力所能及的范围内尽可能减少突发事件带来的危害。在应急演练场景中，运用智慧共生理念，基于数字孪生技术及虚拟现实技术，可以给用户模拟一个逼真的突发灾难场景，如火灾、暴雪等，让用户全方位感受场景，体验在紧急事件发生时不同行为可能导致的结果。

（2）城市管理

一是城市建设全生命周期管理。城市建设项目具有规模大、复杂度高、周期长、涉及面广等特点，管理起来十分困难，整个项目的进度和质量难以科学管控。基于智慧共生理念，通过现实工程与数字孪生的数据交互，实现从规划、勘察、正向设计、建设到运营养护全生命周期的虚拟建造应用。在城市建设项目的设计阶段，利用数字镜像建模构建设计方案，还原周边环境，在可视化环境中交互设计，暴露潜在缺陷并进行优化；同时，可以为施工量提供辅助参考。在施工阶段，利用数字镜像建模中对象的时空特征模拟施工方案、施工计划，从而分析施工进度计划的科学性、合理性、可行性，以全面管控施工过程。在项目建设运维阶段，可基于虚拟控制现实实现远程调控和远程维护，对数字空间储存的数据进行智能分析，预测预警可能出现的建筑寿命、设备健康等问题；当出现问题隐患和故障报警时，可操控智能巡检机器人巡查和维护，在数字空间中模拟和解决实体城市中存在的实际问题。

二是城市常态管理。基于智慧共生理念，利用数字孪生技术，可以将城市各行业数据进行有机整合，为城市提供运行监测、管理、处理、决策等功能，实现精准监测、主动发现、智能处置的城市“一盘棋”治理体系，如利用城市信息模型和叠加在模型上的多元数据集合，打造精准、动态、可视化的智慧共生大脑，实现城市运行“一张图”管理。基于标准统一的城市部件数字编码标识体系和天-空-地全方位立体部署的物联感知设施，实现城市部件的智能感知、精准定位、故障发现和远程处置。

（3）公共安全防范和公共服务升级

借助“雪亮工程”、警用地理信息系统（PGIS）等在建或已建资源，依托数字共生的支撑技术，实现公共安全应用场景的真实再现和公共安全应用场景的实时动态监控，通过对海量公共安全数据进行整理、分析、挖掘、呈现，最终闭环作用于物理世界，对城市公共安全具有全面透彻的感知、系统整体的掌控和迅捷精确的响应。基于智慧共生的公共安全，是公共安全治理的新模式，具有适应城市复杂性、流动性和连续性的能力，支持多元服务主体的交互、开放、实施监测、动态管理、信息流通等能力，融合多元化、复杂化的信息能力，以及海量数据可视化的能力。

在公共服务领域，数字镜像建模创新平台化模拟仿真和三维交互式体验，再造服务内容传播形式，显著提高服务供给质量和效率，如在医疗服务领域，数字孪生技术正在加快构建基于多维度生理指标的“数字化个体”，赋予医生“透视”诊断能力，提高医疗服务准确性。在公共教育领域，数字孪生技术将抽象的知识转化为基于数字平台的可视化模型，并且根据受教者的学习反馈表达，动态调节教育方案和计划，从而让知识更易于理解和高效传播。

3.2 智慧共生理念的概念与内涵

城市的建设发展与人的成长有一定的相似之处，各类土建工程等实体城市建设项目推动的是城市“骨骼和肉体的成长”，而信息化与智慧化建设提升的是城市获取信息的途径、速度以及信息处理及决策分析的能力，促进的是城市的“神经发育与智力成长”。

然而，当前绝大部分智慧城市建设案例都是城市建设发展到一定阶段后才开始智慧城市建设的。主要原因有二：一是智慧城市诞生之初被赋予的期望是解决城市化过程中出现的各类“城市病”，因此往往在产生了交通拥堵、环境污染、案件多发等各类问题，而传统的城市规划、城市治理手段又难以解决时，才尝试使用智慧化的方式去进行破解；二是某些观念认为智慧城市是“耗钱”的工具，需要具有一定经济基础后再开展实施，就如同一个自小卧床昏迷几十年的人，某一天清醒后需要逐步适应自己的神经系统，还要逐步学习认知世界，需要长时间的训练才能学会如何支配自己的身体。

反之，如果让一个处于起步阶段的城市强行快速建设智慧城市，就如同给初生的幼儿揠苗助长。初生的城市如同人类的胎儿，只具有一些基础的城市信息采集仪器，如摄像头、监控器等（神经细胞），没有完善的神经网络，就算有了发达的大脑（大数据平台、智慧城市运行管理中心）也是“心有余而力不足”，难以有效地指挥身体活动，更不用说认知社会、自主分析。

综上所述，先发展实体城市再建设智慧城市，与超前建设智慧城市都容易产生需求与建设不匹配的问题。为此，我们提出新型智慧城市建设的智慧共生理念，将实体城市所在的空间认定为物理空间，将通过各类地理信息技术、虚拟仿真技术以及其他信息化技术手段在网络或信息化领域对城市的多分辨率、多层次表达称为数字空间，通过物理空间（实体城市）映射衍生数字空间（数字城市），同时用数字空间模拟拓展物理空间，推动数字空间（数字城市）与物理空间（实体城市）同步规划、同步建设、联通互动、循环反馈，实现融合共生，最终打造智慧城市共生体。

智慧共生理念的特色在于通过高度统一的智慧城市标准与顶层设计，注重实体城市与智慧城市建设的同步，更好地实现智慧城市与实体城市协同、相互促进。其本质是一种建设模式与实施路径的创新，是非技术理念创新。在当前智慧城市建设过程中，技术效用递减特征较为明显，新技术主要体现在推动更宽广的网络、更大的数据库与更快的处理速度等，是一个量变的进步，而量子计算、人工智能等能够引起颠覆性质变的技术距离大规模商用还有较长的道路。在这一阶段，智慧城市的发展将经历“技术创新牵引”向“制度创新牵引”转变。

智慧共生就是一种更适合深汕特别合作区等新区、新兴城市的智慧城市实施理念。不同于有着成熟城市建设基础的城市，新兴城市更需要通过全局谋划、统筹规划、同步建设、协同演进实现城市物理空间与数字空间之间一一映射、信息联通、资源整合、共生治理，以智慧城市共生体的方式推动智慧城市发展。其具体内涵及实现方式主要有以下几点：

一是体制机制共生，强化智慧城市建设管理与城市建设管理体制机制的融合共生。通过建立“智慧城市发展首长负责制”“市区两级智慧城市议事机制”等智慧城市统筹机制，统领和落实新型智慧城市规划、建设、运营和管理工作；各职能单位按照统一的智慧城市建设标准和要求，结合自身职能与发展需求，主动积极开展智慧城市建设工作；成立专职智慧城市实施单位，兼顾数字城市与实体城市建设，对智慧城市建设进行统一设计、统一运维管理，打造协同发展的智慧城市共生体。

二是规划设计共生，融入“共建、共享、共治”的规划理念，统筹智慧城市空间规划。将物理空间作为第一空间，数字空间作为第二空间进行全局谋划、有机整合，通过物理空间规划支撑、拓展数字空间，通过数字空间疏解、分担物理空间面临的问题和压力，促进智慧城市空间更加集约、有序、高效利用。通过数据规划、数据创新，以实体城市的数据支撑数字空间模拟决策，以数字空间的模拟结果辅助实体城市的规划建设，推动实现物理空间与数字空间规划的融合统一。

三是建设实施共生，与实体城市建设同步，统筹建设物联感知、传输网络、大数据资源中心、运维管理中心等数字城市载体设施。适度超前建设智能基础设施，为数字空间建设提供基础载体，利用数字空间全域感知、泛在互联、仿真预测，为实体城市建设提供有力支撑；实现物理、逻辑的高度集中，全面消除网络孤岛、机房孤岛和数据孤岛，打造全国首个“零孤岛”的智慧城市共生体。

四是运营管理共生，在电子政务、社会治理、民生服务、产业发展等领域实现物理空间和数字空间的交互支撑、协同融合。促进政务服务高效化、便捷化，营建优良的服务环境；促进政府决策科学化、治理精细化，提升“三融五跨”的社会治理能力；提升城市生活品质，提高居民幸福感、获得感；引导智慧产业创新发展和企业众创，培育经济新业态；优化生态环境治理效益，创建宜居化的人居环境，增强生态环境福祉；全面提升城市可持续发展能力和整体发展质量，打造新型智慧共生城市先行示范地。

3.3 智慧共生理念的价值与意义

3.3.1 智慧共生理念对城市规划的影响

基于智慧共生理念的智慧城市规划建设，以现代信息技术为纽带，在专业知识及技术上通过融合多个领域，包括城市规划、城市建设、城市管理等，对城市经济、人类社会、自然环境以及人文环境出现的问题进行协调解决，是一项超级系统工程，兼具创新性、长期性和复杂性。智慧共生理念下的城市规划，与传统城市规划相比，其目标是通过有效引导逐步实现以人为基础、以土地为载体、以信息化技术为支撑的都市共同体，主要强调的是物理城市和数字城市规划的同步性，不是传统城市规划的先建设物理城市、后建设数字城市的老路，这既是传统城市规划理论在新阶段的实践应用，也给传统的城市规划对象、规划理论、思维方式、实践方法带来相当程度的冲击，将革命性地改变城市规划方法论，深刻影响人类的生活方式，催生新技术不断产生和发展，同时伴随着城市规划理论不断更新和深化。

基于智慧共生理念的智慧城市建设发展，不仅催生了对城市的认识与城市的发展思路变化，也触发了城市发展模式的变更，对城市形态及发展过程产生了深刻的影响。智慧共生理念下的新型智慧城市建设，直接引发了城市发展目标和定位的变化，同时在城市管理模式、空间结构、生活形态、支撑体系等多个层面产生变革，对城市规划产生了重要影响。

智慧城市共生体的实体城市、数字城市两个空间的规划，拓展和外延了原有的城市规划体系。它是城市化发展过程中的又一个创新，对城市的发展目标和定位进行了重新诠释，创生了新的城市管理和城市空间结构特征，使原有的传统城市规划理念和方法技术不能满足需要，因此在智慧城市共生体的推行过程中必然带来传统城市规划体系的优化升级、创新发展。此外，智慧城市共生体的数字城市建设需要结合现代信息通信技术、互联网技术、人工智能等先进的现代技术，并对传统管理机制体制进行全新探索和重新改造，这就要求在新型智慧城市的规划过程中融入新的规划理念、规划思路，更周全地注重城市的整体性、治理的精细化，从而促使原有的城市规划体系更趋完善和人性化。

智慧共生理念下的城市建设给规划编制行业注入了新的活力。新的城市规划模式孕育并激活了城市规划行业的效益增长点及业务需求，继续催化和提升城市规划工种的热度。智慧共生城市建设的推广和延伸会丰富规划编制的业务类型，并增加规划编制行业的业务量，规划编制专业队伍需要增加配置与智慧城市相关的规划编制和配套政策研究等专业工作人员。在智慧共生理念下的智慧城市规划编制工作中，规划编制人员需要兼顾思考整个城市发展的总体规划、专项规划、行动计划，从而对传统的城市规划进行完善和拓展；同时，需要不断深入研究当前智慧城市的主流技术、标准规范、创新应用等，以完成配套的实施路径落地设计。这些新的需求点必然会刺激规划编制行业的发展空间及盈利前景。

1. 智慧城市背景下的城市规划策略

基于智慧共生理念的城市建设必将给城市发展带来深刻变化。首先，在智慧城市共生体下的城市规划理念应该由传统的城市规划向智慧城市共生体下的城市规划概念转变。智慧城市共生体的城市规划含义可以从两方面加以理解。一方面，它采用数字化的城市规划方法，即在规划的整个过程中充分采用数字化手段，包括资料收集、分析，方案的制定、修改等；另一方面，它针对的是智慧城市共生体这个对象，即同时考虑物理城市和数字虚拟城市。因此，也可以这样定义智慧城市共生体的城市规划，即利用“数字化”“信息化”的方法手段，针对智慧城市共生体进行的城市规划设计，并指导其实践的一项工作。在这一要求下，城市规划应遵循以下策略。

在城市空间上，智慧城市共生体的城市规划尤其需要妥善处理新兴的城市新区对旧有的城市中心区的冲击，形成城市新区崛起同城市中心区集聚互补发展的格局。在智慧共生理念实际运用的不断深化过程中，地域空间限制不复存在，互联网技术的发展和应用可以非常方便地实现远程协作，传统的城市中心区的集聚性功能已趋于弱化，并且由于城市中心区的建设具有历史延续的包袱，信息化基础设施改造和新的壁垒打通通常存在较大的阻力。但是，新区则与此相反，原本分散于中心城市周边的附属城市或者大城市扩展的新区，往往因其更方便部署和更完善的信息基础设施而成为新的集聚中心。这就需要兼顾城市的中心城市与附属城市的发展、新旧城区的发展，在功能定位上要配合和互补，既要确保附属城市及城市新区的崛起空间，又要持续确保原有中心区的持续性和稳定性发展。

在功能区的布局上，智慧城市共生体的城市规划，更多侧重构建功能复合型区域。传统的生产、生活、商业、教育、文娱等功能明确的城市区域划分，在智慧城市的基础设施，包括网络通信、城市智慧交通、网上购物、网上教育等新技术、新应用的支撑下，城市各功能分区的差异及边界已变得相对模糊。城市各个区域可以同时具备传统城市分散布局的多种功能，形成区域性的功能复合体。因此，在新的规划中，应该研究更多的与区域功能融合的方式和策略、区域复合用地关联关系，形成配套完善、职能平衡的复合型城市单元。

智慧城市共生体的城市规划将促使传统城市的单中心圈层式空间结构向扁平化、多重功能组团的多中心结构转变。以现代化的智慧交通体系和网络化技术为支撑的智慧城市体系，信息区位的影响效应大大削弱了传统的以交通区位便利的城市区位优势，距离不再是障碍，不同区位的城市单元、城乡区域在获取发展机会上的差异缩减。因此，应充分注重发展多中心格局，减轻传统的城市单中心功能区的压力，培育城市新的增长点位，形成一种扁平化、多极化的城市空间格局。

2. 共生虚拟空间模式对传统城市规划产生的冲击

随着现代信息通信技术、互联网技术、物联网和人工智能技术，以及附属的物流、线上服务等应用的不断拓展，基于线上的以虚拟空间为载体的生产、生活形态成为后起之秀，并在技术方案、商务模式方面经过多年的尝试而变得成熟，尤其是近些年新型智慧城市建设理念的演进和发展，以云平台为基本计算资源池和存储资源池的集约化建设组建占据行业主流，打破“数据烟囱”、加强数据共享的城市大数据中心建设及多领域数据归集建设的意识大大提升，依托基础 PaaS 平台及数据资源中心，面向行业应用及公众生产、生活的基于网络化应用日益强大、完备便捷，大量 B2B、B2C 的线上应用已构建了涵盖购物、社交、休闲、教育、商务办公等功能丰富的虚拟空间，并且代表着城市生活形态的发展趋势。人们足不出户便可以完成城市生活中的多项活动，虚拟空间的大大发展直接导致对以实体空间规划为主的传统城市规划产生极大冲击。

3. 虚拟空间与实体空间的叠加催生城市规划的新焦点

在日益蓬勃发展的信息流下，虚拟空间与实体空间叠加共存，构成智慧城市共生体下城市发展的显著特征。虚拟空间不受实体空间的传统区位理论和级差地租理论的影响，人们的生产、生活可以自由广阔地在虚拟空间中得以延伸和拓展，不再受传统区位条件的约束，人们在实体空间中的活动嵌套虚拟空间的行为，在虚拟空间中的行为又作用于人们在实体空间中的活动，因此新型智慧城市共生体打破了传统的物理空间结构，构筑了一种新型的“虚拟-实体”复合型的城市运作体系，形成了当前及今后城市规划的新焦点。

4. 虚拟空间的崛起催生城市用地性质发生变更

智慧城市共生体下的智慧城市，其虚拟空间发展如火如荼，且与人们生产、生活的融合日益深入，并发挥着越来越大的反哺作用。虚拟空间的拓展直接导致城市用地性质在原有单一的基础上逐渐弱化其专有属性，并呈现兼容和复合其他多重属性的趋势。城市用地性质变更的表现，即用地性质通过分离、兼容实现重构，其结果即用地性质出现重叠聚集。究其原因，一方面，城市服务体系向虚拟空间延伸并被其部分取代。尤其是在新冠肺炎疫情的冲击下，传统商超不再人头攒动，而被网上下单及物流配送的形式取代；传统教育中心不再人群聚集，而是普遍形成网络化教学、培训的空中课堂；传统商务办公中心不再出现朝九晚五的商务人流，而是通过远程办公的方式开展工作；商务洽谈、工作协作也无须面对面，而是通过开展网络视频会议的方式得以实现。如上种种，各种生产生活的服务通过信息化、网络化的形式运行，出现了虚拟学校、虚拟超市、虚拟社区等，其方便快捷、省时省力的服务，再加上多样灵活的服务渠道，使城市用地不再局限于居住区、商业区、娱乐区、办公区等单一实体功能，而是向多重功能融合的复合性用地性质转变；新型城市也不再如传统城市把以商业复合体为中心的中央商务区（CBD）、各种商圈作为城市的繁华地标，而是使 CBD 等从以商业为核心的混合体向以专业为核心的综合体转变，走向功能升级的综合化、生态化业态。另一方面，城市生产体系空间产生重构，工业 4.0、物联网、生态监测技术的发展和应用导致传统的高度聚集的工业园区逐渐淡化其固有实体空间特性，以机器人代替手工劳动，以远程控制代替现场操作，出现了高技术产业城、高科技产业园等主要经济形态处于网络数字的虚拟空间形式。

5. 促进城市规划思维的创新

城市规划手段目前已经步入了物联网、大数据和人工智能的阶段，与过去 AutoCAD、GIS 技术及其二次开发不同，物联网、大数据、人工智能等新技术体系及其创新应用改变了传统的城市运行管理模式，提高了城市运行管理效率，同时导致城市规划的视角和方法论发生深刻的变化。基于智慧城市共生体的智慧城市，其规建同步的城市建设方式，再加上以人为本的可持续发展理念，开辟了城市规划和发展的新视角，催生了城市规划的思维创新。原有的"蓝图式""扩张型"规划方法逐渐向面向人的需求、面向城市管理转变，由面向增量的规划方法向面向存量的规划方法转变。城市规划学科也由此进行了新的思维、新的发展：一是在规划构思上，在社会的生产、生活中更强调"智慧"和"以人为本"；二是在技术手段上，大量新技术被引入城市发展和城市建设，改变了规划的方式、方法和工作程序；三是在规划的内容上，相较于传统城市规划内容，城市 ICT 基础设施建设和信息化系统是新增加的极其重要的内容，并且发展成以城市大脑对城市运行进行态势感知和预警监测、城市联动指挥的城市治理模式；四是在规划的效果上，可以充分通过虚拟城市空间手段对未来城市进行建模，运用相关信息化科技对未来城市进行模拟运行和展示；五是在城市规划的实施评价上，更具客观性和可量化性的城市评价指标；六是在城市的决策上，使过程更加公开化、透明化。

3.3.2 智慧共生理念对城市形态的影响

当前，对于智慧城市内涵的理解较为普遍的一种共识是，智慧城市的本质特征是更透彻的感知、更泛在的互联、更智能的融合和更人性化的以人为本。基于智慧共生理念发展智慧城市，直接把虚拟城市的定位提升到与实体城市对称的高度，为城市形态和发展模式提供了新的思路和方向。

综合来看，基于智慧共生理念的智慧城市建设，从城市物理空间开发建设启动之日起便统筹兼顾，充分利用现代化的信息技术，包括物联感知终端设备、ICT通信基础设施、城市大数据底座、空间信息技术、灵活创新化的各级应用，对城市的统一协调管理、经济发展、市民生产生活服务、公共安全等提供更精确的感知、分析、决策，形成城市各项功能完善、便捷、先进、协调的人与人、人与自然、人与社会的和谐关系，建立一套新型的城市形态。

基于智慧共生理念的智慧城市建设，没有传统城市在向智慧城市改造过程中产生的诸多历史遗留问题的包袱，包括物理空间的功能重构、“数据烟囱”、互联互通的障碍问题，而是通过类似一张多规合一的蓝图，同步开展物理城市和虚拟城市的建设，这样对城市的形态从一开始便有了清晰的认识，大大加快了智慧城市的建设进程，更具飞跃性地实现了智慧城市形态的奠基、蓄势、旺盛等一系列过程。

另外，智慧城市共生体本身就是一种城市形态，即通过“共生”产生“智慧”的城市形态。它把城市从传统的物理城市扩展到虚拟城市，把人们的生产、生活从单一的物理空间扩展到物理空间城市和虚拟数字城市兼有的空间，对实体和虚拟的城市优势形成互补，从而为生活在城市中的主体——人提供更人性化、更智慧化的人文地理和生产生活资源以及服务功能。

在智慧城市共生体模式下，数字经济是整个城市经济形态的重要组成部分。大数据中心、通信、人工智能、信息化系统等数字经济业态兴起，聚集了大量的高科技人员，影响了整个城市的人员结构、行为方式、社会服务需求，并且对整个城市的人文文化业态也产生了影响。

1. 降低城市空间结构、优化成本

集聚与扩散是城市在城市化发展和城市经济水平提高后所面临的矛盾性难题。一方面，人口集聚和产业集聚是城市发展的经济发展动力，是城市的经济收益增长点；另一方面，过度的集聚引起了多种“城市病”，包括环境污染、交通拥堵、医疗和教育资源紧张等，这又使集聚成本超过其本身带来的收益。解决这一问题的一种思路是城市“扩散”，虽然扩大城市行政区划可以有效增加城市土地空间，带来更多的城市生产、生活资源，缓解城市资源的稀缺性，但是城市扩散的一个代价是占用更多的土地资源，政府和市民花费在公共交通等城市建设管理以

及生活的支出成本也会相应增加。

智慧城市充分借助新一代信息技术的广泛应用，在城市发展的集聚与扩散的权衡矛盾中获得缓解，城市空间结构布局可以变得更加自由而灵活。通过虚拟城市的深度建设和完善，可以使物理空间上的集聚问题通过转移到虚拟空间上得以解决。例如，大量高成本的基于物理空间的城市活动可以通过远程商务办公、智慧政务、智慧医疗、智慧教育等方式实现，从而使城市核心和城市边缘的功能定位得以调整重构。通过城市的管理更加精细化、公共资源的使用效率进一步提高，可以有效降低城市的拥挤成本和环境治理成本。

基于智慧共生理念的智慧城市建设，从物理城市的建设起步便开始谋划虚拟城市的建设，统筹考虑了城市集聚从物理空间向虚拟空间的转移路径和转移方法，是主动式而非被动式的城市调整，因此更能够大大降低城市空间结构优化的成本。

2. 推动“低碳、生态、绿色”城市发展更加精准

除了城市物理空间布局，城市开发模式也是城市形态的重要内容之一，它主要表现为人的行为与环境之间的互动关系，“低碳、绿色、生态”的城市可持续发展新模式是智慧城市的核心理念之一。基于智慧共生理念的智慧城市建设，在进行物理空间规划的时候便考虑到城市产业布局、城市交通、城市污染等问题，并利用新一代信息技术加以解决，避免了走传统城市建设先污染后治理、先粗放后精细、先低产能后低碳、先发展后治理的老路。

3.3.3 智慧共生理念对城市综合竞争力的影响

城市竞争力的评价体系是一套非常复杂的系统，涉及多领域的评价要素和决定因子。目前有研究者认为，城市竞争力包括城市的硬性竞争力和软性竞争力。其中，硬性竞争力包括区位、结构、资本、科技、设施、人才、环境和城市聚集力等，软性竞争力包括城市的秩序、制度、文化、管理、开放性等。

用智慧共生理念建设和发展智慧城市将直接对城市的竞争力产生影响，具体表现在以下几个方面。

一是前瞻性构建泛在互联的通信基础设施，实现对城市综合竞争力的强有力推动。智慧城市共生体最重要的一个建设内容就是前瞻性构建城市全方位覆盖的泛在互联的通信基础设施，即 ICT 基础设施，降低传统城市向智慧城市转变的过程、时间、成本。城市 ICT 基础设施的全方位覆盖及建设，对城市的产业生态、

城市治理模式、市民生活、城市科技发展水平、城市资本投入、人才聚集都具有显著的提升和拉动作用。也可以说，城市的 ICT 基础设施建设是城市“新基建”的重要组成部分，它既是城市的硬实力指标，也是城市软实力的提升动力。

二是统筹化构建无所不在的前端感知系统和信息互动渠道，通过对城市态势的全方位掌握和城市治理的模式革新提升城市的竞争力。智慧城市共生体建设通过在城市构建无所不在的感知体系，包括三防感知体系、森防感知体系、消防感知体系、市政管线感知体系、安监感知体系、住建监察监测体系、城管感知体系、交通感知体系、国土资源感知体系、重要防护目标监测体系、水务感知体系、海洋感知体系、自然资源感知体系、气象感知体系等，综合感知整个城市的运行特征和运行态势。同时，通过“互联网+”模式构建复合的信息互动渠道，如户外信息屏、交通展示屏、移动智能化设备信息推送、移动 App 服务、微信小程序、政务服务自助终端等，为市民的生产、生活提供了便利。前端感知系统和信息互动渠道的建设使城市治理更加标准化、专业化、精细化、协作化，使整个城市从原来按照各个职能进行分工的岗位通过数据互相关联起来，形成一个全面的城市系统。

三是提前规划智慧城市建设的体制机制，避免历史包袱的形成。利用智慧共生理念可以提前设计和创建新型体制机制，扫除障碍，促进形成城市统建的计算和存储资源，各类数据归集至城市大数据中心，构建城市数据底座，提升城市大数据开放共享的信息化业态，并反哺于市民生活质量的提升。智慧城市共生体的建设，通过整合城市基础 IaaS、PaaS 平台进行集约化统建，结合各种前端感知设备和 ICT 基础设施的通信能力，使海量的城市大数据湖的构筑成为可能。城市大数据湖的出现直接催生了信息化工程中的应用中台和数据中台，并由其作为支撑诞生出千千万万个的城市生产、生活的新应用，贯穿于市民的购物、出行、医疗、教育、行政审批等各个方面，如现在广泛提倡的“一门、一窗、一网”“最多跑一次”的“互联网+”政务服务模式，极大便利了广大市民的日常生活。

四是主动性挖掘多领域全链条的信息化建设需求，催生并促进了新的数字产业经济的发展和繁荣，为城市经济发展提供了强有力的新引擎。智慧城市共生体的建设不是零星的少数项目，而是多领域、全链条的信息化产业体系，在这个体系下，以云计算、大数据、物联网和移动互联网等为代表产生了对新一代智慧化技术的巨大需求，从而促进了智慧城市相关产业的形成和发展，并以智慧产业为主体不断向城市上下游产业进一步完善和拓展，包括从集成电路、电子元器件到电子化产品，从后台的服务器、信息安全设备、存储到前端的显示大屏、个人计算机、移动办公设备，从操作系统、中间件、数据库、云平台到前端应用，从数据分析、数据挖掘、机器学习到人工智能，已经形成了一幅博大宏伟的产业图谱，成为城市经济新的增长点、构建现代城市产业体系的中坚力量和城市产业经济发展的新引擎。

五是同步规划物理、人文、人才问题，促进城市人口结构由劳动密集型向知识密集型转变，加速城市高、中端知识人才的聚集，强化了城市可持续发展的后劲力量。新型信息化技术在孕育和发展新型智慧城市产业体系的同时，也加速了对旧有、落后的产业体系的淘汰和优化升级进程，与之相适应的是，城市从业人员知识结构也将发生大的变化。原有的劳动密集型人员加速向知识密集型转变，大批专业技术人才已经成为城市可持续发展和保持活力的前提之一。由此，各个城市为了吸引大量知识性、技术性人才流入，纷纷出台了许多鼓励高层次科技人才落户的英才计划和绿色通道，上演了一幕幕“抢人”大戏，加速了高、中端知识型人才的聚集，进而带动了整个城市消费能力的提升，包括住房、旅游、餐饮、零售、教育、医疗等在内的各个方面都得以强劲拉动，增强了城市的经济活力。

六是上下拉通，全方位构建新型都市自然生态和人文生态，提升宜居质量。新型智慧城市以科技信息化措施为抓手，强调自然生态环境保护和人文生态环境和谐。自然生态环境方面，着重于城市的大气资源、水资源、土地资源、绿化资源的污染防范和资源保护，防止自然生态环境的粗放型开采、浪费，最终造成现有市民生产、生活质量不高，且对子孙后代的生活环境造成不可逆转的破坏。人文生态环境方面，包括市民的文体娱乐生活，涵盖了图书馆、青少年宫、影剧院、音乐会、文化讲坛、琴棋书画场馆、球赛场馆、健身场所、公园等，甚至扩展到学校学生的课外教育、兴趣爱好培育环境，这些都促进了城市人文生态的提升，促进其可持续发展，提升了市民的宜居感和舒适感。

第4章

智慧共生理念的探索实践

4.1 智慧城市体制机制共生

4.1.1 新型智慧城市建设中的体制机制

体制与机制是一对容易混淆的词。《辞海》中的“体制”是指国家机关、企业事业单位在领导隶属和管理权限划分方面的体系、制度、方法和形式等统称。一般而言，“体制”是指组织形式的制度，仅限于国家、国家机关、企业等具有上下级关系的机构，如经济体制、政治体制、体制改革、教育体制等。“机制”最初是指机器的结构和运行原理，指事物的内部工作方式，包括相关组成部分的相互联系和各种变化，侧重于事物内部的相互关系，即组织或工作系统部分之间相互作用的过程和模式，如市场机制、竞争机制、就业机制等。总之，机制是制度与方法的结合或制度化的方法。

新型智慧城市的体制一般是指政府机关、非政府组织和企事业单位在公共信息应用事务中的机构设置、管理权限划分和对应关系的制度，包括组织、程序、管理和监督等内容。其中，组织体制是指处理与智慧城市有关问题的人与人之间的关系，即构成和结构；程序体制是解决智慧城市问题的过程；管理体制是指导如何完成智慧城市的相关任务并形成制度，惩罚违反管理体制行为的过程；监督体制是指对智慧城市相关建设和监督的主体、客体、内容、程序、方法、手段等要素的有机统一，以及相互依存、相互制约和相互作用的关系。

新型智慧城市的机制是指将与智慧城市相关的事务以一定方式连接起来并使其协调运作的内部工作模式，可分为调动管理活动主体积极性的激励机制，保障有序的管理活动、规范的约束机制，为管理活动提供物质和精神方面的保障机制。机制的运行形式可分为行政规划、指导服务和监督服务。

4.1.2 智慧城市常见体制机制

1. 组织模式

（1）智慧城市建设领导小组

在新型智慧城市建设过程中，较为常见的体制机制是建立以政府主要领导为组长、政府直属相关部门和单位及所辖各区域负责人为成员的智慧城市建设领导小组。该领导小组负责制定本区域新型智慧城市相关产业发展战略、规划和政策，明确新型智慧城市建设的牵头部门和配合部门，协调解决新型智慧城市相关产业发展中的重大问题，形成集中、高效、便捷的工作推进机制。据统计，截至 2018 年 4 月，41%的城市成立了智慧城市建设领导小组以对新型智慧城市建设进行指导。

（2）领导小组办公室

智慧城市建设领导小组下设办公室，主要负责编制和更新智慧城市相关产业发展的实施方案；建立健全政府政务数据开放共享流程、政策和考核机制；处理领导小组日常事务；协调跨部门、跨行业、跨区域的大数据发展工作；督促各部门落实智慧城市建设相关具体工作，定期督查、通报工作进展。

（3）专家咨询委员会

由区域及其直属部门牵头，成立智慧城市相关产业发展专家咨询委员会，成员有信息化和行业政策专家、科研院所、企业家、投资人、行业协会等。专家咨询委员会定期对智慧城市发展中的重大问题或事项进行调研论证，为智慧城市发展提供决策咨询服务，从宏观角度把握智慧城市发展方向，使智慧城市建设更好地服务于经济社会发展大局。

（4）智慧城市数据运营公司

在智慧城市建设过程中，部分地区可设立专门的智慧城市数据运营公司。该公司由政府监管，对政府授权的数据进行深度分析，同时与社会上其他合法的数据运营公司开展业务合作，负责将授权数据进行安全脱敏脱密处理后，并通过市场自由竞争的方式进行运营，对相关数据的安全性负责。

2. 管理机制

在建设新型智慧城市的过程中，最需要两种机制，即发展机制和约束机制。发展机制有多种形式，可以是创新机制、竞争激励机制、人才培养机制、资本投资机制等。通过实施发展机制，将不断为智慧城市建设和运营增添新的活力，不断推动智慧城市朝着全面、综合方向发展，不断提高经济发展速度，深化城市数据信息应用和发展，提升城市核心竞争力。约束机制可以是民主决策机制、监督机制、制约机制和风险预警机制等。约束机制随时对智慧城市建设和运营中发生的问题进行监督管理，及时约束违反公共利益的行为，防范重大风险的发生。

总之，建设新型智慧城市运行管理机制是一项长期工作，需要不断探索、改进和创新。要根据实际情况及时调整工作方式和方向，不拘泥于机制，随时准备对机制作出相应调整，规避风险。

3. 组织保障机制

（1）协同推进机制

协同推进机制是在成立智慧城市建设领导小组的基础上建立的领导小组工作例会制度。通过定期召开工作会议，专题研究解决智慧城市建设推进过程中的难点、堵点和问题；同时，针对新型智慧城市建设中涉及跨部门的重大项目，成立重大项目推进领导小组，明确组长、办公室、成员单位，确保项目顺利推进。

（2）上下联动机制

智慧城市建设领导小组不是个别案例。我国许多省（区、市）都有相应的体制机制。智慧城市领导小组应加强本级与上级相应部门的沟通联系，争取获得上级相关部门的指导和支持，以便于上级部门统筹规划，推动同级项目高水平实施。

（3）智慧城市数据或大数据运营管理部门

世界各地对新型智慧城市建设的需求正逐步从数据融合向业务整合转变，未来更需要跨部门的系统整合。因此，需要强有力和有权威的机构牵头指导，改造升级或建设智慧城市数据或大数据运营管理部门，科学规划、把握建设方向、打破业务系统壁垒、消除数据孤岛，为建设新型智慧城市提供体制机制支撑和保障。

4. 制度标准

（1）项目建设管理办法

智慧城市主管部门在建设新型智慧城市的过程中，应对智慧城市建设相关项目的评审、审批、建设、验收、维护、运营、审计、评估等方面明确流程和职责分工；对信息系统产生的信息资源的整合共享、项目所需财政资金的立项审批和集约利用、项目绩效的验收审查等智慧城市建设相关环节进行全流程梳理，形成事前有评审、事中有监管、事后有评议的全流程、全覆盖式项目建设管理办法。

（2）信息资源共享管理办法

智慧城市主管部门根据相关文件规定，制定本地区各部门在信息资源管理、采集、共享、开放等方面的管理办法。这些办法要明确相关部门的权责，对信息资源进行优化配置、合理有效利用，脱敏脱密后明确对社会开放的形式和范围，进而以数据信息共享推进各项业务协同，以数据信息开放促进万众创新。

（3）项目建设绩效评估办法

智慧城市主管部门形成项目建设绩效评估办法，定期对项目建设的责任部门与配合部门进行绩效评估，公布各项目进展情况，形成比、学、赶、帮、超的良性氛围。通过将项目建设重点指标纳入部门绩效考核指标，充分调动各部门项目建设工作的积极性和主动性。

（4）项目建设相关技术标准

智慧城市主管部门通过衔接上级信息化建设的各类规范标准，重点围绕基础信息资源、基础平台和服务门户等智慧城市核心建设项目，出台指导智慧城市项目建设的技术标准规范。

5. 人才技术保障机制

（1）建立内部宣讲、培训机制

定期在各级领导干部间开展以智慧城市建设为主题的讲座和培训，深入基层，形成对智慧城市建设的共识。

（2）优化信息化人才配置

人才是第一资源。一方面，充实并优化人员配置，深化服务外包方式，考虑结合 PMO（项目管理办公室）等方式确保智慧城市重大项目的有效投入与持续创新；另一方面，根据项目建设中各部门的职责分工，优化部门信息化专业人员配置。

（3）加强经验交流与技术学习

加强与先进智慧城市之间的沟通交流，吸收其先进理念、成功模式和有益做法，确保智慧城市建设与时俱进；与国内实力雄厚的高校、研究机构就智慧城市建设与管理进行沟通与合作，把握智慧城市建设发展的新趋势和新动态。

6. 决策咨询机制

（1）加强国内各层面的专家合作

借助国家、省、市信息化相关领域专家学者，充分发挥其在智慧城市建设过程中的咨询顾问、技术指导和决策支持作用，对智慧城市建设重点项目进行审核把关。定期举办智慧城市专家研讨会，逐步完善指导智慧城市建设发展的咨询委员会和咨询机制。

（2）长期开展专项课题研究

根据智慧城市建设不同阶段的特点和需求，与国内外知名高校、科研机构和咨询公司进行交流合作，并开展相关专题课题研究，主要围绕智慧城市建设过程中那些难度较大、应用领域较广、涉及部门较多以及属于前沿技术的课题形成解决方案和建议，为管理者和决策者提供参考，进而指导新型智慧城市科学高效建设。

7. 建设运营保障机制

（1）引入社会资源共同参与建设

转变政府单一项目投资、分散区块建设的传统模式，充分发挥市场的资源配置作用。围绕智慧城市建设的重点领域和关键问题，根据不同项目的实际特点和需求，有选择地吸引社会力量参与投资和建设。创新推出多元化运营模式，探索“政府引导、社会参与、共建共享”的可持续发展模式。

（2）探索成立合资公司的运营模式

针对多功能智能杆及各类物联感知设施设备等智慧城市建设中的重点领域，整体或局部探索政府与企业成立合资公司等可持续的运营模式。合资公司根据使用者（政府和企业）需求开展建设、运维，使用者通过购买服务的方式获取感知体系的信息服务，一方面，能够有效缩短信息化项目，尤其是硬件采购项目的建设立项周期；另一方面，能够充分激发市场活力，提高合资公司的业务服务能力。

（3）宣传推广保障机制

积极宣传推广智慧城市重点项目。利用微信、微博、互联网等新媒体，结合传统宣传媒介，借助重大项目召开智慧城市推介会，创新方式方法，开展全面的宣传推广活动。在项目启动、竣工或取得阶段性成果的各个时间节点，及时宣传推广智慧城市建设理念、重大项目及取得的重要成果等。在宣传内容方面，不仅要展示项目建设成果，吸引广大企业和群众积极使用和参与共建智慧城市应用系统，更要充分重视信息公开和民意收集，为民众、企业和社会组织答疑解惑，并收集用户意见、反馈和建议，利用群众智慧及时改进系统。

4.1.3 国外典型智慧城市体制机制模式

1. 新加坡：“整体性政府”模式

新加坡一直推崇“整体性政府”模式。“整体性政府”是指通过思想和行动的纵向和横向协调与整合实现预期目标的改革模式。通过高效的资源整合，促进多方协作，为市民提供无缝顺畅的服务，这是批判继承“企业家政府”模式后提出的一种方法和模式，为后公共管理时代的良性治理提供了新的解决思路。新加坡在制定“智慧国 2015 计划”的过程中，采取了“政府与你”“多机构、一政府”“共产共创”“无缝、顺畅非碎片化”等策略。

同样，美国的协作政府改革模式、加拿大的水平政府模式，以及英国等国家提出的联合模式也与之类似，本质是利用协调的思维模式和行动范式，形成一个整合社会，建立无缝连接的政府治理结构。

（1）将“政府为你”转变成“政府与你”

我们的思路应从政府过去的“无所不为”转变为政府与公众、科研机构和私营部门的合作，整合各方力量，形成合力。新加坡政府主要从多元主体的整合入手，创造更多的价值。鼓励私营部门、公众与政府协商合作、共同努力、共同创新，创造更方便、更具维度、更完善的政务服务。政府已经从“政府为你”转变为“政府与你”。以开放创新的理念，吸引社会各方参与“智慧国 2015 计划”，实现政府与社会力量的良性融合。

（2）实施“多机构、一政府”的管理模式

新加坡政府通过行政过程的重组和重建，实行“多机构、一政府”的综合管理模式，使政府向综合服务转变。通过运用先进的技术和创造性的理念，加快政府内部的整合与合作，加强资源的整合与利用，实现管理模式的系统化、一体化和集约化，提高公共部门的管理效率。

（3）利用“共产共创”与民众互动沟通

“智慧国 2015 计划”旨在建立一个互动与合作的整体政府。新加坡建设智慧国不仅注重 IT 建设投资、网站建设和信息发布，还利用新技术、新模式为公众提供互动平台，增强公众的参与积极性，提高内外互动效率。公众是政府服务的对象，是智慧国建设的需求者，也是评价服务效果的发言人。新加坡政府以“共产共创”的方式，通过建立“全民对话会”和“民情联络组”推进智慧国建设。在积极倾听人民呼声的同时，充分调动公众的参与度，激发公众的创造力。

2. 欧盟：“政府引导—企业参与—公众驱动”模式

欧盟致力于打造政府统一规划组织、政企开展多种形式合作、企业积极参与智慧城市建设的“政府引导—企业参与—公众驱动”的创新建设模式（图 4-1）。

在这种模式下，公众角色的重要性得到了充分的肯定。公众通过开放创新来维护服务和应用，以此实现公共层面的可伸缩性和可复制性。

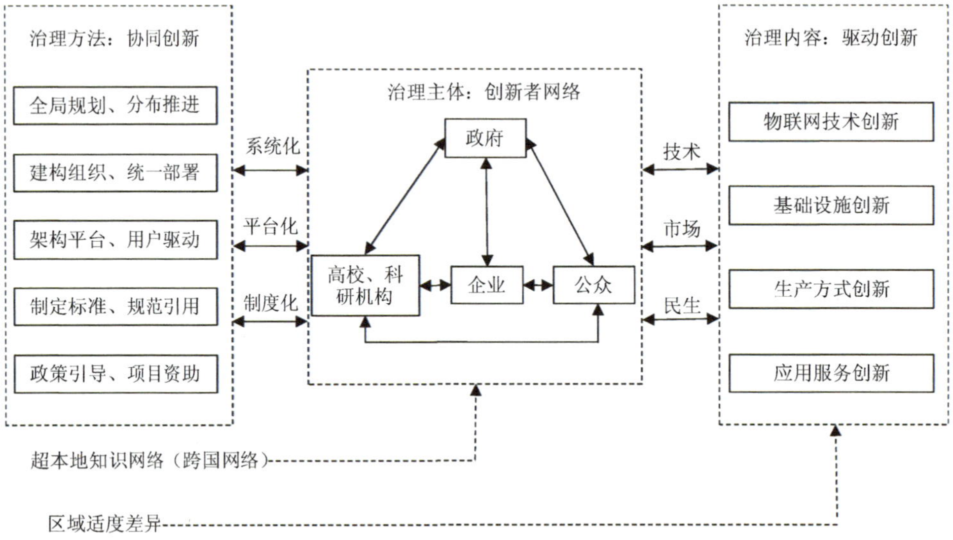

图 4-1　“政府引导—企业参与—公众驱动”模式

利益相关者和合作伙伴，包括政府、科研机构、高校、企业和公众，主要有 3 个特点：①政府在智慧城市创新中起着引导作用而不是主导作用，政府的引导作用主要体现在政策引导、规划和组织协调上，克制而有限地参与项目运作；②企业、政府和科研机构之间的跨区域合作是欧盟智慧城市的重要特征，项目通常由几个欧盟成员国或多个合作伙伴完成；③公众是“合作生产者”，合作生产创造了一个更积极的环境，使该系统能够在决策过程中更好地满足社区的需要。公众参与对于提高当地服务的效率和效力至关重要，创新实验室智能家居（Living Lab）等平台和服务秉承了这一理念。

3. 韩国：“政府主导—专家推动—公私部门参与”模式

韩国的“政府主导—专家推动—公私部门参与”模式是一种开放度有限的创新模式，是政府部门和企事业单位的外生性和内生性混合以及协调治理的模式（图4-2）。在这种模式下，政府在智慧城市中发挥主导作用。政府牵头，在政策制定、顶层设计和组织协调等方面发挥明显作用。政府部门对智慧城市进行系统规划建设，避免了配套设施滞后影响建设效果。

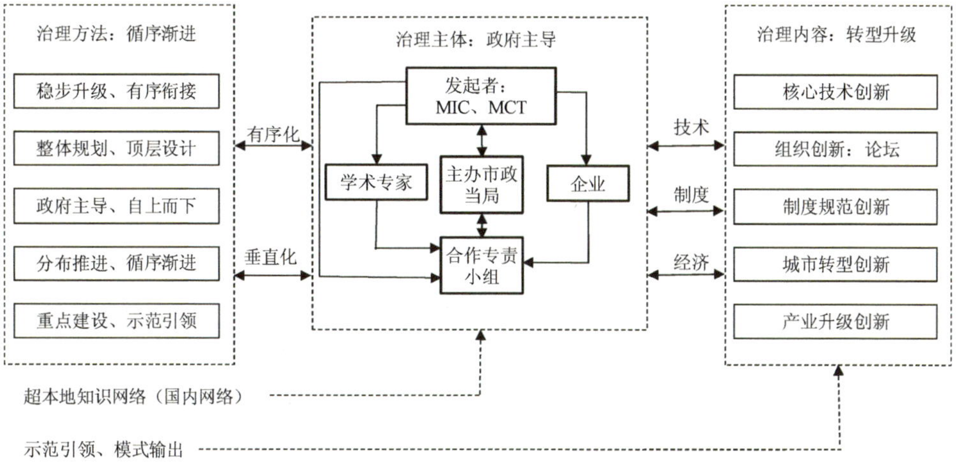

图 4-2 “政府主导-专家推动-公私部门参与”模式

韩国智慧城市建设主体可分为 4 类：①发起人，信息通信部（MIC）、建设运输部（MCT）；②企业，如 LG、KT、三星等；③主办城市，首尔、仁川、釜山；④相关学术专家。

韩国智慧城市建设有以下 3 个特点：①政府起主导作用，智慧城市治理成败靠政府，政府有最终决定权；②部分企事业单位参与智慧城市治理，影响政府决策和规划，推动基础设施建设；③缺乏公共协调和互动。

韩国政府在智慧城市的运营中发挥重要作用。由于智慧城市建设需要收集各种数据，建立公共服务，因此政府和相关政策的支持是非常重要的。一般来说，政府部门主导的智慧城市建设在信息收集和开放方面具有更大的决策权，企业参与的空间更大，风险投资企业和初创企业更愿意投资新项目。

4.1.4 国内典型智慧城市体制机制模式

1. 地市级城市：领导小组统筹模式

以杭州市为例，杭州智慧电子政务建设领导小组是建设新型智慧城市和“数字杭州”的领导机构。领导小组办公室（设在市政府电子政务办公室）承担领导小组日常工作，负责“数字杭州”相关项目建设和管理，组织各地区、各部门开展“数字杭州”建设。各地区、各部门要推进信息化建设，必须严格按照市智慧电子政务建设领导小组决策统一部署，协同推进。市政府电子政务办公室负责制订年度工作计划，牵头负责全区统一标准体系规划设计，统筹推进规划确定的信息基础设施、重大应用系统部署、重大项目建设等任务；建立由政府、企业、科研机构和高校参与的“数字杭州”建设专家咨询委员会，实时为“数字杭州”建设运营提供智力支持，推荐和引进相关产业项目。

2. 超大城市：“联合使用总体+联合技术总体”模式

以深圳市为例，传统的信息化建设总承包模式难以满足超大城市的智慧城市建设需求。因此，结合信息化的基础和现状，深圳市采用了“联合使用总体+联合技术总体”统分结合的一体化建设模式，促进智慧城市建设。

“联合使用总体”包括市工信局（原市经贸信息委）和各行业牵头部门。市工信局具体承担智慧城市总体规划、总体协调和项目管理等职能，指导各部门编制行业规划和项目计划，组织评审，形成智慧城市建设项目库。行业领导部门负责编制行业的总体规划、顶层设计、标准规范，加强行业的市、区统筹管理。

“联合技术总体”包括全市整体技术单位和行业技术单位，分别由市工信局和各行业牵头部门按照政府采购程序选定。全市整体技术单位承担市智慧城市顶层设计、标准规范、系统集成及验证工作，确保各行业信息系统在统一的信息支撑系统上建设业务应用，避免单独建设和重复建设，努力提高整体建设效率。行业整体技术单位依托全市顶层设计和公共平台，推动行业智慧城市建设项目实施。

3. 广东：“数字政府”体制机制模式

广东省人民政府于2018年10月正式发布《广东省“数字政府”建设总体规划（2018—2020年）》（粤府〔2018〕105号）和《广东省“数字政府”建设总体规划（2018—2020年）实施方案》。这是我国第一个“数字政府”总体规划和实施方案，全面清晰地描绘了广东省“数字政府”建设蓝图，充分体现了“以体制机制改革创新为导向，建立数字政府管理建设新格局”的改革和建设思路。

从体制机制来看，广东省全面撤销并调整了省信息中心和省政府各直属单位的全部44个信息中心，将行政职能交还机关，打破了各部门各自为政造成的业务、数据壁垒，为“数字政府”改革扫清了体制机制障碍。原信息中心人员安置分为3种方式，即根据《中华人民共和国公务员法》和有关规定，经考试录用或直接登记为公务员，按《事业单位人事管理条例》和有关规定妥善安置在相关机构，再转入企业（数字政府建设运营中心“数字广东公司”）。

广东在“数字政府”建设过程中，基于各部门现有的信息基础设施和应用系统进行了整合、优化和升级，实现了现有资产的充分利用，发挥了财政投资的最大价值；同时，重点考虑在角色、责任落实和动力机制几个方面建立“数字政府”新格局。

在角色设计方面，省、市、区均设立了政务服务数据管理局，负责全省政务信息化的组织、指挥、管理和监督，建立了规范的制度框架。围绕腾讯公司、运营商和华为公司的优势资源，广东省成立了“数字政府”建设运营中心，即数字广东网络建设有限公司，形成“1+3+1”的“政企合作”模式，转变各部门作为用户和建设者的双重角色，将各部门转变为服务的用户和评价者，将原有部门分配到各部门的能力集中，统筹建设、统一运行、统一调度，形成建设能力的集约效应，即建立“运管分离”的创新模式。

在责任落实方面，广东省进一步加强专业化，要求各部门在业务、管理、需求、服务评价等方面承担客户责任。此外，还建立了运营中心，对顶层设计、行动计划和实施方案承担“服务侧责任”，从根本上解决政府整体建设的系统性问题。

在动力机制方面，“数字政府”首先是“整体政府”，要实现整体，必须实现“全省一盘棋”。广东省把改革建设“数字政府”作为省委、省政府的重中之重工程，成立了以省长为首的省级“数字政府”改革建设领导小组，充分发挥集中力量办大事的制度优势。在实施路径上，狠抓顶层设计，系统制定“数字政府”改革建设方案和行动计划；建立“全省一盘棋”动力机制，科学合理划分省、市与业务和技术的责任主体关系，明确建设和运营的统分关系，调动各级政府部门和相关社会资源的积极性和责任感，全力保障“数字政府”建设。

4.1.5　经验启示

目前，智慧城市的建设和发展正处于从“技术创新牵引”到“制度创新牵引”的重要转折点。

1. 技术创新效用降低，制度创新成为新突破

从创新的角度来看，技术和制度是历史迭代前进的两个重要激励因素，交替引领着经济和社会的发展。蒸汽机、美国泰勒思想、自动化和丰田管理理念、计算机、企业资源规划（ERP）和制造企业生产过程执行系统（MES）等方面都证实了这一观点。

目前，在智慧城市建设中，技术效用的下降已成为趋势。颠覆性技术只在

推进更广泛的网络、更大的数据库和更快的处理速度方面有所展现，其实质性效果尚未出现。量子计算和人工智能等颠覆性技术的大规模商业化应用存在差距，在智慧城市建设中的影响和作用暂时无法预测。因此，体制机制、管理手段、管理模式等制度领域的创新将成为现阶段引领智慧城市新一轮快速发展的突破口和动力。

2. 传统路径弊端显现，数据驱动成主要途径

提高技术创新有效性的主要途径是尽可能加快技术的应用和推广，映射到智慧城市建设上就是要加快部署各种设备和系统，用硬件带动智慧城市发展。这在“数字城市”和“智慧城市”建设初期取得了显著成效，但引发了“资源浪费”“信息孤岛”等一系列问题。

系统创新的主要路径是通过组织优化、流程再造最终实现效率提升，其创新的基础是数据。围绕规划、采集、流通、分析、反馈、修订等城市大数据的全生命周期，利用信息流优化带动各领域系统建设和完善，将成为智慧城市建设的主要路径。

3. 突破单一局限，整体建设攻坚城市难题

2008 年，IBM 公司将智慧城市定义为“系统的系统”。在技术思维的指导下，我国智慧城市建设初期是利用信息技术解决城市发展中的单一问题或局部问题，城市作为一个复杂系统的本质问题在智慧城市规划中没有得到应有的重视。进入新型智慧城市建设阶段，在大数据时代，我们需要回归城市的真实本质，从城市科学的角度推进整体建设，将各种业务系统与数据流程连接起来以实现“系统的系统”。

政府需要发挥比过去更大的作用。这不仅限于过去的大系统、大项目，其内涵已经远远超出电子政务。在建设新型智慧城市的过程中，随着互联网的普及，数据的作用从量变转为质变。政府作为城市数据的聚合者，需要承担更大的责任，需要在城市安全、环境、信用、公共服务等“卡脖子”领域攻坚克难，以取得更大的成效。

新型智慧城市主要在 3 个方面体现“新”：①新的战略重点，即构建一套适应城市特点的有效管理体系；②新的思维理念，即通过规划将城市运营与数据流联系起来解决整体问题；③解决重点问题的新方向，即以人为本，系统解决城市复杂性。

4. 互联互通的新型智慧城市建设

新型智慧城市是智慧城市的升级版。鉴于城市运行的演变是一个动态的、连续系统演变的过程，我们需区分其与数字城市和智慧城市各自的特点。

在数字城市（城市信息化）阶段，主要推进的是政府部门内部信息化和互联互通，将部门内部管理模式由传统模式向数字化模式转变，从而规范政府管理并提升效率。政府各部门基本实现了其业务在独立信息系统上运行的目标。

在智慧城市阶段，主要是推进政府整体化进程，促进内部部门之间管理和服务互联互通、城市管理对象的数字化、企业和其他社会服务的数字化，在信息系统运行中部门之间的管理和服务实现协同和“一站式”模式。

在新型智慧城市阶段，从互联互通的角度来看，城市整体实现互联互通，信息系统的运行不仅限于政府、企业和其他社会组织，还可以从更加宏观的角度进行。从资源的角度来看，城市的所有管理都应得到考虑。政府、企业和其他社会组织应采取市场化、协调性原则，统一规划和利用，提高城市资源的利用效率。从服务的角度来看，只有打通政府和企业以及其他社会组织服务的融合，才能真正实现“一站式”城市服务和城市生活智慧。

新型智慧城市在城市管理领域的表现主要体现在 5 个方面：①在理念上，从以城市管理者为中心向以市民参与为中心转变；②在手段上，从以人为本向以系统、技术、数据为基础转变；③在方式上，从事件驱动转变为“事件+趋势”驱动；④在服务上，从政府内部的“一站式服务”向政府、企业和其他社会机构的“一站式服务”转变；⑤上述转变都是基于大数据为核心的变化。

4.1.6　深汕特别合作区新型智慧城市建设的体制机制共生

为贯彻国家网络强国和创新驱动发展的战略要求，落实广东省“数字政府”和深圳市“建设国家新型智慧城市标杆市”的战略部署，高效推动深汕特别合作区新型智慧城市建设工作，打造现代化国际性滨海智慧新城。深汕特别合作区借鉴国内外智慧城市建设体制机制模式，吸取经验教训，以创新、协调、绿色、开放、共享的新发展理念为指导，立足合作区“一张白纸”的本底优势，成立了深汕特别合作区新型智慧城市建设领导小组，负责全面统筹新型智慧城市建设，以打造智慧城市共生体为核心，创新智慧城市建设体制机制共生的模式，开展新型智慧城市顶层规划。

新型智慧城市建设领导小组办公室（以下简称智建办）设在区党政办，承担与新型智慧城市建设相关的日常统筹协调工作。新型智慧城市建设领导小组及智建办按照“一体化统分结合、体系化多方参与”的原则，统领和落实全区新型智慧城市规划设计、标准规范、建设实施、运维管理等工作。深汕特别合作区各单位作为智慧城市建设的业务主体，在领导小组统一领导和智建办统筹下，按照全区智慧城市建设的统一标准和要求，结合自身在实体城市建设中的职能与发展需求，协同开展智慧城市建设工作。此外，成立全资区属国有企业——深圳市深汕特别合作区智慧城市研究院有限公司（以下简称区智研院），兼顾数字城市与实体城市建设，打造协同发展的智慧城市共生体；成立新型智慧城市建设专家咨询委员会（以下简称专家咨询委员会）作为新型智慧城市建设的高端咨询服务机构，为深汕特别合作区新型智慧城市发展战略和项目建设的规划设计、论证、评估、指导等提供咨询服务、技术支持与智力支撑。利用“一张白纸”的后发优势创新智慧城市建设发展的体制机制，打造全国首个“无信息中心”数字政府。原则上，全区各单位不再单独设立信息中心，成立专业机构统一运维监管基础网络、大数据资源和系统平台；通过统一标准、规划、建设实现“三融五跨”，用信息化、智慧化打破政府机构职能壁垒，通过在数字空间贯通融合政府业务体系实现政府行政效能的提升。深汕特别合作区智慧城市组织模式如图 4-3 所示。

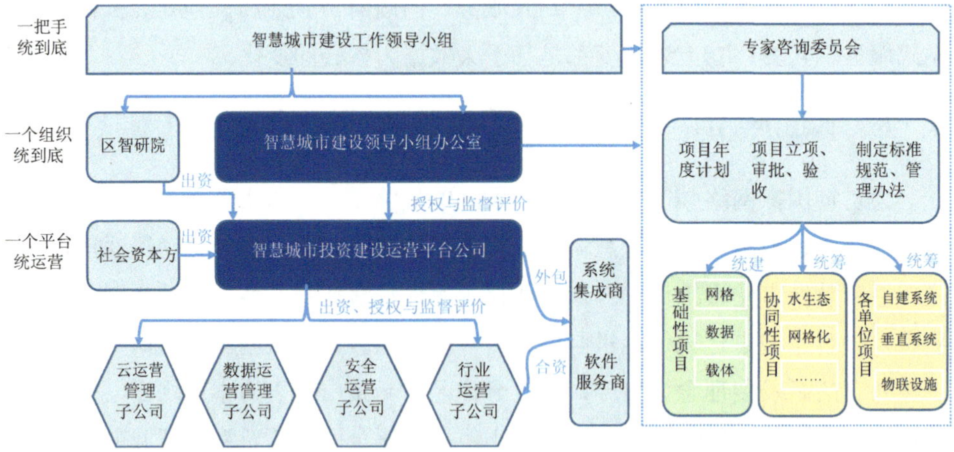

图 4-3 深汕特别合作区智慧城市组织模式

1. 体制机制共生模式创新的源头

当前，深汕特别合作区的信息化现状近似于“一张白纸”，这既是新型智慧城市建设面临的挑战，也为其创新发展创造了机遇，使新型智慧城市建设得以绕过以往智慧城市重建设轻实效、重硬件轻数据、部门各自为政、数据条块割裂、信息孤岛现象、历史包袱沉重、智慧化成本高等弯路，从规划初期即深入贯彻以人为本、统筹协调、规建同步、融合共生的新型智慧城市建设理念，助力深汕特别合作区建设现代化国际性滨海智慧新城。

2. 体制机制共生是践行智慧共生理念的需要

深汕特别合作区致力于智慧城市建设，围绕深圳市建成“国家新型智慧城市标杆市”的战略目标，落实“六个一”的近期发展目标，结合合作区“现代化国际性滨海智慧新城”的战略定位，以政府、企业、公众等多元主体需求为驱动，以打造智能泛在信息基础设施、汇聚融合城市大数据资源、数字经济产业、深汕“飞地模式”为重点，以技术创新为抓手，以城市大数据为支撑，以泛在网络为纽带，搭建基于 GIS 的智慧城市主操作平台，再造城市发展新空间——城市数字空间，创造性地提出新型智慧城市建设智慧共生理念。

通过规划引领、需求驱动，推动新一代信息技术与新型城镇化建设深度融合、迭代演进，以智慧共生理念为指导，将深汕特别合作区打造成基础设施智能化、城市治理精细化、公众服务便捷化、产业经济绿色化、网络安全长效化、生活环境宜居化的现代化国际性滨海智慧新城。

秉承智慧共生的新型智慧城市建设发展理念，通过全局谋划、协同演进，实现城市物理空间与数字空间联通融合、资源整合、一体共生，打造深汕特别合作区智慧城市共生体。基于体制机制共生、规划设计共生、建设实施共生、运营管理共生，打造智慧城市发展新模式，重塑未来城市形态，力争建成一座“生活幸福、生产先进、生态良好”的现代化国际性滨海智慧新城。

3. 体制机制共生是实现智慧城市建设目标的需要

深汕特别合作区规划的智慧城市建设目标包括以下内容：

- 搭建融合统一、起基础支撑作用的智慧城市物理空间和数字空间运行态势的全面感知体系，重点提升社会治理、城市管理、道路交通、公共安全、生态环境等领域的智能感知能力和水平。
- 建成高速泛在光纤网络基础设施，即安全高速、广泛连接、架构合理的光纤宽带网络基础设施。

● 建成物理集中、逻辑统一、绿色智能的智慧深汕大数据资源中心，一体运行联动、统一指挥、联合办公的智慧深汕城市运行管理中心，新型智慧深汕展示体验中心，创新创业、高端服务的智慧产业孵化中心。

● 构建智慧城市融合数据平台，建立科学完善的数据资源体系和标准化体系，推动大数据之间关联互动、深度融合，形成体系化的融合大数据。建立政府主导、多方参与、共建共享的新型大数据循环流动机制，搭建多维空间地理信息平台，建成统一融合的智慧城市数据体系，促进智慧政务、智慧治理、智慧民生、智慧产业、智慧决策等智慧应用的发展。

● 搭建统一制度标准体系框架，协同建设通用和专用的制度标准体系，围绕全面感知、网络传输、集成运算、应用发布四大板块研究制定统一制度、标准、规范、流程。

● 全面落实前端物理感知终端标准化，统一网络通信协议、结构协议和开发协议，统一编码规则与接口规范，实现对硬件、软件、数据、应用的标准化管理。在统一制度标准体系框架下，落实国家、省、市技术标准，有序推进深汕特别合作区地方标准编制。

● 夯实网络信息安全防范基础，打造全时、全域、全程的网络安全态势感知决策体系，加强网络安全相关制度建设，实现信息安全总体可信、可靠、可控，使居民、企业和政府的信息得到有效保护。

● 全面提升物联网隐私保护、认证、访问控制管理、数据保护、物理安全、设备保护、资产管理、攻击检测与防御、态势感知和通信保护等安全防范能力。

● 建成城市运行管理决策体系，政府科学决策成效显著，建成智慧深汕城市运行管理中心，搭建全局统筹、统一指挥、实时调度、上下联动、部门协同的智慧化管理决策体系。

● 以新型智慧城市基础通用平台为核心，100%融合与综合运用城市大数据，对城市运行态势进行立体化、可视化、动态化展示，打造一体化、数字化、智慧化、全业务的领导决策支撑和指挥系统。

● 创建透明高效的智慧政务体系，使政务服务效能大幅提高，持续推进“放管服”改革，发展“互联网+政务服务”和一体化在线政务服务平台，建立前台统一受理、后台分类审批的政务服务模式，真正实现“一门集中、一窗受理、一网通办”。

● 推进“全区通办”“跨区通办”“结果包邮”“最多跑一次”“秒批”改革，建立统一实名认证体系，实现政务事项全部支持网上办理，推动政务服务向“零跑腿”发展。

● 推进人工智能在政务服务的应用，推广智能机器人引导服务，推动智能自动审批，实现政务服务“24 小时不打烊”。

● 实施精细精准城市建设管理，使城市发展品质稳步提升，打造“多规合一”空间治理的一张蓝图，推动覆盖规划审批、土地供应、建设实施、竣工验收及运营管理的建设项目全周期监管。

● 基于多维空间地理信息平台，贯通城市建设治理的业务流和数据流，精准把脉城市实时体征，构建城市综合运行态势一张图。

● 通过全领域网格化管理模式，构建涵盖城市综合应急、治安防控、警务、消防、污染防治、灾害风险防范、安全生产、工地安全、食药安全等全链条的城市安全监测和保障体系。

● 打造均等普惠民生服务体系，使公共服务质量明显改善，强化信息惠民工程建设，推进与市民生活密切相关的公共服务信息化，优化教育、医疗、社会保障等信息服务体系，促进民生服务均等化、公平化；综合利用新兴技术丰富整合服务内容，实现全程、全时、全方位服务，推动民生服务便捷化、优质化；提升基层民生服务能力，以社区居民为中心，构建办事、医疗、交通、便民等社区服务的“一刻钟生活圈”，大力提升公众的认同感、获得感、幸福感。

● 培育优质营商产业创新环境，促进经济长足健康持续发展，打造全程全域的智慧化产业孵化环境，构建开放式创新创业体系，形成高端智能、新兴繁荣的智慧产业孵化体系；有效发掘产业经济大数据价值，释放大数据红利，推动信息化与产业发展深度融合，提高产业智慧化水平；培育优质的营商环境，推荐并引入智慧城市行业龙头企业，推动智慧产业聚合，形成一批上规模、成体系的智慧产业集群；以打造“飞地经济”为目标，以数字经济引领城市开发，实现信息产业快速有序发展，赋能经济持续增长。

要想实现上述目标，体制机制共生是必不可少的前提和保障。

4. 体制机制共生是智慧城市具体建设实施的需要

深汕特别合作区以“打造深汕特别合作区智慧城市共生体，重塑未来城市形态”总体目标为指导，充分利用新一代信息技术，统一基础设施、统一数据、统一平台、统一标准、统一安全，打造融合统一的智慧城市基础支撑。

具体建设实施以智慧深汕总体架构为指导，构建“1+2+3+5”的逻辑架构。“1”是一个平台。以融合统一的大数据为基础，以开放共享为理念，基于多维空间地理信息平台，打造新型智慧城市基础通用平台。“2”是两个空间。基于城市物理空间构建全面数字化的实景城市模型，以物理空间衍生数字空间，以数字空间拓展物理空间，形成循环反馈。“3”是三大保障。发挥合作区“一张白纸”的本底优势，创新实施“一体化统分结合、体系化多方参与”的体制机制，为新型智慧城市提供高效的体制机制保障；统筹推进深汕特别合作区新型智慧城市各类标准、规范、制度、流程的制定应用，为新型智慧城市提供标准体系保障；建立安全管理制度，创新应用安全技术，构建全方位、立体化的安全保障体系。“5”是五大应用。以提供高效率管理和高质量服务为目标，聚焦智慧政务、智慧治理、智慧民生、智慧产业、智慧决策五大应用。

在技术上，形成以智能泛在、集约共享的信息基础设施为支撑，以整合融合的智慧城市基础通用平台为核心，以多元协同智慧应用为导向的智慧深汕技术架构。

在网络上，统筹协同融合公共网络与专用网络的深汕特别合作区基础网络架构，为全区新型智慧城市建设发展提供天地一体化、统一“一张网”的基础网络支撑服务，实现网络服务“宽带泛在、随遇接入、高速传输、灵活拓展、安全可靠”。

在数据上，以整合融合的新型智慧城市基础通用平台为核心，通过数据的采集、汇聚、存储、处理、融合、开放、共享，实现新型智慧城市数据自动更新、自动演进，支撑智慧化应用和服务。

在组织运行上，以智慧深汕城市运行管理中心为载体，基于智慧深汕“1+2+3+5”的逻辑架构，综合运用融合的时空大数据，实现深汕特别合作区管理委员会对城市全方位运行状态的实时监测，通过数据决策支撑为城市管理精准施政；通过事件分拨和联动指挥，实现城市治理的科学高效和协同调度；通过数据共享，实现深汕特别合作区管理委员会向上对深圳市政府、向下对全区 21 个行政单位和 4 个镇的“上下级联动”，打通上级单位对下级单位的监督监控、事件分拨、协同指挥、应急指挥与下级单位向上级单位的事件上报、数据上报。全面实现智慧城市运行状态的综合展示、监测预警、数据决策支持、综合治理和联动指挥。

在安全上，以《中华人民共和国国家安全法》《中华人民共和国反恐怖主义法》《中华人民共和国电信条例》和数据开放标准体系、网络信息安全系列标准等安全标准及法律法规体系为基础，建设安全运维监管体系，包括安全管理制度、安全管理机构、系统建设管理、系统运维管理及安全应急管理，结合技术手段有效保障全区新型智慧城市建设的基础环境安全、网络安全、数据安全和应用安全。

在项目规划上，以深汕特别合作区新型智慧城市建设六大具体目标为导向，根据总体规划设计，坚持“一体化统分结合、体系化多方参与”原则，打破传统大包大揽建设模式，从各自为政、独立建设向全局统筹、协同推进转变，按照“夯实基础、重点突出、以点带面、循序渐进”的工作思路，构建“1+4+*N*+*N*”［1 个城市主中心、4 个镇分中心、*N* 个部门分中心、*N* 个村（社区）联络点］的管控格局，围绕“1+5”项目建设体系，以 1 个融合统一基础支撑和 5 大专业应用服务平台建设为抓手，归纳 32 个建设主题（图 4-4），共细化为 118 个工程项目（图 4-5），统分结合明确建设主体责任，全面协同推进深汕特别合作区新型智慧城市建设工作。

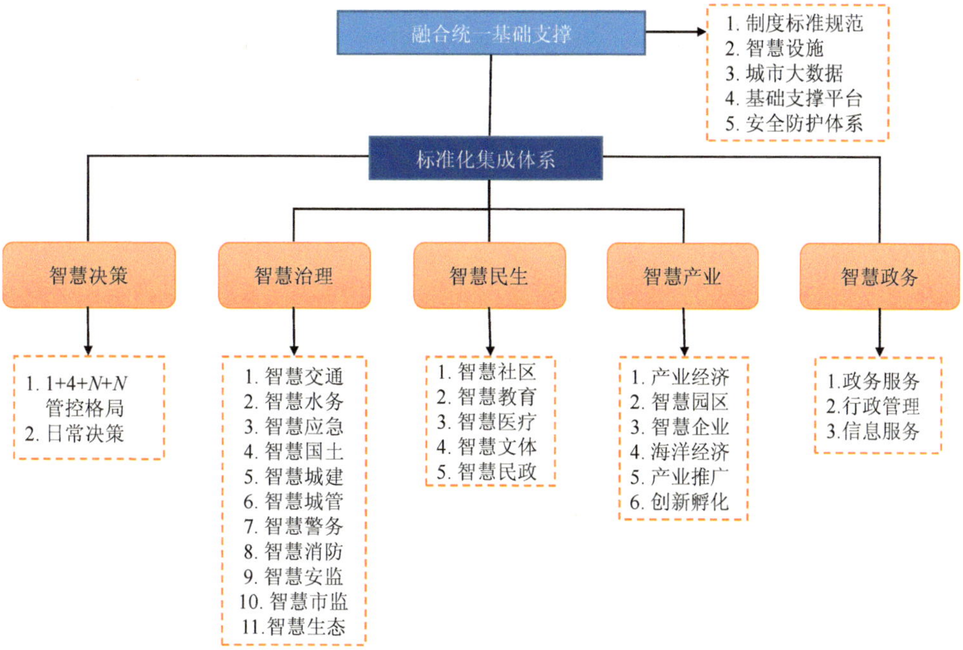

图 4-4　智慧深汕建设主题

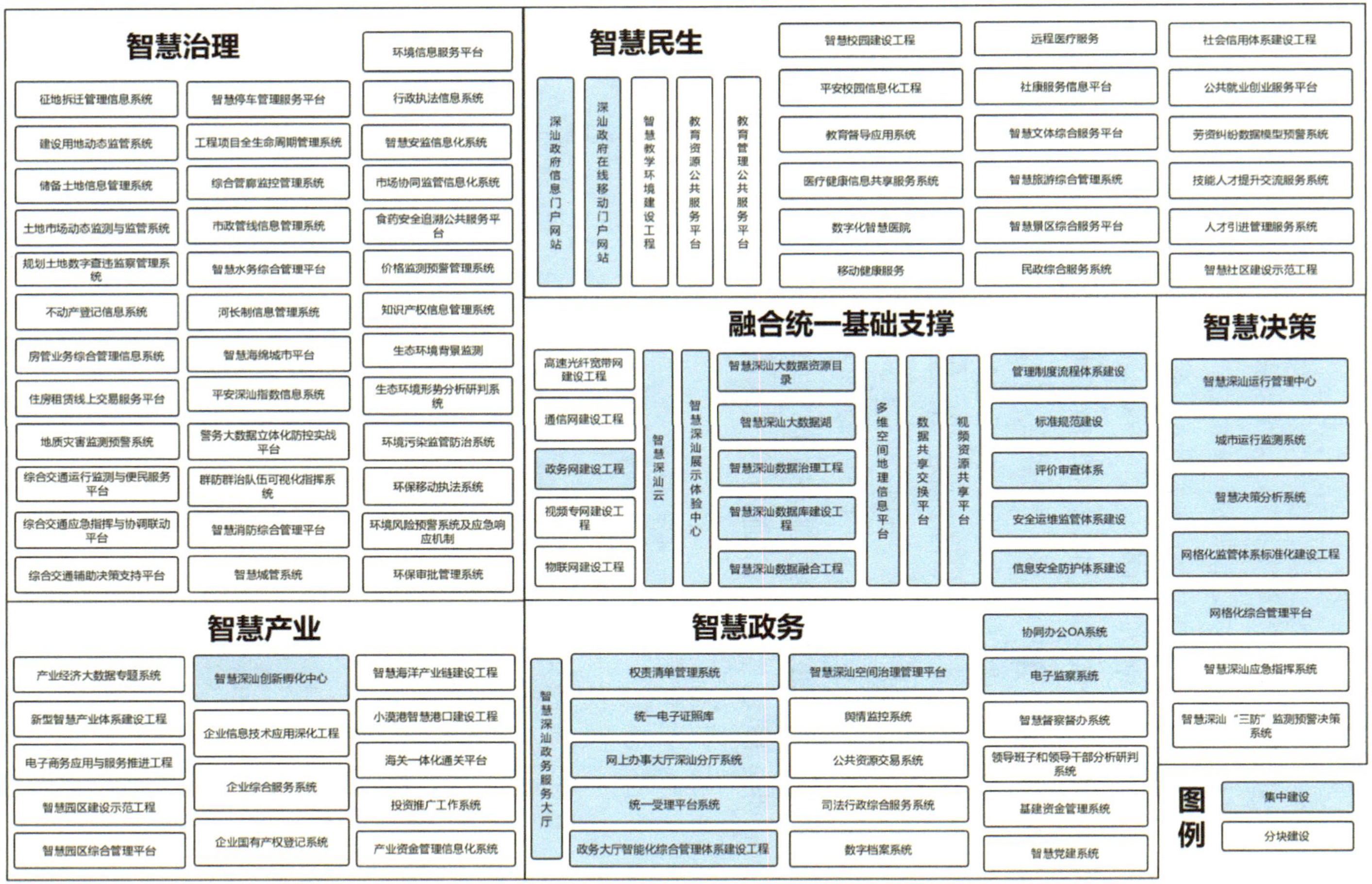

图 4-5 智慧深汕建设项目总体规划主题

5. 体制机制共生的具体架构

为实现新型智慧城市建设总体规划，保障各项建设任务快速推进，深汕特别合作区成立智慧城市建设领导小组，作为全区新型智慧城市建设的领导决策主体，负责统领全区智慧城市建设及其重大事项的审定和决策，包括传达贯彻上级政府关于新型智慧城市建设管理的指示精神，审定深汕特别合作区新型智慧城市的顶层设计、发展战略、体制机制建设等重大事项，审定新型智慧城市中长期发展规划、建设项目年度计划、采购计划，负责重大资金使用、重大项目安排，决策新型智慧城市建设工作中的重大问题等。

智建办是智慧城市建设领导小组决策的执行机构，负责全区新型智慧城市建设的制度制定、体制流程梳理、规划编制和统筹协调推进工作；受领导小组授权和委托，负责纳入全区新型智慧城市年度计划项目的统筹实施；负责制定全区新型智慧城市建设的统一标准规范体系，对建设项目进行技术审查与合规性审查；负责协调解决新型智慧城市项目建设、应用推广、产业发展中的问题；负责制定和完善监督考核机制，对领导小组议定事项进行落实、执行和督办；负责新型智慧城市专家库的组建和管理等。智建办内设行政组和技术组，行政组负责总体统筹、部门协调、事项督办等行政事务工作；技术组负责标准制定、规划和年度计划编制、项目和服务评审等技术工作，智建办人员从成员单位中抽调，专人专职。

依托深圳市政务服务与数据管理局专家资源，建立业务结构全面完整的咨询专家库，聘请信息技术、城市规划、经济管理、社会治理等领域的国内外知名专家学者，组建专家咨询委员会，负责新型智慧城市总体规划、顶层设计、项目建设、项目评估、项目验收、项目运营、制度制定等业务的咨询指导，确保新型智慧城市建设的科学性和可行性。

发展壮大区智研院。智研院作为全区新型智慧城市建设的技术支撑和具体协调实施单位，立足于深汕特别合作区智慧城市设计运维商、大数据管理基础库、高端人才蓄水池三大定位，承担全区新型智慧城市建设决策参谋、技术把关、统筹推进、资源整合、组织实施、管理维护的职能，受智慧城市建设领导小组及其办公室的授权或委托，按照“一体化统筹实施、体系化多方参与”的原则，参与全区新型智慧城市规划、建设、运维和监管等工作，着力提升智慧城市建设效率和品质。建立“一体化统分结合、体系化多方参与”的新型智慧城市协同建设机制。全区新型智慧城市建设项目在实施过程中做到统一规划、统一标准、统一运维，最终做到互联互通、资源共享，避免重复建设。

智慧深汕组织管理架构见图 4-6。

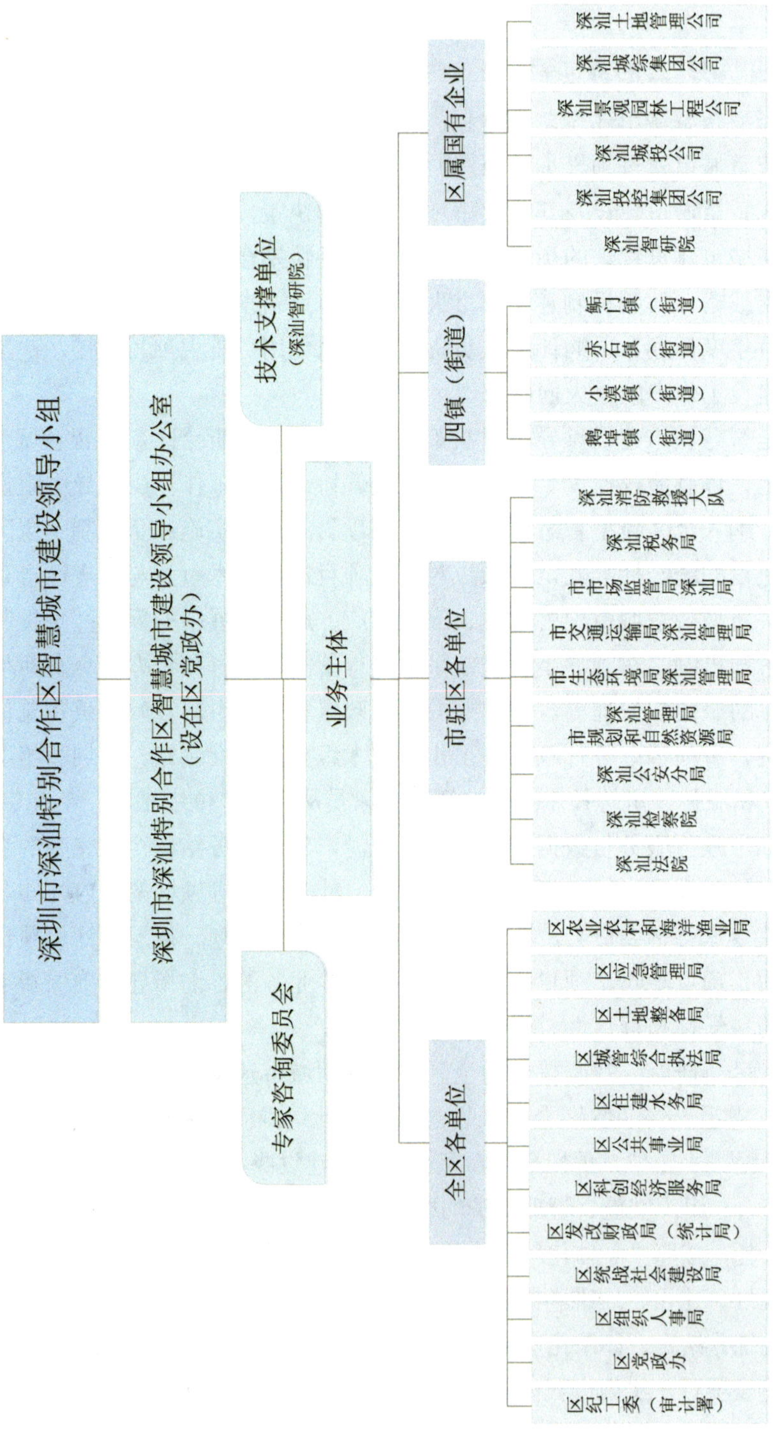

图 4-6 智慧深汕组织管理架构

6. 体制机制共生的建设运营模式

深汕特别合作区在智慧城市体制机制共生思想的指导下，不断探索新型智慧城市工程项目建设运营的多种模式，最终确定采取多样化、多元化的实施方式，确保建设运营的高效、集约、灵活、优质。在明确政府、市场各自角色定位和职能范围的基础上，深汕特别合作区智慧城市采取以下 4 种基本建设运营模式。

一是政府投资、企业参与建设。对涉及国家安全与公共利益领域的项目由政府财政投资建设，由区属全资国有企业智研院作为实施主体，适用于信息基础设施、大数据库、智慧决策、“互联网+政务服务”、信息安全、制度标准等公益性、基础类智慧城市项目。

二是政府统筹、市场自主建设。对智慧城市建设中不涉及国家安全、公共利益领域的项目，如互联网络、通信网络、智慧社区服务等方面，可以采取政府统筹规划设计、企业投资建设的运营模式，政府起规范指导作用，利用社会资本建设运营，适用于民生服务行业智慧应用等增值类项目。

三是政府与企业合资建设与管理。对不涉及国家安全、公共利益的领域，采取包括政府与社会共同投资建设和政府制定政策及项目规划引导社会投资建设等方式，充分利用社会资本参与建设，采取市场化运营模式，适用于智慧医疗、智慧教育、智慧城市前沿技术探索与前瞻科学研究等民生类和探索类项目。

四是企业建设运营、政府和公众购买服务。对不涉及国家安全、公共利益的领域，可采取企业建设运营、政府和公众购买服务的运营模式。企业独自投资建设、维护和运营管理，政府、公众可购买相关服务，适用于云计算和智慧民生服务类项目。

4.2 智慧城市规划设计共生

规划设计共生为融合“共建、共享、共治”的规划理念，统筹智慧城市空间规划，将物理空间作为第一空间、数字空间作为第二空间进行全局谋划、有机整合，通过物理空间规划支撑、拓展数字空间、数字空间疏解等方式分担物理空间面临的问题和压力，促进智慧城市空间更加集约、有序、高效利用。通过“数据规划、数据创新”，以实体城市的数据支撑数字空间模拟决策，以数字空间的模拟结果辅助实体城市的规划建设，最终推动实现智慧应用的落地实施。

4.2.1 “两个空间”规划融合设计的基础支撑

与数字孪生城市相似，智慧共生城市是一个开放、复杂的系统，在构建过程中需要考虑构成要素多、层次多、关系复杂的特点，基于实体立体感知的规划融合设计，在数字空间再造实体空间。

1. 全域、全量、全时的多源异构数据

首先，在数据的类型和范围上要涵盖城市的全域，涉及主要政府信息、行业领域信息、第三方社会机构掌握的信息等多元数据，形成城市全域数据。数据和信息产生的载体包括基于统一物联网感知平台的智能终端数据、基于卫星遥感的城市地理信息数据、基于各种传感设施的设备运行数据、面向手机和车辆等移动设备的动态数据、基于政府信息系统的业务数据、基于公用事业单位信息系统的业务数据、基于通信运营商和互联网服务提供商等商业信息的数据等。

其次，在数据的来源渠道上要体现全量的特点，涉及陆地、水域和空中全部维度、全部数量的数据。通过智能感知载体和设备，感知、收集、记录、上传地面上的街道、楼宇建筑、城市水电气暖系统、综合管廊、地下交通等设施的静态和动态数据；在空中，利用浮空平台进行监测和监控，利用低空无人机搭载传感器进行定期巡检；在水域，利用水底观测网、水面锚泊站及监测船等进行相关数据感知。

最后，在数据获取方式上考虑全时性特点，需要数字化标识城市的每一个实体，在对智能感知终端进行数字化标识后使终端设备具备唯一的全局身份标识，以作为智慧共生城市的唯一索引，便于数据实时采集、反馈，并方便对终端的远程操控，包括感知设备、感知网络、感知平台的一体化感知监测体系，实现全时感知和传送城市环境等状态信息。

2. 全映射的城市信息模型

城市信息模型是实时全映射物理城市的呈现载体和展示窗口，在城市信息模型下能实现物理空间和数字空间的双向映射，达到万物互联、虚实交融的效果。主要利用三维地理信息模型（3DGIS）和建筑信息模型（BIM），共同构建全空间、三维立体高精度的城市信息模型，3DGIS 实现了城市宏观大场景的数字化模型表达和空间分析，BIM 则实现了对城市细胞级建筑物的物理设施、功能信息的精准

表达，将二者有机融合和集成，通过加载全域、全量、全时的数据资源，实现城市彻底的“数字化”。通过布置在陆上、水域和空中的智能感知传感器采集到具有时间标识的城市运行数据，反映到 3DGIS 和 BIM 构建成的城市信息模型中，将静态数字城市升级为可感、动态、在线的立体化数字孪生城市。这样综合了 3DGIS、BIM 及智能立体感知数据共同搭建的城市信息模型，为虚实相映的数字孪生城市提供了立体框架。

3. 群智协同计算+云计算

3DGIS 和 BIM 共同搭建的城市信息模型在各种智能传感设施产生的全域、全量、全时数据配合下，形成了数字孪生城市的底层架构。为了让数字孪生城市能够动态、及时地虚拟出真实世界的运行，就要内置强大的计算能力。群智协同计算+云计算能为智慧共生城市与现实城市平行发展提供算力支撑，保证二者如影随形、相互作用。群智协同是在开放网络环境下，对城市中产生的各类全量、全域数据资源进行有效管理和协同利用，包括群智感知、群智融合和群智增强等几个方面的技术布局，是对城市复杂巨系统感知和计算的最有效工具。针对智慧共生城市的计算，在具体技术架构上主要包括云计算、边缘计算和数据处理中心。边缘计算部署在各类智能感知设备上，通过初步计算进行数据过滤，完成对数据的第一步清洗，利用云计算的虚拟、分布等特点，形成大规模、群体的计算能力，将通过“边缘计算+云计算”之后的计算结果输入数据处理中心，再进行价值化定义，最终可输出所需的决策结果。

4.2.2　“两个空间”规划融合设计的架构

1. 立体感知基础建设

对物理世界的构成要素进行监测、实时感应，以全域、全时的方式将物理世界的状况采集、编码、数字化。首先，将包括空中、地面和地下的基础设施、交通车辆、建筑楼宇、行人动态等城市要素进行数字化身份标识，并作为唯一标识进行记录或管理，使数据生成、传输、控制能对应到唯一的要素上，以便于自动感知、数据采集和统一管理控制。其次，在数字化标识的构成要素上设置感知、通信、计算能力更强的智能技术手段，感知和监控城市中的人、物和事件全周期、全域的动态行为数据。立体感知基础设施包括 3 个方面的空间层次：①空中立体感知体系，涉及无人机和北斗卫星系统等技术应用，针对城市规划、城市布局、土地资源、环境气候、能源资源等进行感知和测量，构建空中的立体感知系统覆盖地面上的城市要素；②地面立体感知基础设施，涉及二维码、RFID、智能监控、智能灯杆、无人汽车、智能卡口、地感线圈等技术应用，针对交通物流、建筑楼宇、行人动态、基础设施等城市要素进行无一遗漏的扫描和监测；③水域感知基础设施，主要利用水面锚泊站以及监测船等对水面状况进行数据感知，利用水底观测网等对水下进行立体扫描和相关数据感知。通过技术应用和架构设计，最终形成大范围、大规模、协同化普适计算的立体感知监控体系。

2. 泛在高速网络环境

加快推进包括 5G、WLAN、NB-IoT、eMTC 和 LTE 等在内的多网协同高速、泛在的网络接入环境，能接入各类 RFID、传感器、智能终端、个人移动通信、物联网接入模块、北斗卫星定位、智能无人机等多维立体感知设备，形成天地一体综合信息网络支撑云端服务，通过联合空、天、地、海等立体感知基础设施产生数据的传输和汇聚，在网络设计架构上充分考虑资源统筹分析和判断，实现面向不同功能分区的任务分发，通过存储和转发机制实现数字映射的综合识别和分批处理，为各类立体感知基础设施提供多接口、多种速度选择、不同协议兼容、按功能分发数据的高效、智能、协作的网络环境。打造多网协同的泛在无线网络，实现城市的无缝接入，实现大数据量、大链接数等多种人与人、物与物的连接，适配不同应用场景。积极推进有线网络万兆接入，通过大容量光纤链路构建城市智能专网平面，形成双核心、双链路、大容量、高可用和负载均衡的网络架构。智能专网须全程全网支持 IPv6，支持新业务的引入和部署，在城市智能专网中通过 IP 新技术构建音频专网、感知数据专网以及其他必需的行业逻辑专网。

3. 智慧城市信息管理系统

将各类智能感知设备嵌入交通运输、道路管网、公共设施、建筑楼宇，以及人和车辆等可移动设备的定位感知，形成群智感知的城市运行数据，将物理世界生成的全域全时数据输入 3DGIS、BIM 等技术模型，利用虚拟仿真和虚拟交互技术实现对物理世界的数字化映射，构建出数字化城市模型来模拟城市运行。结合边缘计算、云计算和人工智能技术的应用，实现对城市实时状况的初步计算、集合计算和智能决策。核心层相当于城市的“大脑”，接收信息、分析信息、做出决策，接收城市人、物和事件的全生命周期数据和信息，经过边缘计算的初步分析、云计算的集合分析，到人工智能层面的最后决策，形成了城市运行的可视化管理，全面的、智慧的优化。

4.2.3　“两个空间”规划融合设计的数据融合

1. 提升基础设施能级，夯实全区建设基础

（1）完善信息化基础设施建设

一是促进宽带网络能力持续提升。加快推进“宽带中国”战略，基本建成技术领先、高效便捷、高速通达、覆盖城乡的宽带通信网络基础设施。实现所有城乡光纤网络全覆盖，推进农村地区行政村光纤通达和升级改造，基本实现光纤到村，区域内光网覆盖率达到 100%。力争到 2025 年，实现全区范围内普遍接入能力达到 1000 兆位（1Gbps），城域网出口带宽达到 100 万兆位（10 Mbps）。

二是基本建成无线宽带区。深入统筹 4G、WLAN 等无线移动网络协调发展，加快郊区、铁路和高速公路沿线的网络优化及覆盖，提升网络质量。积极推进 5G 商用试点网络建设，着重开展 5G 车联网等示范性应用。积极推进 WLAN 在旅游景区、商业街、市场、宾馆、饭店等热点区域和公共场所的广泛覆盖，引导和带动商业性质服务场所实现 Wi-Fi 广泛覆盖，提高 Wi-Fi 网络连接质量。卫星通信发展满足用户需求，北斗导航及其兼容产品在国家规定的重要行业和关键领域中的应用达到 90%以上。到 2025 年，形成 4G/5G 网络、Wi-Fi 网络、宽带卫星通信、工业无线网络协调发展新格局。

三是全面推广“三网融合”建设。深入总结“三网融合”前期经验，全面推动广电、电信双向进入业务，推动广电、电信、互联网企业及内容供应商的合作，激励发挥各自的资源优势，拓展融合业务领域。推动基于“三网融合”的新业务、新业态迭代升级，促进交互式网络电视（IPTV）、手机视频、互联网视听体验，基于有线电视网的互联网接入等各项融合业务发展水平持续有效提升，使基于三网融合的信息产品更多样、内容更丰富、服务更优质、用户体验更优化，带动信息消费稳定增长，产业整体竞争力走向全国新区前列。

（2）整合夯实公共基础支撑体系

努力构建区级大数据管理平台和核心政务基础数据库，重点梳理形成法人生命树和人口生命树，为智慧业务应用提供基础数据支撑。进一步整合夯实公共基础相关支撑体系，扎实推进全区各单位已有业务应用系统迁移上云。注重对区内现有服务器、存储设备等基础硬件设施的改造和利用，建设绿色环保、高效率、

低成本、基于云计算的基础设施和公共支撑平台，避免盲目建设及重复投资。

2. 构建数据资源体系，推动数据共享开放

（1）完善城市基础数据资源建设

加快完善人口、法人、房屋、宏观经济、信用信息、空间地理信息六大基础数据库建设。以全区各部门现有数据资源为基础，整合民生服务、社会治理、企业经营等领域需求，加强主题数据库建设，为智慧城市建设提供及时、全面、准确的信息资源，为政府公共管理、企业生产经营和居民生活服务提供有力的信息支撑。

（2）建设数据共享交换平台

加快部署区级数据共享交换平台，在政务信息资源目录体系基础上，实现各领域、各部门数据的统一管理、统一认证和统一交换。建设以信息资源共享为中心的政务协同工作机制，统一数据交换标准和接口，实现不同系统、不同网络之间的互联互通及交换共享。基于统一的数据共享交换平台，实现政府部门间的信息共享和业务协同。在此基础上，逐步建立汇聚企业、互联网、城市物联网的数据，由政务大数据进一步扩展到社会数据的交换和共享。

（3）建设数据服务开放平台

在数据共享交换平台的基础上，将数据能力组件化和服务化，建立数据开放服务目录和开放数据清单，支持使用部门、企事业单位快速进行数据开发和利用，推动数据运营的产业化进程。

数据服务开放平台分区、镇（街道）两级进行建设，对内进行数据共享，为各级政府决策和工作开展提供支持；对外开放非敏感数据，为社会化运营提供支撑。

优先推动信用、交通和医疗等重点领域数据的开放共享，并通过数据服务开放平台提供公共查询服务功能，供全社会查阅使用；同时，按照“谁主管、谁开放”的原则实现数据开放。

（4）建立数据安全保障机制

建立健全数据安全制度，明确责任、义务和违规处罚措施，签订安全保密协议。定义数据安全标准，实行数据分级、分类制度，严格控制访问权限，监控和审计用户访问行为。制定数据泄露应急预案及响应机制，引入专业可靠的外部安全供应商和专家作为资源支持，数据泄露事件一旦发生，第一时间启动防备计划

和应急处置方案，快速但慎重地进行处置。

4.2.4 “两个空间”规划融合设计的应用

1. 城市安全

（1）公共安全

多途径采集并整合交通、环境要素、通信网络、客流、质量标准和水、电、燃气等涉及城市公共安全的城市运行数据资源，构建公共安全大数据资源服务体系，实现公共安全领域内业务高效协同和数据深度共享，满足跨层级、跨部门、全局性数据共享的需求。整合公共安全视频监控联网，创新科技防控手段，着力构建全时空覆盖、智慧化的科技防控网络，提升社会管理、治安防控、群众服务等能力。进一步完善应急指挥体系，深化应急管理领域在业务方面的协同，切实提升对突发事件监测、预警和应急处理处置的能力，提高社会综合治理水平。

（2）智慧警务

建设人工智能警务应用示范基地。基于全球领先的人工智能、大数据等智能分析技术，按照统一规划、统一标准、统一数据的基本原则，利用人工智能技术，深入、准确地剖析警务工作中各类实体、环节及相互之间的关联关系，研发面向维稳反恐的人工智能研判应用平台、语音交互的警务语音云平台和基于大数据的情报分析平台，充分利用原有智慧警务信息化建设成果，建设公安大数据人工智能平台，面向人民群众提供智能警务信息技术服务，使基层民警提升警务工作效率，面向全体警员提供类人脑智能研判分析应用。为高精准的“打、防、管、控”提供智能化的决策分析和服务支撑能力，最终打造公安智慧警务新模式，在执法监督、打击犯罪、服务社会上提供更强、更有力的保障。

（3）智慧应急

完善应急数据库，搭建应急数据交换与共享平台，为应急处置初步研判、预测预警等应用提供数据支持与服务。建立全区统一的智能化应急指挥平台，推进应急无线通信专网建设，扩大应急通信网络覆盖，推动应急应战军地联合指挥系统建设，实现对突发事件应急指挥的统一调度及协同联动。制定跨部门应急预案，形成畅通的应急联动机制和高效的应急响应体系，努力提升应急反应能力、综合保障能力和协调处置能力。加强与广东省、深圳市应急平台互联互通，实现网络互联、资源共享，为跨区域突发事件联合指挥调度、应急会商提供技术支持。

(4) 智慧消防

依托大数据推动消防信息资源整合，联通公安、综治维稳、在线政务等外部系统实现数据共享。通过城市消防物联网远程感知系统、智慧社会消防安全管理系统、微信报警平台、火灾风险智能防控预警系统、数字化与预案编制和管理应用平台，构建全覆盖、立体化的火灾防控体系。建立基于云计算、大数据、物联网的现代消防指挥中心和信息中枢“一张图”，打造符合现代化实战要求的消防警务勤务机制，实现动态感知、智能研判、精准防控、固移联动，全面提升社会火灾防控能力、灭火应急救援能力及队伍管理水平，实现传统消防向现代消防的转变。

(5) 智慧安全监管

遵循统一的规范标准，加快利用移动互联网、物联网等技术，完善安全生产基础信息的采集、加工、应用过程，逐步建立健全企业安全生产基础数据库、安全生产辅助决策数据库、监管监察业务数据库等数据平台，形成较为健全的隐患排查治理体系、较为完善的安全生产与职业卫生监管监察体系、较为科学的企业安全生产信用体系、较为可靠的安全生产应急联动响应体系、较为有效的宣传培训考核系统，提高安全生产信息化辅助决策支持能力。进一步深化拓展电梯运行监管、工程车辆智能监管、建设工程安全监管等智慧安监子系统建设。

(6) 智慧食品药品监管

构建全区食品药品安全生产监管信息平台，完善食品药品电子档案数据库，积极建设“智慧药监”，强化互联网药品交易服务监管，推进对食品药品生产、运输和流通环节的数据共享和协同监管。推进与各地各级监管系统和市场主体信用信息服务平台的充分对接。加快推动 RFID、二维码识别等信息技术在生产加工和流通销售各个环节的推广应用，强化上下游追溯体系建设和信息互通共享，不断扩大追溯体系覆盖范围，实现农副产品“从农田到餐桌”全过程可溯，保障“舌尖上的安全”。

2. 综合治理

(1) 智慧党建

运用现代化信息技术，构建区、乡镇（街道）、村（社区）三级智慧党建服务管理平台，增强基层党组织和党员的智慧化水平，实现基层党建工作的便捷化、智能化和高效化。既要从严治党，又要方便基层工作、服务基层工作，管理与服务“双抓手”。通过建立一体化管理平台，实现对基层党组织精细化、透明化管理、全程记录监督，进一步规范基层党建工作，全面提升党建管理效果及科学化水平。将党建工作重点和“互联网+”理念相结合，利用互联网技术对党员管理、教育、生活、互动交流进行全面整合，拓宽党组织生活途径，方便其与群众随时随地交流学习，打通联系群众、服务群众的“最后一千米”。

（2）智慧城管

加快推进智慧城管建设，充分运用大数据、物联网、云计算、智能感知等现代信息技术手段，提升全区管理管控智能化、应急快速化、服务人性化、决策科学化水平。强化区管理指挥中心功能，完善管理指挥体系建设，确保信息即时交换、服务即时跟进、问题即时解决。推动智慧停车、智慧街面管控、智慧排水、智慧照明等项目建设，提升日常运行管理能力的城市管理科技化水平。深化面向公众的便民服务平台建设，实现市民与政府的双向互动，引导公众参与城市管理。建设大数据平台，加强分析管理信息资源，加强分析运行的内在规律特征，实现事前预警，进一步推进全区管理智慧化。

（3）基层治理

加快推进服务模式由“一门式”向“一口式”转变，实现社区事务一口受理、办理结果一口反馈。推动实行以区为单位的大联动、大联勤，建设平战结合的区级运行管理中心，实现应急管理与网格化管理社区综合管理的深度融合。建立社区综合管理平台，在试点地区建设统一的人口、法人、地点、事件等基础信息资源库，实现“一表式”基层治理信息动态采集与更新，更好地为群众提供精准、有效的服务。

3. 市场监管

推动市场监管综合执法信息化建设和商事制度改革，强化事中、事后监管，完善新型市场监管机制。按照市场监督体制改革的部署和要求，进一步完善区级政府与各市级部门的对接，深化公众诉求综合处置平台的应用，延伸推进综合监管、综合执法等的属地化应用。巩固和扩大“三证合一、一照一码”改革成果，深化“先照后证”改革，强化信用监管。运用大数据、基于位置的服务（LBS）等技术，建立统一的市场协同监管信息化系统，整合工商、税务、食品药品监管、质量技监、住房城乡建设管理、公安等部门资源，汇聚各市场主体的工商登记、行政执法、信用等信息，实现联动监管。

（1）智慧法院

按照电子检察工程建设规范，整合数据资源，实现司法系统数据的共享与交换。依托全区统一的电子政务云平台和大数据平台，构建统一的司法数据库和司法数据标准规范体系。结合人工智能、大数据等技术，改革创新司法机关办案模式，改变人机交互模式，建立语音讯问记录系统，自动生成笔录，从而实现文本记录与语音、视频的快速关联，实现准确的比较检索。通过对历史案件的大数据分析，为检察官提供量刑建议；通过图像识别技术，将纸质文件电子化，提高档案录入效率，实现案件档案的自动化管理；建立检察院委员会智能会议系统，记录案件讨论、表决、决策的全过程；会议纪要采用语音识别技术自动生成，提高工作效率，快速追溯定位会议过程；建设智能审查系统，形成以检察大数据为基础的执法工作，形成法律监督、公诉的检察地图集，建立检察执行申诉制度，实现讯问规范化、执法科学化、研判智能化，提高检察效率。

（2）智慧审计

依托全区统一的电子政务云平台和大数据平台，深化、完善审计分析平台建设，利用大数据、云计算等先进技术，有效采集审计基础及重点数据、审计项目数据等相关数据，实现审计数据的汇集和集中存储，开发综合关联分析、基础数据查询分析等审计功能。通过建立大数据审计综合分析平台，逐步实现审计数据的搜索、分析、计算、关联和管理智慧化。

4. 城市运行

（1）智慧交通

加快智能化交通体系建设。优化整合完善智慧交通管理平台，搭建涉及公安、交通、住建、公交和地铁等各个部门及企业，涵盖电子警务、公交车调度、车辆管理、车位管理、出租车管理、大数据分析等功能模块的智慧交通管理系统。建立道路交通物联网、轨道交通物联网、公交车联网、货运车联网、出租车联网、小型车辆联网和车位联网，实现交通流量、平均车速、高速收费、交通违章、载客量、信号灯、车辆位置、停车位等多个方面数据的实时采集，缓解城市交通拥堵问题，实现对全区交通的智能化管理。

（2）智慧环保

推动环保智慧化应用的发展。依托环境感知、标准规范、安全运维保障三大体系，以提高环境监测能力、提升环境管理服务效率为重点，努力实现掌握污染源排放的目标，优化突发环境风险预警、环境质量现状监督评价、公众环境知情权保护，全面提升全区环保智能化应用水平。推进全区水、大气、噪声、辐射、危险废物、土壤和重大危险点源自动监测站建设，逐步建成重点水域、重点区域实时数据采集与视频监控相结合的综合环境监测网络，逐步实现水、大气、噪声、辐射、危险废物、土壤和重大危险点源的综合环境监测，将重点排污企业的生产过程纳入环境监测范围，加强对高能耗、高物耗、高污染的控制，实现环境监管的全面、高效、智能化，运用大数据分析加强污染源环境监管，推进环境监管执法“双随机”工作。

（3）智慧水务

完善供水感知监控网络，实现全区从水源到用户端的智能调度。提高对洪涝水、雨污水输送和溢流的精细感知监测，实现灾害风险智能分析预警和排水管泵智能调度。整合市、区水资源监测管理平台，加强水资源数据分析和挖掘，支持水资源智能调度和应急管理。

（4）智慧照明

推进以绿色、高效、安全为内核的智慧照明工程，建立道路照明综合管理信息平台；加强遥感等智能感知技术的应用，提升对景观灯光、商业广告显示屏等光电设施的动态监察能力，推广节能环保的新光源、新技术及先进灯控模式等在道路照明管理中的应用。

（5）智慧灯杆

建设多功能智能杆，完善物联网传感手段，加快建设集灯光控制、广告屏播出控制、Wi-Fi 天线基站、视频监控管理、水位监测、城市环境实时监控、应急电话于一体的智能多功能灯杆，配合充电桩和井盖监测，形成共建共享、集约高效的城市物联网感知网络建设模式，提高生态环境、城市管理、道路交通等领域的智能感知水平。

（6）智慧管网

依托北斗高精度定位、管网地理信息等平台，加强对电力、燃气、给排水、广播电视、通信等市政管道信息的采集和动态更新，充分实现管网的可视化管理。推动智能传感技术在管网运行维护中的应用，实现对管网流量的精确实时监测，提高管网综合利用效率和安全水平。促进政府部门、权属单位和建设单位之间管道信息的共享和利用，提高城市地下管道建设和维护管理的水平。重点推进智能电网建设，建设一批智能变电站，推进智能建筑和智能居住区建设，推进智能家居控制系统研发和示范应用。

（7）智慧工地

执行国家建筑工地实名制考勤要求。整合安全生产监管平台现场视频监控，扩大视频监控范围。建立健全在建住房工程数据库，涵盖工程勘察设计、施工图审查、招投标、合同备案、施工许可证、质量安全监督、竣工验收记录等关键环节的工程信息和诚信信息。建设塔吊、施工电梯智能监控系统，实现安监机构、项目部、施工单位、产权单位的分级管理，实现备案、安装、使用、拆卸等业务流程的管理和建筑起重机械的实时动态监控。对土石方、爆破等粉尘和噪声污染较严重的施工阶段或部位，在试验场设置粉尘、噪声监测点，按要求采集监测点影像数据，开展大数据关联分析，为生态环境保护决策、管理和执法提供数据支持。

5. 民生服务

（1）智慧便民

打造惠民信息综合服务平台。整合便捷的信息服务资源，积极推进基于移动互联网接入的城市服务，搭建便民服务平台，开发推广移动便民应用，为交通、户政、出入境及旅游等提供更加便捷的公共服务。实施民生“一卡通”工程，深化社会保障卡应用，逐步实现在民政补贴、医疗卫生、财政支付等领域的用途。进一步整合完善城市便民服务热线，依托统一的便民专项服务平台，实现“一号管理服务”。

（2）智慧教育

充分发挥教育信息化在教育现代化建设过程中的支撑和带动作用，基本建成与智慧城市、学习型城市和教育现代化发展目标相适应的区级教育信息化创新发展体系。依托全区统一的电子政务云平台和大数据平台，建设智慧教育公共服务平台，成为区级教育数据存储、计算、交换与处理、分析与应用服务的中心和枢纽，实现“区域数据互联互通，学校业务互联互通，个人应用互联互通”，支持智慧教育应用工作的开展。积极探索利用人工智能技术在课堂互动、作业、考试评价、校园管理等校园教育场景中的应用，以及智慧教学管理在课外教育、技能培训、远程教育、职业教育等社会教育场景中的应用。建设教育大数据应用中心，使教育大数据服务于师生之间的知识学习、合作与交流、个性化诊断与分析等领域，为学校和地区提供资源配置绩效监控、教学质量评估和精确管理等服务。进一步推动教育信息化、现代化水平的提升。

（3）智慧医疗

依托电子政务云平台和大数据平台，整合医疗卫生、社会保障、食品药品监管、民政、计划生育等相关领域的信息资源，构建医疗养护综合信息平台。整合大数据、人工智能等技术，深化和完善市、区两级人口健康信息平台建设，实现总人口、电子健康档案和电子病历三大基础数据库基本全面覆盖及整合共享。建设以电子病历为核心的医院信息平台，建立适应于现代化、国际化医疗机构的智慧医院信息系统，形成随需扩展、安全可靠、可持续发展的医药卫生信息化基础保障机制。建设和完善公共卫生、基层卫生服务、计划生育、药品管理、医疗服务、医疗保障、财务监管、综合管理等重点业务系统，持续深化预约转诊、签约服务、远程会诊、区域共享、药品配送、电子健康档案管理等医疗信息化应用系统，形成完善的医药卫生信息化应用体系，支撑分级诊疗体系的构建。

（4）智慧社保

整合、优化及完善社会保障民生服务平台和统一的公共就业信息服务平台。通过政务平台的信息融合，整合各类安全服务的应用、监督、查询、互动，实现政府、对象、实体三方服务对接。建立统一的公共就业服务平台，并与全国就业信息网连接。通过信息化技术在社会保障领域的应用，使市民在就业、住房、养老、社会保险、司法等方面可以享受到便利、公平、完善的民生服务。通过整合社保、教育、民政、司法、住建等部门的数据资源，完成对城市居民保障类信息的梳理和整合，实现对社保、医保、劳动就业、入学失学、养老服务、住房保障、法律援助、慈善援助等多领域的智能化监管，对保障缺失人群进行分析预警，对各领域的变化趋势进行预测。通过开放的政务大数据，促进第三方社会保障应用的开发。

（5）智慧社区

完善城乡一体的智慧社区统一平台，突破行业部门壁垒，从社区居民的实际需求出发，实现社区政务服务、社会服务、公共服务、全范围覆盖、全口径集成、全过程监管及全区域通办。通过加强社区便民服务终端等基础服务设施的智能化建设，完善社区综合治理机制，加强联合管理队伍建设，构建社区规范化、智能化的综合管理终端。通过整合各级政府部门、企事业单位、社会组织、社区周边商务服务，打造社区智能化、个性化的便民服务终端。统一社区管理流程和服务规范，突出每个社区的特色，让居民享受到全方位、更高效的社区服务，同时把智慧城市建设成果融入社区中，把各类服务搬到百姓家里，打通社区服务的“最后一千米”。

（6）智慧养老

建立全区统一的综合养老服务平台，形成全人群覆盖、全过程管理、全方位服务、全天候响应的智慧养老体系。统筹各类养老服务数据，提升养老公共服务管理水平。建立养老服务组织机构和从业人员队伍管理服务信息系统，实现居家、机构、医疗护理的梯度衔接及相互转介功能。推进移动互联网、物联网等在养老服务领域的深度融合渗透，促进远程康养监护、居家安防、定点援助等养老服务新模式的应用。同时，以居家养老为基础，以社区养老为依托，以机构养老为补充，构建、完善社区养老一体化综合服务体系。整合优质养老服务资源，利用新一代信息技术，提供安防看护、生活照料、精神慰藉等居家养老服务，从而满足不同老人的服务需求。

（7）智慧扶贫

深入贯彻落实中央扶贫开发相关工作会议精神要求，聚焦“六个精准”总体要求，依托全区统一的大数据平台和电子政务云平台，建设智慧精准扶贫大数据管理平台，充分利用现代信息技术，以信息化引领扶贫工作科学化、精细化、规范化，进一步提高扶贫工作效率，摸清扶贫对象本底情况，实时监控扶贫资金使用情况，完善扶贫项目申报筛选并加强扶贫过程的监督评估，真正做到真扶贫、扶真贫，进而全面提高脱贫攻坚管理水平，实现扶贫开发的动态化管理。

（8）智慧体育

利用“互联网+”体育场馆信息资源提升体育健身服务的智能化水平。利用传感器、生物芯片及物联网技术建设一批智慧型现代化体育场馆，满足体育赛事、媒体传播、大型活动、公共接待、办公管理、后勤保障、安全防护等多方面需求，为市民设计出贴心高效的智能化体育服务。提高体育公共服务的信息化应用水平，积极构建全民健身公共服务平台，建立全民健身信息服务网络。通过对现有信息系统的研究，解决异构地理信息系统的互联互通和互操作问题，促进体育产业与电子商务的结合，逐步推广二维码和移动互联网终端服务的应用，为群众健身提供便利，进一步扩大体育消费，推动“智慧体育”创新发展。

（9）智慧文化

结合市民对公共文化服务的需求，打造智慧公共文化平台。以智慧文化馆、智慧图书馆、智慧档案馆为载体，建设文化资源集聚和服务平台，创新群众文化活动方式，开展远程文化培训，整合利用基层公共数字文化资源，推动公共文化服务与市民需求的有效对接，为市民和企业提供知识、信息资源的一站式服务，拓展公共文化设施服务空间、时间及业务的内容，尝试打造市民教育智慧学习平台。连接公共文化平台与市民卡信息平台，实现公共文化服务一卡通服务，一卡享受包括图书信息、展览、演出、培训等所有服务。联动体育、教育、文广、新闻、出版及媒体等部门，整合中小学、大专院校、博物馆、教育培训机构、图书馆、美术馆等区域资源，结合区域人口入学、就业、教育程度，科学合理统筹资源配置，实现文化教育的智能化、网络化和均等化。

（10）智慧旅游

引导智慧旅游建设，特别是在智慧管理、智慧服务和智慧营销 3 个方面加强旅游资源及产品的开发和整合。利用互联网、云计算、人工智能、大数据、物联网等技术，采集包括景区、民宿、酒店、购物商场、票务、交通等旅游数据资源，整合各方面数据，形成统一的旅游基础数据资源。依托统一的数据共享和交换平台，建立集共享、发布、营销、指挥、调度、决策于一体的智慧旅游平台。着重建设旅游管理、旅游服务、旅游营销 3 个方面的智慧应用系统，为游客解决旅游过程中的“吃、住、行、游、购、娱”6 个方面的需求问题，提供安全、准确的旅游服务信息；推动旅游企业改变传统旅游产业经营模式，提高旅游相关企业的品牌价值和服务质量，激发合作的倍增效应；同时，为政府监管部门提供协同互动、优势互补、体制创新的一体化服务和管理平台，继而提升政府监管部门的管理服务水平。

（11）智慧农业

大力发展“互联网+”现代农业，加快农业与新一代信息技术产业的相互融合，以生产远程监测控制、农产品质量追溯、管理智能化决策、远程应急指挥等为重点，全面、有序地推进农业生产、流通销售、安全监管领域的智慧应用。以农业现代化为主攻方向，加快农村互联网建设步伐，扩大光纤网、宽带网在农村地区的有效覆盖，提升农业生产智能化、经营网络化水平，提高土地产出率和劳动生产率，使农产品通过互联网走出乡村，帮助广大农民增收。坚持产出高效、资源节约、产品安全、环境友好的发展方向，大力发展智慧农业和生态农业，加快构建“一、二、三产业融合，生产、生活、生态功能互动，产业、要素、主体集聚，信息、科技、装备支撑”的现代农业发展体系，以“互联网+”促进农业发展方式转变，领先实现农业现代化发展。

（12）智慧气象

以遥感、物联网和数据融合分析技术为基础，建立三维城市气象自动综合探测系统，加强天基、空基、地基协同观测数据的开发应用，提升气象观测信息获取能力和大气边界层垂直探测能力。以云计算、人工智能和大数据分析技术为基础，提升和完善气候预报业务平台和气象精细化预报，提供统一权威的对外气象数据服务。以移动互联网和智能识别技术为基础，构建互动普惠的气象服务体系，实现气象预警信息的定向发布和全区的广泛覆盖，加强气象与交通、旅游、环保、卫生、农业、教育、农业、城管等领域的深度融合和对接，提供智能化气象应用服务，基本可以满足市民和专业用户的个性化需求。同时，加强气象灾害防范风险管理的精细化、智能化，提高气象灾害防治管理的科学化水平。

6. 营商环境

（1）智慧信用

建立健全城市社会信用信息统一监管平台。依托全区统一的大数据平台、电子政务云平台和政府服务网络的建设基础，结合已建立的公共信用信息平台，运用大数据和云计算技术，可以将分散的征信信息实时收集并高度集成，实现信用发布、信用分析、信用查询、信用验证、反馈处理、数据监控等服务。充分利用互联网积累的信用数据，补充完善现有的征信体系和评价体系，为市场监管、经济调控、社会管理和公共服务提供有力支撑。通过信用平台的大数据分析和智能预测，市民可以在医疗卫生、公共交通、社会保障、教育培训、商业金融、社会服务等领域，享受便捷完善的应用服务；在政务、商务、司法、社会等领域，开展以信用为核心的市场监管体系，并对其进行智能协同监管，确保诚信激励机制和失信惩戒机制有效运行。实现信用信息共享开放，促进信用服务业发展，培育新的消费增长点，推动信用惠民创新应用的发展。

（2）智慧商圈

加快重点商务区域信息基础设施升级改造，推进无线网络全覆盖。在商业街区大力发展以商业数据为基础、基于定位服务的精准营销。支持实体零售商综合运用网店、移动支付、智能试衣等新技术，打造体验式购物新模式。鼓励电子商务企业与商圈互动，推动有条件的商圈建立信息化综合服务平台，推进以智能终端为核心的商圈网上社区建设、会员互动以及业务联动。

（3）智慧园区

依托重点产业功能区、开发区和示范产业园区，开展智慧园区建设，完善信息基础设施和共享平台，促进园区内各类管理、服务、业务系统的互联互通。建设园区智能化公共服务管理系统，对入园企业的人力资源、设备、物资、车辆等实行统一管理，为入园企业提供网络资源等虚拟资源租赁、园区物流等综合服务，不断优化园区服务环境。

（4）产业地图

通过产业地图公共服务平台统一服务门户，为政府类用户、企业类用户和社会公众提供各级应用服务的统一入口。搭建产业规划管理服务平台，实现产业地图项目应用成果的集中展示和发布，统一汇聚、管理城市产业规划布局的各类信息资源，为各级领导及管理单位提供产业规划服务和决策支持。建设产业库、企业库、楼宇库、土地库、项目库、税源库，构建动态的“招商六大主题库”，精细化掌握全区招商载体信息，实现从招商、筛选、引进到项目落地的全过程动态监管。

（5）工业地图

将地区内工业经济要素信息整合到一张图上，包括企业、工厂、园区、工业产品、配套设施等，协助政府部门掌握工业要素状况。开展经济运行监测系统建设，关注重点工业行业的经济运行指标、工业产品生产、投资情况、技术水平等，精准把控工业行业的运行状态与趋势。构建工业经济大数据平台，从多角度对各类工业经济宏观指标进行大数据分析与展示，提供一个稳定、动态、可靠的观测平台。

7. 智慧产业化

（1）物联网产业

构建一体化物联网产业体系。全面提升关键领域核心技术研发、系统集成服务提供能力，形成集研发制造、系统集成、示范应用、标准推广于一体的物联网产业体系，努力打造全国物联网产业中心和全球数字安防产业中心。积极探索物联网规模化应用的商业模式，推动物联网技术在工业、农业、城市管理、物流、惠民服务等领域的广泛应用，培育传感器、智能家具、智能化硬件等物联网潜在产业，推动物联网产业链纵向延伸，努力使物联网产业规模和应用水平领先全市。

（2）大数据产业

推动大数据产业集聚繁荣。依托全区统一建设的大数据共享交换平台，着力推进大数据关键技术研发。加强产业创新基础设施建设，引导骨干企业联合研发大数据共性和前瞻性技术，鼓励骨干企业与高校、科研机构联合研发，提升区域创新能力。大力支持基础软件创新发展，实现智能终端操作系统、大型数据库、中间件、云计算操作系统、大数据处理等关键技术的自主可控，形成核心知识产权。加强数据挖掘分析、多媒体加工、商业智能、可视化软件等自主技术创新。建设全国范围内有较大影响力的云计算与大数据产业示范基地。引导区域大数据发展趋势，推动基于大数据的创新创业发展，培育一批具有影响力的大数据龙头企业和创新型中小企业，形成多层次、多领域、梯队化的创新主体和合理的产业布局，进而繁荣大数据生态，带动区域经济社会的创新转型发展。

（3）云计算产业

支持分布式计算、虚拟化技术等云计算关键技术的研发和产业化，着力发展超百亿次、超千亿次高性能计算机服务器、超大容量存储系统、云计算服务器及路由器等高端产品，创建云计算产业示范基地。支持企业开发具备弹性计算、弹性存储、服务计量等功能的云计算平台软件，形成完整的专有云通用的解决方案，在政务、金融等领域形成示范应用。加强公共云计算服务能力建设，构建面向不同领域的高性能计算和云计算公共服务平台，为企业和政府部门提供优质的高性能计算服务和云计算服务。

（4）人工智能产业

培育人工智能产业生态链。整合人工智能源头技术创新、产品创新到典型应用示例创新等全产业链资源，搭建基于人工智能创新创业开放式平台，构建人工智能相关法规体系和应用标准，形成完整的人工智能创新网络生态。推动人工智能技术在宏观决策、社会治理、教育、制造、环境保护、商业、交通、健康医疗、网络安全等重要领域开展试点，加强培育人工智能产业生态链，带动区域经济社会的创新转型发展。

4.3　智慧城市建设实施共生

4.3.1　指导思想

以党的十九大精神与习近平新时代中国特色社会主义思想为指导，深入贯彻落实国家、省、市相关发展规划，紧抓“一带一路”“海洋强国”“数字中国”“中国制造2025”等一系列国家重大战略和广东省“数字政府”改革建设等重大机遇，结合深汕特别合作区发展实际需要，在“互联网+”、大数据、人工智能和物联网等新一代信息技术与经济社会运作的所有要素的深度整合的推动下，充分发挥新兴技术在跨界创新中的领导作用，大力推进产业发展、政务服务、城市管理、幸福民生、基础设施等各个领域的信息化建设，打造深汕特别合作区发展新动能，推动深汕特别合作区成为深圳自主创新拓展区和宜居宜业宜游的滨海新城。

与深汕特别合作区实体城市规划和建设同步，统筹建设物联感知、传输网络、大数据资源中心、运维管理中心等数字城市载体设施；适度超前建设智能基础设施，为数字空间建设提供基础载体，利用数字空间全域感知、泛在互联、仿真预测，为实体城市建设提供有力支撑；高度物理集中、逻辑集中，全面消除网络孤岛、机房孤岛和数据孤岛，打造全国首个“零孤岛”的智慧城市共生体。

4.3.2　建设原则

一是顶层规划，统筹建设。加强规划的领导作用，进行顶层规划设计，制定总体规划，并结合当前需求和长远发展，形成全区统一的标准和规范体系，做好与深圳市智慧城市系统对接工作，推进信息技术集约化、有序化建设，实现跨部门、跨系统的信息互联和业务协作。

二是兼容并蓄，融合创新。立足深汕特别合作区实际，充分利用国内外智慧城市建设案例的经验，通过创新技术和支撑机制改革，借助“互联网+”等创新发展模式，促进大数据、人工智能、第五代移动通信等新一代信息化技术在经济和社会各领域的深度融合和创新应用。

三是以人为本，服务为先。秉承服务人民、造福人民的原则，缩小“数字鸿沟”，促进公共服务的智能化和均等化，充分调动公众参与建设新型智慧城市的积极性，让所有人都能分享新型智慧城市建设成果。

四是创新模式，政企协同。以创新为动力，大力推进技术、管理、制度和商业模式创新，坚持政企合作协同，鼓励社会资本积极参与智慧深汕投资建设运营，在城市发展和资源配置中充分发挥市场的关键性作用，一同促进智慧城市建设与发展。

4.3.3 目标任务

1. 发展现状

2017 年 9 月，《深汕特别合作区体制机制调整方案》（粤委〔2017〕123 号）通过后，深汕特别合作区迎来了由深圳市全面主导发展的新起点。2019 年 3 月，深汕特别合作区的 11 个新设机构集中揭牌，使其机构改革和体制机制调整又迈出了关键一步。根据上述文件，深汕特别合作区党工委、管委会共设置了 11 个区直机构和 5 个市直部门派出机构。当前，机构改革和体制机制调整初步完成，管委会各部门编制极其有限，担负着繁重的城市建设和城市治理任务。

《深汕特别合作区总体规划纲要（2017—2035 年）》提出，将深汕特别合作区建设成为“区域合作发展示范区、自主创新拓展区、粤港澳大湾区辐射节点区”。目前，深汕特别合作区各项建设均处于起步阶段，特别是信息化建设起步晚、底子薄、基础差，在当前新型智慧城市建设中不可避免地面临各种问题与挑战。

2. 近期目标

到 2025 年，形成智慧城市建设工作统筹规划、统一框架的工作格局，新一代信息基础设施达到国内领先水平，基础性支持平台和载体一体化建设完成，建设一批先导性、紧迫性、示范性的重点项目，促进提升政府工作效能和改善民生服务，为深汕特别合作区发展带来新经济、新动能，将智慧化打造成城市名片。基于深汕特别合作区后发优势，探索跨部门、跨行业协同联动的智慧化应用，通过 GIS+BIM 融合城市体征、运行信息构建三维虚拟仿真新区，在新区智慧城市建设中起到引领示范作用。

一是网络服务支撑。高标准建设通信网络，推动 IPv6、5G、三网融合加快发展；建成覆盖全区的电子政务外网、内网骨干网，NB-IoT 实现全域覆盖，Wi-Fi 实现重点区域覆盖。

二是数据服务支撑。建成物理集中、绿色大数据资源中心，实现全区机房物理集中；同时，建设灾备数据中心，保障数据中心业务的连续性与可靠性。建设城市大脑大数据平台，汇聚政府和社会数据资源，针对视频、GIS、物联网数据构建数据专业的承载分平台，创建复合密集型的公共基础数据库和城市三维数据库，为全区提供一致的城市数据服务，促进大数据应用取得明显成效。

三是空间载体支撑。在政务中心——智慧大厦集中建设智慧新区运行管理中心、展示体验中心，提供综合指挥调度服务、集成展示体验服务，打造属于合作区的“智慧中心”。在智慧城市产业园建设创新孵化中心，提供一体化创新创业支撑。

四是城市管理应用。开展“多规合一”，实现规划的蓝图和协同审批。以建设项目为轴心，围绕规划和建设管理创建全生命周期的集成创新模式。以城市生命线为轴线，在规划建设期同步部署物联感知设备，推动应用分析和运行模拟，保障管网、管廊合理规划和安全运行。以水生态为轴线，从水源地到供水、排水、污水处理厂及海绵城市实现全环节的智慧化，促进水资源保护利用、安全供给和城市防汛防涝。以网格集成为轴线，促进城市管理精细化、协同化；同时，在警务、应急、环保等领域开展智慧应用建设，提升城市治理能力。

五是民生服务应用。着力建设服务型政府，丰富服务内容、扩大服务渠道、拓展服务范围，促进公共服务向基层延伸，推动政务服务实现“最多跑一次”和“零跑腿”，引入先进智慧交通、智慧医疗、智慧社区建设理念，为市民提供更优质的智慧体验，形成公平普惠、便捷高效的民生服务体系。

六是产业服务应用。优化产业智慧化服务环境，推动产业规划、工业经济运行监测智慧化，依托法人库建设涵盖证照共享、联合执法、企业信用等全链条的企业监管平台。发展以物联网、大数据、人工智能为代表的新兴产业，培育、引入一批行业龙头企业，建立多元化的新兴产业载体，加速智慧产业集聚。

七是创新科技示范。以新技术、新应用领先示范带动产业发展，选择新兴技术和创新模式，在 NB-IoT、5G、新能源等领域开展示范，以社区、园区为承载体进行综合性示范，将深汕特别合作区打造成新技术试验田和创新引领示范区。

3. 中期目标

到 2030 年，随着深汕特别合作区城市功能的基本完善，通过智慧城市建设，基本形成普遍存在的新型先进信息基础设施、平等包容的民生服务、精细而精确的城市治理、工业和经济创新相协调和可控的网络安全新格局，在全国智慧城市发展中保持领先水平，形成技术先进、高端智能、新兴繁荣、保障有力的产业发展新生态，智慧产业形成规模化发展。

4. 远期目标

到 2035 年，利用智慧城市建设消弭数字鸿沟，让市民享受均等普惠的公共服务，构建共建、共治、共享的社会治理格局，推动其向智慧社会发展；发挥社会多元创新主体的首创精神，形成技术创新领航区、协同创新先行区、高层次人才集聚区与创新创业示范城，将深汕特别合作区打造成领先的技术创新高地，以智慧产业辐射带动周边，用智慧化助力深汕特别合作区成为新时代区域协调创新发展的山水田园生态城市。

5. 主要任务

根据《深圳市创建新型智慧城市标杆市工作方案（2016—2020 年）》，深圳市新型智慧城市建设包括七大主要任务。

一是注重公众体验，推进全程全时的民生服务。大力实施信息惠民工程。按照“以人为本、服务导向”原则，以贯穿服务人的全生命周期需求为主线，综合利用移动互联网、云计算、大数据等技术，加快民生领域服务内容的整合，全过程实现全职、全方位服务，增强公众幸福感。具体包括在城市建立统一的电子公共服务系统，建立健康管理和医疗服务的新模式，建立面向社会需求的智能教育服务系统，建设便捷社会保障信息服务体系，建设全方位的城市便捷生活服务体系。

二是创新管理模式，提升社会治理能力现代化。大力实施社会治理提升工程。以构建现代化治理体系、提高社会治理能力为出发点，加强大数据应用，加快数据开放，推进“互联网+”条件下的政府扁平化管理，支持多元主体参与社会治理，全面提升政府管理、服务和决策能力，促进社会治理能力现代化。具体包括建设统一的新型智慧城市运营管理中心；加强大数据应用，改善公共服务分配和宏观决策能力；推动政务数据开放，促进社会主体参与社会治理；推动“互联网+”政府职能转变，创新社会治理模式；建设公共信用信息平台，打造信用体系服务社会治理的新模式；建设智慧化公共安全体系，提升隐患消除、安全预警预防能力。

三是强调融合创新，争创信息经济发展新优势。大力实施信息经济促进工程和创新环境打造工程。以构筑城市未来竞争新优势为出发点，构建全程全域的创新创业环境，打造智慧化的产业孵化体系，着力建设有国际竞争力的互联网应用创新中心，推动互联网与各行业融合创新发展，促进企业与产品转型提升，拉动信息消费，实现信息经济快速有序发展。具体包括打造创新平台，营造互联网创新创业环境；专注于“互联网+制造业”，加速二者的深度融合；发挥龙头企业带动作用，打造互联网平台经济；构建深圳-上海智慧城市产业联盟，推进智慧城市产业发展壮大。

四是优化资源利用，打造低碳绿色的宜居环境。大力推进宜居环境打造工程。通过新型智慧城市建设，加强信息技术在城市资源管理和经济利用中的运用，增强城市获取、控制和转化资源的能力，并重点促进环境保护、水务治理、土地整合、能源、交通、城市管理等领域的建设智能化，为城市发展打下坚实的基础，实现低碳绿色城市发展。具体包括构建智慧化生态环境保护体系，建设智慧化水务管理体系，推动城市规划建设智能化，建设全方位能源利用监测体系，建设绿色便捷的智慧交通体系，建设智慧城管体系，推进口岸智慧化建设。

五是加强集约共享，建立互联互通的基础架构。大力实施基础设施互联互通工程。加强统筹协作，强化集约共享，建设高速、泛在、融合、便捷的下一代信息传输网络，建成技术先进、统筹发展、结构融洽、安全环保的云计算基础设施体系，提升城市基础设施的智能化水平，实现基础设施互联互通和信息资源高效整合共享，全面支撑城市智慧化发展。具体包括建设泛在信息网络，推进地上地下空间一体化的智慧城市基础设施管理体系，统筹推进云计算基础设施建设。

六是突出自主可控，强化网络与信息安全保障。大力推进网络与信息安全保障工程。以网络安全管理为核心，以各类智慧系统、智慧平台、智慧应用为重点，从安全管理、重点领域、安全技术和产业等方面入手，通过“规划、实施、检查、评估”流程的持续改进，实现网络和信息安全管理“看得见、用得好、管得住”的目标，打造智慧城市网络和信息安全标杆。

七是发挥示范作用，建设前海智慧城市示范区。以打造“智慧型、服务型、综合型的城市管理”为主线，以“睿智感知、敏捷响应、精细治理、全息管控”为目标，紧密围绕金融、科技服务等现代服务业发展定位，创建全息动态、科学智慧的城市管理模式，建设效能化、智慧化、精细化的和谐城市管理体系，实现信息整合共享、智慧协同的全生命周期城市管理，打造前海优质的工作、生活环境，实现城市和谐有序发展。具体包括推动“互联网+”应用创新，打造前海智慧政务平台，促进政务服务提质提效；打造国内先进的智慧城市运行管理平台；建设智慧化廉政监督体系和社会信用体系；打造国际领先的通信基础设施。

6. 能力要求

按照《深圳市国民经济和社会发展第十三个五年规划纲要》确定的城市发展战略定位和未来五年的主要目标，以及新型智慧城市建设的目标愿景，提炼出深圳市新型智慧城市的能力需求，如图 4-7 所示。

新型智慧城市能力由智慧民生服务能力、精细化城市治理能力、创新经济发展能力、绿色低碳宜居能力、网络信息安全支撑能力组成，支撑实现新型智慧城市发展的目标愿景。

本阶段新型智慧城市能力建设的重点落在加快统一的融合服务能力、公共服务配置与宏观决策能力，解决公共服务配置不均衡的问题；加快社会主体参与社会治理能力、公共安全预警防范和管理能力建设，解决安全防范能力弱的问题，缓解快速城市化遗留问题；加强互联网经济发展、创新创业环境支撑能力，提升“互联网+”融合创新水平；加强网络信息安全保障能力，提升资源整合程度，创新信息化建设体制机制；加快安全可靠的网络连接、访问和共享能力及网络空间治理能力建设，为新型智慧城市建设提供强有力的网络空间安全保障。其中，统一的融合服务能力、公共服务配置与宏观决策能力、社会主体参与社会治理能力、公共安全预警防范和管理能力、安全可靠的网络连接、访问和共享能力、完善的网络空间治理能力为建设新型智慧城市特有的能力要求，其他能力是在智慧城市现有基础上亟须提升的要求。

4.3.4 建设内容

通过综合分析广东省深圳市企业和公众对新型智慧城市建设的要求和基本需求，以任务和需求为导向，明确深汕特别合作区智慧城市建设任务，从基础设施、数据资源、支撑平台、智慧政务、社会治理、民生服务、产业发展七大维度梳理形成智慧城市需求项目库，为提升深汕特别合作区智慧城市建设总体规划项目设计的科学性与可行性奠定了基础。

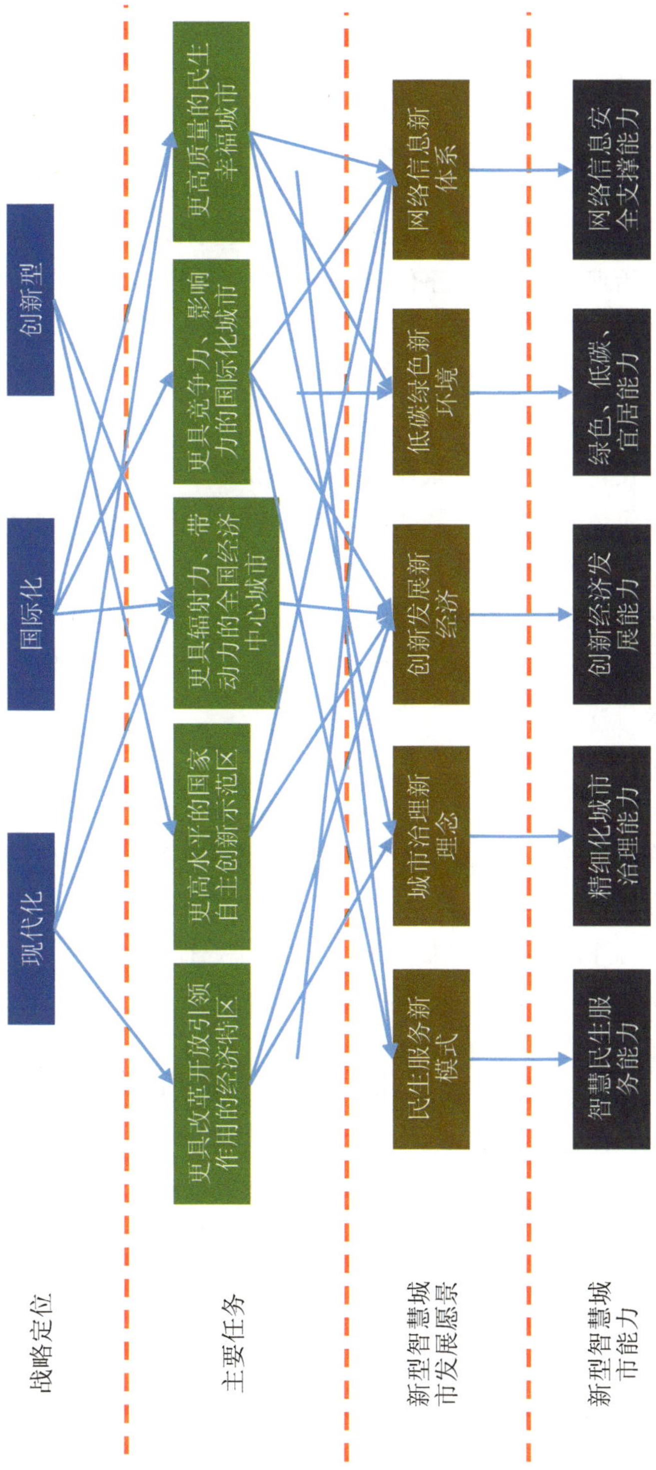

图 4-7 深圳市新型智慧城市的能力需求

1. 搭建共性支撑平台，支撑智慧应用运行

（1）建设智慧城市运行管理中心

建设全区统一的智慧城市运行管理中心，承担全区运行管理工作的统一指挥、综合协调、督办考核等职能，依据需要派驻各局办人员联合办公，促进城市运行综合态势展现、日常治理协同、突发事件联动处置、政策制定科学高效，提高城市日常治理、公共服务、应急响应和发展规划的运行管理水平。落实深圳市“一体运行联动”要求，与深圳市政府管理服务指挥中心、智慧城市运行管理中心形成联动，与区公安指挥调度中心、区交通指挥中心等分中心形成联动，原则上减少各单位中心建设，使智慧城市运营管理中心集中满足。

建设智慧城市展示体验中心，发挥“新区智慧之窗”作用，基于城市大脑大数据平台开发城市 VR 三维虚拟城市展示系统，建设智慧新区应用体验厅和创新科技展示厅，利用多媒体互动体验、增强现实、虚拟现实、沉浸式体验等科技展现手段，对建设成果及未来发展规划进行全方位展示，将其打造成合作交流的重要纽带和市民互动及科普教育基地。

（2）建设时空信息平台

整合全区基础时空信息资源和行业时空信息资源，建立内容丰富、服务形式多样、数据定期动态更新的共享地图服务体系，汇聚建（构）筑物 BIM、城市基础设施以及规划数据，推动建立人口、法人单位、自然资源和空间地理信息、宏观经济等基础数据资源库，构建三维虚拟城市地理环境，提供通过空间关联集成城市数据的基础服务。

（3）建设多规合一平台

基于一张蓝图，整合基础地理信息、城乡规划及管理信息、涉及空间管控的其他部门数据资源等，建设城乡规划综合数据库和空间治理平台，实现全区多规合一。建立完善的投资建设项目并联审批机制。利用“互联网+”思路提供面向公众的规划信息服务，让公众了解规划、参与规划、监督规划，全面实现阳光规划。

2. 推动智慧政务建设，创新优化服务体系

（1）推动一体化政务平台发展

推进电子政务云建设。建立具有按需服务的统一、高效、灵活、可扩展、安全可靠的电子政务云平台，促进政府商务应用系统向云平台的迁移，实现硬件基础设施的建设，为重要公共信息资源的交换和共享提供支持服务的应用系统，政

府机构公共服务的应用开发和网络信息安全防范系统的建设实现统一覆盖各部门的信息交流平台区域，形成完整的机房和硬件资源服务系统，并提供统一的软件支持、公共服务和安全保障。

提升政务网络服务等级。完善政务网络、区级网络中心的建设，实现与市级网络中心对接。完善深汕特别合作区党工委和管委会管理业务信息和电子文件交换系统，搭建统一、规范、清晰的管理边界、互联互通、信息共享、安全可靠的政务网络平台。提高政府外联网的网络安全能力，扩大管委会外联网覆盖范围，扩大移动互联网与政务外网的接口，满足移动办公和移动执法的应用需求。推进政府数据灾备中心建设，实现重要信息和处理系统的灾备，提高政务信息系统的抗风险能力，确保数据安全和可续性运行。

创新电子政务建设和管理模式。按照国家有关规范标准，加强对政务数据收集、使用、交易等规范标准的研究、制定和完善，建立覆盖本地区所有单位的统一信息交流平台，实现整体统一的数据管理、规范标准、绩效评估，创新电子政务管理新模式。

（2）深化跨部门政务协同应用

提升政务办事效率。继续扩大网上政务大厅的服务功能，实现全区网上政务大厅、各政府部门网上服务平台、网上政务大厅之间的统一应用、身份认证、数据连接，努力促进各单位统一在线审批，建立统一管理的单一窗口平台，为网上政务大厅建立统一的窗口系统框架。建立智能终端应用管理平台，扩大手机、计算机、数字电视、多媒体自助终端的网上政务大厅，如探索建立在线支付系统。

优化公共服务渠道。继续深化和丰富社区公共事务受理中心、行政审批服务中心等的服务内容，提高服务水平。合理分配渠道资源，提高渠道运作的规范性，深化政府门户网站的在线服务功能，依托市民服务热线促进各部门政务服务热线的融合，扩大法人“一证通”使用范围，增强政府整体公共服务能力。深化“市民云”建设，实现与网上政务大厅的对接，构筑新一代民生智能化综合信息服务平台。充分利用移动 App、微信公众号、互联网电视、WAP 网站、政务微博等新媒体，扩大服务渠道。

4.3.5 保障措施

一是加强组织领导，健全组织机制。建立健全智慧深汕建设的领导力和整体协调机制，调整智慧深汕建设工作领导小组，负责智慧深汕建设的重大问题研究、整体决策部署和总体推进协调。

二是健全规章制度，建立考核机制。建立符合深汕特别合作区实际的规章制度体系，实施相关信息化建设管理措施，结合实际情况制定政企数据融合和数据开放措施办法等规章制度。建立健全监督评估制度，建立目标责任制和责任评估体系，建立绩效考核和项目管理联动机制，制定智慧深汕建设绩效考评和结果通报、约谈相关办法。

三是完善资金保障，创新建设模式。根据年度工作计划，确保智慧深汕建设的财政预算资金，争取获得上级对智慧城市及相关领域的专项资金支持。拓宽多元化投融资渠道，吸引社会力量参与新型智慧城市项目投资、建设和运营，探索设立深汕特别合作区智慧城市产业基金，引导合作区智慧城市产业的良性发展。

四是构建人才体系，坚实人才队伍。加强校企深度合作，充分发挥智慧城市相关专业院校带动作用，推广创客空间、创新工场等孵化模式，探索智慧城市相关产业、企业和项目孵化，培养智慧城市人才。发挥深汕特别合作区的区位和产业优势，通过智慧城市相关联盟、协会整合外部智力资源，探索人才交流合作，为智慧深汕发展提供智力支持。

4.4 智慧城市运营管理共生

4.4.1 智慧城市运营管理的发展与演变

作为城市服务和新兴技术相互结合的产物，智慧城市无论是从狭义技术层面还是从广义功能性角度都具备先进技术的特点。城市发展是一种逐渐提高、层层推进的过程，智慧城市是城市发展过程中的必然阶段。智慧城市能够促进转型时期的社会经济发展，使城市运营效率得到提高，为人类追求的环保、生态美丽城市提供了一定的解决方案，同时还是中小城市提高城市综合竞争力的基础。

在原始社会，人们通过应用石器等建造自己的庇护所，这时候的城市更多地表现为部落。随着社会生产力的发展，部落进入农业社会后开始向村镇发展。到了工业社会，随着大规模社会化生产的出现，工业城市也逐渐出现；到了信息社会，城市建设变得更加信息化，数字城市应运而生。在网络社会中，随着物联网技术的发展，智慧城市开始出现。智慧城市的推广可以给居民的生活带来革命性的变化，使人们的生活比传统城市更加舒适、便捷，并具有智能系统的辅助作用，可以有效提高城市管理的效率。在互联网技术不断推广和人们的教育水平不断提高的过程中，智慧城市更容易使用和推广相应的技术。扫除各种障碍以后，智慧城市以较快的速度不断地发展，体现在城市服务的不同方面，如工作环境、交通方式及生活配套等，改变了人们的生活方式，使人们感受到科技进步和智能化所带来的好处。国内外大部分城市都在研究如何利用信息技术运营智慧城市，一些先进地区也在逐步进行实践并取得了一定的成效。不同城市的实践有着相同的目标，即城市管理者希望通过合理的设计和规划、最低的成本、最好的功能和最短的路径实现智慧城市发展，从而有效地提高城市管理效率，提高居民的满意度，为城市的可持续发展注入了新的活力。基于全新技术促进发展的全新城市会根据智慧城市需求实现规划设计，从而为转型过程中的城市提供系统性解决方案，有效提高城市运转效率。

4.4.2　智慧城市运营管理的理论基础

1. 城市聚集经济理论

早期对于城市聚集带来经济效益的研究是基于马歇尔的内部经济和外部经济理论，城市聚集经济被理解成对外部经济的有效使用。经济活动的外部性构成了城市聚集经济的 3 种类型：第一种是企业内部规模经济，第二种是定域化经济，第三种是城市化经济。

（1）企业内部规模经济

企业内部规模经济指的是新古典经济学中的规模经济概念，它在某种程度上来说属于规模经济，起源于生产过程中关键设备技术的不可分性。企业内部规模经济为凸的齐次生产函数，如果生产要素投入产出弹性的和比 1 大，那么此生产函数具备规模收益递增的特点，也就是具备规模经济潜能。企业内部规模经济是新古典经济学中规模经济的概念，在一定程度上属于规模经济，源于生产过程中关键设备和技术的不可分离性。

（2）定域化经济

某企业基于区位因素，当同一个产业部门中的大部分企业聚集于城市区域以降低单位成本的时候，就出现了定域化经济。定域化经济是指规模经济，但对于企业来说，主要是外部规模经济。简单来说，此企业自身规模比较小，但是能够享受规模经济的额外好处或者收益。这种定域化经济是一个产业的内部经济，因为它要求产业集中在一定的位置以达到一定的规模。

（3）城市化经济

当集聚经济属于企业和产业的外部经济时，就会出现城市化经济。相关研究人员表示，城市化经济存在于大城市区域专业化服务行业中，此行业并不存在于小规模区域中。在农村地区，一个拥有卡车车队运输能力的制造行业，要求企业拥有自己的机械维修队伍，而在大城市地区，运输企业可以去维修企业专门维修卡车。此种情况表明，城市化经济就是大城市的特殊作用，能够有效实现公共基础设备在大范围中的共享，这种共享能够使城市区域中全部企业的成本降低，从而使部分小型企业也有条件实现专业化服务及生产。

2. 城市系统规划理论

城市是一个复杂的系统，其本身就是由各个复杂功能区和设备构成的一个综合体，它们之间相互关联、相互作用。一方面，城市规划是规划人员根据现实需求创建的。从实践的角度来看，项目的实施会有先后之分，而从功能性角度分析，项目主要包括文化、社会、经济等方面。另一方面，城市规划的实施具有一定的系统性。从城市规划审批、检查、制定到实施的整个周期是一个完整的体系。

在我国城市系统规划体系建立之前，有必要明确系统功能的一般研究方法，如城市规划由刚性规划发展为弹性规划、由指令性规划发展为引导性规划，从而有效地实现系统规划。战略规划是指有效谋划城市发展过程中的全局性、长远性规划，战略规划对经济发展、社会发展尤为重视，围绕城市经济社会发展总体战略和城市空间发展模式，重点研究城市发展过程中的全局性、长期性和战略性问题。

城市产业规划是指利用大量的理论分析工具，以当地的实际情况为基础，除了对国内外的经济发展态势进行全面考虑以有效实现当地发展的定位，还要考虑当地空间布局、产业体系、经济社会等多方面，最终实现科学规划。

城市空间规划是指以政治、交通、社会和环境等多种因素为基础，实现城市形态的抽象化创建的发展规划，其主要成就能够应用到城市空间发展引导及控制中，重点并不是实现土地使用安排，而是朝着战略性的方向发展，这不仅充分展现了政府的意愿，还充分展现了城市空间发展的政策。

4.4.3　国外智慧城市运营管理模式分析

国外利用智慧城市建设起步早的优势取得了一定的成果，其中，具有代表性的有韩国的基于传感器进行智慧生活服务的建设，大大方便了居民的生活和工作；凭借强大的金融和基础设施，纽约在智慧城市建设方面也取得了显著成绩；斯德哥尔摩得益于其在交通、金融、人才方面的重视，使城市的智慧程度大大提高；马来西亚得益于电子商务的发展，正在使用更多数据让城市更加智能化。

1. 韩国智慧城市运营管理模式

韩国政府于 2004 年提出建设智慧城市的计划，希望能够创建国际一流的智慧城市，使城市居民能够通过互联网享受到智慧服务。以首尔为例，其智慧城市建设成果体现在 5 个方面：①城市生活服务方面，基于公共场所等生态显示屏，利用电子芯片降低能源消耗，并实现摄像头、麦克风等相关生活工具的设置和连接，使人们能够快速地融入智慧生活中；②城市管理人员能够利用互联网对城市道路、管道及停车场使用等情况进行全面的掌握，以此有效进行管理；③利用传感器、摄像机等设备实现火灾监控，有效提高火灾的防护等级安全；④通过智能交通实现对交通工具运营信息的有效掌握，合理控制交通信号，并且利用其智能化手段方便残障人士的出行；⑤智能环境系统能够有效监控环境指标，并且将检测的交通信息发送到市民使用的终端中，控制房间能源的消耗，实现居家环保。

韩国智慧城市建设的成就是政府独立网络运营模式的成功典范，对智慧城市建设具有一定的借鉴作用。智慧城市的创建主要是因为政府提供了大量的人力、物力，在资金方面提供了充足的保障，从而对网络控制、网络容量给予保证。

2. 纽约智慧城市运营管理模式

纽约是美国第一大城市，还是全球的金融及经济中心，完善的基础设备及金融支持使纽约的智慧城市建设取得了良好的效果。20 世纪初，纽约提出建立智慧城市，主要目的是提高基础设施设备运行过程的信息化和城市服务过程的智能化。其运营管理模式如下：①在社会图书馆和医疗卫生方面，纽约通过信息技术相互连接，使患者能够在不同医院的诊断信息相互连接，利用智能信息推送居民健康信息，提醒居民就医；②基于智能交通、呼叫及市民行动指南等创建了多方位智能服务，整合市民生活过程中的多种要素，实现能源、水、空气及交通等方面的监控，制订针对性的计划，使市民也能够配合城市温室气体排放等相应问题的治理，有效实现了城市发展的均衡性及持续发展；③通过了《开放数据法案》，政府部门将相应的数据对社会开放，从而使社会整体能够重视城市的动态，使城市运转效率及服务水平得到提高。

3. 斯德哥尔摩智慧城市运营管理模式

斯德哥尔摩是瑞典的经济中心，大部分高科技企业都在此创建研发中心，是以服务行业及高科技产业为主的大城市。目前，斯德哥尔摩城市人口还在持续增加，这也增加了城市道路的压力，使城市通行存在交通堵塞问题，政府希望利用智能交通系统来解决这一利用传统管理方法无法有效解决的问题。此系统在高峰时间对市中心道路中的车辆收费，从而有效鼓励人们错峰出行，降低道路中的汽车数量，减轻道路压力并且降低交通污染，对城市环境进行改善。

在建立斯德哥尔摩智慧城市的过程中，政府主要采用 IBM 公司提出的合作模式，承包智慧城市建设，试图缓解交通拥堵问题。此系统在使用过程中效果良好，乘客等车时间明显减短，提高了乘用公共交通的次数，降低了车辆排放，改善了环境质量。斯德哥尔摩智慧城市的成功与政府的政策支持密切相关。此外，它有强大的人才和技术，属于新的信息技术应用，它的成功在一定程度上与高端技术人群有关。瑞典不仅具有强大的工业科技，每年在研究及开发的过程中都会使用大量的资金。此外，瑞典还有著名的大学和强大的人才储备，促进了智慧城市的建设和发展。

4. 马来西亚智慧城市运营管理模式

长期以来，马来西亚都是外向型经济，外部经济环境对经济发展模式的影响较大。为了提高经济增长速度及竞争力，马来西亚通过多媒体超级走廊实现信息通信产业的发展，并获得初步成效。多媒体走廊的主要功能：一是电子政务应用系统，主要包括人力资源管理信息、网上法庭、政府办公系统等，能够对政府内部运作进行完善，提高对外服务的水平及政府的办事效率；二是智能学校，这种学习场所能够利用全新的教学模式引导学生进行自主学习、评价及发展，培养满足智慧城市发展需求的高素质人才；三是电子商务，参与电子商务可以改善传统的商务方式及环境，提高服务质量，并且实现商家业务覆盖地区的有效扩展；四是远程医疗，实现传统医疗服务方式的创新，利用智能化的手段提高医疗服务，将医疗产品和医疗服务供应商相互连接。

多媒体走廊创建是以政府为主，而且能够吸引大量科技人员，政府为其提供优惠政策，对科研机构、企业、高新科技园区起到刺激作用。马来西亚多媒体走廊成功的主要原因是政策导向明确且清晰，法律制度较为完善。此外，政府还创立了行业协会及管理机制、鼓励政策等，使参与到超级走廊创建中的工作人员积极性得到提高。

4.4.4　国内智慧城市运营管理模式分析

智慧城市涉及基础设施的投资，需要大量的人力、物力，因而建设智慧城市主要集中在一、二线城市。上海、南京、武汉和杭州四市是最早明确提出建设智慧城市的，下文以这 4 个城市作为分析对象。

1. 上海市智慧城市运营管理模式

上海市的信息化工作是“九五”规划之后发展起来的，借助“九五”规划的基础、“十五”规划的突破和“十一五”规划之后的协调发展，上海市的整体水平得以提升，为建设面向未来的智慧城市奠定了基础。面对“十二五”规划，上海市政府制定了“十二五”规划建设纲要，提出了面向未来的智慧城市建设模板。上海市智慧城市建设包括城市生活的各个方面：①民生领域，实现上海市民电子健康类档案的创建，结合市民健康信息及现有医疗服务体系信息实现医疗资源的有效使用，提高居民的健康水平，并通过信息技术对人们的生活及居住环境进行改善，实现信息化生活服务配送系统的创建，方便行动不便的老年人及残疾人生活；②城市管理，在水电、交通及食品安全等环节使用信息技术；③城市经济发展，智慧城市可以创建现代城市，促进城市经济的有效发展。

上海市智慧城市运营模式是通过政府指导和部分投资，由运营商投资建网的。这种模式能够为上海市节约资源，使政府的财政负担及资金运营压力得到缓解。上海市智慧城市建设是政府和社会共同努力的结果。上海市政府出台了相应的规划纲要，明确阐述了智慧城市建设的思路。一方面，基于经济实力，上海市属于我国的经济中心，生产总值在不断地增加，具有建设智慧城市的经济基础；另一方面，基于基础设备建设，可利用宽带城市、无线城市、三网融合及通信枢纽开展创建。上海市在智慧城市基础设备建设过程中不仅展现了完整规划，并且逐渐开始实施。

2. 南京市智慧城市运营管理模式

南京市始终致力于智慧城市的成长途径、宗旨及相关方式的分析研讨，并在2006年发表了建造智慧城市的构思和遐想。南京市致力于从电力、医疗、交通3个方面建设服务型政府，计划通过创建智慧城市交通管理体系解决道路拥堵的问题，提高道路交通的安全性，实现居民健康信息电子档案的创建，以对医疗信息畅通性及对称性进行保证。智能电网是南京市实现建设智慧城市的重要内容。市政府已经在发电、输变电、配电、用电等领域建立了智能电网示范园区。2004年，所有项目均已建成并投入使用。

在建设和运营智慧城市的过程中，南京市采取了政府引导的模式，由运营商投资建网。政府和运营商在成立初期投入了大量资金，后期提高了运营商的积极性，通过整体分析，市政府在智能电网建设过程中投入了大量资金以对网络进行优化，使主要领导控制权得到提高。南京市的社会条件良好，拥有大量科研机构及高等院校，培养了高素质人才队伍及高科技企业。另外，南京市还吸引了大量世界范围内的专家学者，具有深厚的理论功底及经验，能够为城市发展提供理论基础。总的来说，南京市在科技、文化及教育等方面拥有先进水平，具有较大的人才优势，为智慧城市提供了便利的建设环境。

3. 武汉市智慧城市运营管理模式

2010年，武汉市举办了创建智慧城市论坛，正式启动了智慧城市建设。武汉市计划在10年内创建智慧城市：2010—2011年属于规划阶段，在此过程中实现关键技术及标准的制定，并且对应用规范进行确定；2012—2015年属于建设智慧城市的阶段；2020年之后属于推广智慧城市的阶段，逐步实现覆盖武汉市主城区的智慧城市，实现智慧城市使用的拓展。

武汉市智慧城市运营模式主要为政府指导、运营商建网。在运营初期需要创建全新基础设备，具备较强的公益性，投资回收期需要承担较大的风险，企业能力有限，并且部分企业不看好这个低收益投资。初期通过政府进行投资，此后在运营过程中吸引了大量的运营商，充分发挥了市场的资源配置优势。武汉市智慧城市建设拥有良好的基础条件、雄厚的综合科教实力，拥有一批国家重点实验室、研发机构、高校、工程技术研究中心，还拥有雄厚的产业实力，生产规模大。

4. 杭州市智慧城市运营管理模式

杭州是中国智慧城市建设的先行者之一，在 2011 年就已经实现了智慧城市建设的试点项目。在创建智慧城市方面，杭州市具有得天独厚的优势，具备完善的基础设备，还具有经济环境、人文环境及政策环境的支持，以此实现智慧城市发展，促进项目的开展实施。杭州市通过公司合作实现了优势互补，有效促进智慧城市建设。

杭州市的信息技术在推广及使用过程中，发展了大量的信息技术、智慧应用，包括杭州一卡通项目等。此项目通过相互合作实现了服务网站、短信平台、热线等系统的创建，有效实现了市民使用一卡通进行公共服务、交通服务、支付等功能。城市一卡通系统属于政府民生工程，为社会公众提供了便捷的服务，可协同城市信息资源共享交换平台、公共自行车亭、便民服务热线、电信运营服务等，是创建智慧城市的协同服务体系及便民终端系统。

4.4.5　国内外智慧城市运营管理模式比较

1. 国内外智慧城市运营管理模式的分类

智慧城市建设包括从设计到产业链的多个方面，需要完全掌握智慧城市的基本条件和需求，确定合理的运行方式，选择建设方和投资者最优方案，实现可持续发展的商业模式，促进智慧城市的可持续发展，为城市居民提供服务。智慧城市成功运营的主要途径就是充分发挥市场机制的作用，主要目的就是服务于城市居民、促进城市发展。

智慧城市的创建，从确定到启动先要确定城市的定位，分析创建智慧城市的目的。总体而言，在智慧城市创建过程中的主要有 3 个推动因素：①能源短缺、交通拥挤、环境污染等城市发展问题；②技术驱动，即信息技术产业在发展过程中的要求；③城市竞争力，也就是解决城市竞争力矛盾，为城市未来发展创造基础。不同的城市因优先事项不同，就会使用不同的模式。目前，从宏观角度来看，智慧城市运营管理的主要模式如表 4-1 所示。

政府主导型运作模式一般适用于涉及国家安全和居民利益的方面。该领域涉及基本公共服务因素和城市居民的信息敏感性，同时经济回报性低，因而无论是在主观上还是在客观上均限制企业参与。此种运营模式主要由政府投资建设运营，可有效保障城市安全及持续发展。

表 4-1 智慧城市类型及特点

类型	特点
政府主导型	政府主导、限制企业、政府运营
联合投资运营	政府统筹、联合投资、市场化运营
专业公司型	企业主导、政府宏观把控

联合投资运营模式主要在国家安全和公共利益不相关领域中使用，政府在建设过程中投入部分的资金，引导相应社会资金合作，以此实现优势互补，促进后期市场化运营。另外，在这些领域，除了联合企业进行投资，政府还可以不进行投资，仅统筹规划，通过降低市场准入门槛吸引专业公司投资，通过社会资本参与智慧城市建设。

专业公司型运营模式可以应用到云计算服务、城市公共卫生服务等方面。此种模式能够节约政府资源，降低政府资金压力，如智能家居、云计算租赁等。

学习国内外智慧城市建设的规律和经验，对我国城市建设具有深远的意义。大数据为城市带来了很大的发展前景，对城市的成长、转型及便利的公共服务有着重大的影响。但是，大数据的实现与互联网、云计算等当前信息化产业有着密切的关系，更依赖未来智能化终端的推广。所有设施的构建都涵盖了网络搭建、传感器的分布、系统平台的构建、数据的实时获取等，实现这一系列的过程均需大量资金的支持。不管是政府的鼓励，还是公司的运营，对构建智慧城市来说都是不可缺少的。

2. 国内外智慧城市运营管理模式的优势及缺陷

（1）政府主导型

由于城市管理是当地政府的职责所在，智慧城市的运作过程都是由政府进行主导的。单纯政府投资的优势在于，建设智慧城市的所有过程都由政府控制，但仍存在一定问题，如在智慧城市建设过程中专业性要求较高，对政府资金的需求较大。采用政府主导、企业参与运营的模式能够灵活配置企业的资金，从而平衡企业运营及政府监管，运营商能够利用投资提高自身话语权，设计及规划智慧城市，以满足用户需求，但是此模式要对合作企业的专业能力及资金进行考核，根据政府商务风险降低及投资回报周期缩短的情况，可采用政府与专业公司合作的运营模式，能够改善政府专业能力低的问题，发挥专业公司的运营经验、技术资源、人才资源、客户资源等优势，促进智慧城市的高效运营。但是，此种模式会提高监管的工作量，因为不仅要对项目创建进行监管，还要对专业公司的运营进行监管。

（2）市场主导型

随着现代化市场经济的持续发展，政府对城市管理都是以监管为主要内容的，具体的经济行为通过市场解决。部分智慧城市在进行创建的过程中缺少资金，抑或是期望可以尽可能发挥市场的作用，通过市场引导打造智慧城市，如专业公司自主投资运营、政府牵头 BOT 等。政府牵头 BOT 可以降低政府建设智慧城市所需要的资金压力和建设风险，此类风险一般由专业公司承担。然而，在此种模式下政府的参与能力不强，不能最大限度地激发公司建造和运营智慧城市的积极性。专业公司自行运营，规避政府投资风险，智慧城市建设将由一家或多家公司进行，该类型公司可以有效发挥本身的优点，但是在这种模式下，政府管控能力不够，该类型公司若只是一味地考虑增加企业经济利润，将导致公共服务质量下降。

4.4.6 国内外智慧城市运营管理的经验启示

国内外智慧城市的运营经验对未来智慧城市的建设具有重要的参考价值。

政府管理是智慧城市建设和发展的重要保障。政府在智慧城市的规划、运营及管理过程中均发挥主导性作用，所以想要实现智慧城市的发展，就要求政府能够在法律法规及相关政策方面充分发挥指明方向的作用，为智慧城市发展提供有利环境及运行基础。

经济是智慧城市建设的基石。在智慧城市发展的过程中，我国可以因地制宜地选择适合自己需要的发展模式，因为发展模式决定城市的可持续发展，所以在决定使用哪种模式实行和运作的流程时，经济是实现的基础。智慧城市是在一个复杂的过程中成长起来的，经济实力是控制这个过程的手段，也是在经济发展过程中推动城市进步的动力。

信息技术是智慧城市建设的根基。智慧城市发展不仅能够有效促进经济的发展，还能够对高新科技产业实现产业型优胜劣汰。发展智慧城市主要是根据科技创新和城市运营系统的升级，大量使用高新技术和产品，促进经济集约化发展。

4.4.7 智慧城市运营管理的模式创新

1. 创新的模式与任务

（1）促进城市化的转变

实现城市化发展能够有效促进城市资源的优化及配置，并且促进产业升级及经济发展方式的转变。我国部分城市因自身条件——城区小但人口多，对城市发展造成了制约，此种人口密度导致城市承载能力逐渐饱和。因此，这部分城市的建设模式是扩大城市发展空间，由原来的粗放型城市发展模式转变为集约型城市发展模式，提高资源利用率，优化生态环境。智慧城市建设就是基于节约资源，以整合、创建适宜居住的环境为宗旨，重视城市整体规划及系统综合运营。所以，实现智慧城市的发展及运营管理需要转变一些城市的城市化模式。

（2）提高政府公共服务能力

在城市创建的过程中，政府要承担部分公共责任，创建智慧城市能够有效促进政府职能的转变，提高公共服务能力。打造智慧城市可以实现城市的数字化，完善信息共享基础设施和高科技设备。在电子政务平台创建及公共领域信息化不断发展的过程中，城市决策人员能够快速且有效地获取信息，从而有效掌握城市运营情况，实现合理决策，以此降低城市管理成本，提高政府公共行政效率，使社会管理朝着精细化方向发展，使公共服务逐渐人性化，朝着以人为本的方向发展。

（3）实现城市治理模式的改革

传统的城市管理存在着公共管理成本高、效率低等问题，运用智慧城市理念可以很好地解决这些问题。与传统治理模式不同，智慧城市在城市公共管理过程中可实现信息共享，使公共权力的决策和使用更加透明，城市治理结构越来越扁平化，从而改变传统治理模式。

（4）促进国民经济的发展

智慧城市不仅能够有效促进信息产业的发展，还能够普及云计算、大数据等前沿技术，并反作用到新城市建设中，促进城市经济的发展。另外，发展智慧城市还能够产生全新的产业，全新的产业也会反作用于智慧城市建设，从而产生大规模产业链接，拓宽城市经济发展之路，并降低消耗、提高效率，实现城市可持续发展目标。

2. 创新的要素分析

（1）信息技术

建设智慧城市必须利用先进的信息技术，特别是对于现代化大都市。先进的信息技术主要包括大数据、物联网、云计算以及 GIS 等，可以根据具体的使用情况不断调整，从而促进信息技术的发展，通过两者相互促进可以更加快速地促进智慧城市发展。通过介质安全快速地传递信息，可以提高城市经济领域的智能化水平，为智慧城市的发展提供基础。

（2）智能终端

智能终端能够保证智慧城市多功能、零距离地与市民接触，它在给人们的衣食住行带来极大便利的同时，对于传统行业而言也是机遇和挑战。对于移动支付来说，支付宝和微信支付方式改变了以前烦琐的付款流程，使人们的生活更加便利，也促使银行快速跟进和发展；百度地图等导航软件改变了人们传统的出行方式，智能终端改变了人们传统的工作方式，移动办公辅助等软件创新了文件流转方式，同时也节约了办公成本。例如，微信和 QQ 等通信工具逐渐承担了文件传输的功能，使工作更加高效，促进了人与人之间的交流；智能手机能够结合电视、计算机等功能，有效满足人们购物、社交、订房、点餐等的需求。

（3）数据资源

数据资源是目前信息社会中的主要战略资产，深刻影响着政府管理、产业发展、社会治理、公共服务等，还能够成为决策的基础，使政府对城市运行过程中的数据进行收集、分析和决策，以能够满足城市利益的需求。数据资源已经成为现代全新的生产资源，在与传统生产资源对比时可以发现，在人们的生产、生活和工作的过程中，数据资源可以源源不断地产生大量的数据，数据清洗技术提供了对经济效益、社会效益有效的数据资源，人们对其进行深入分析和使用就成为大数据产业链。

（4）城市发展理念

一个城市未来的发展方向以及能够到达的高度与城市发展理念息息相关，城市的硬件水平、技术水平等与政府能做什么有一定的关联。未来几年是城市发展的转型时期。在城市管理方面，我国政府和人民既是官民关系，也是管理者和被管理者的关系，更是服务与被服务的关系。在现代全球一体化不断发展的过程中，企业型政府等理念备受人们重视，政府角色也在不断地转变，随着经济技术以及城市的发展，人们对于更高的工作效率及更好的服务质量都有了新的要求。随着互联网技术的不断进步，普通老百姓能够更加便捷地对城市建设过程中存在的问题提出一些建议，在现代全新媒体不断发展的过程中使城市管理的群众透明度及参与度得到了提高。一座智慧城市，不仅具有非常先进的技术和设备，同时有领先时代的城市发展理念，通过先进的信息技术可以广泛地采集信息，不断调整修正城市建设过程中出现的问题，调整经济结构，从而提高城市发展过程中的效率。

第5章

智慧共生的城市模型

5.1 虚实互动

智慧共生是指构建与物理实体完全对应并同步更新和实时交互的数字化对象的过程、方法和技术。智慧共生是在实体存在的物理空间、虚拟的数字空间及物理空间与数字空间之间进行数据信息实时交互的系统。管理员将通过紧密关联的实时数据与数字模型，在与物理实体系统相互对应的数字系统中提前对控制与管理带来的影响进行演算和考证、实时调整和及时修正；通过物理实体空间与虚拟数字空间的智慧共生，实现了现实世界的物理系统与虚拟世界的数字系统之间的数据和信息的实时交互和反馈；通过信息采集、存储及数据挖掘和计算等方式，在全生命周期内确保物理空间系统和数字模型系统之间的同步和协调。

智慧共生理念有望在新型智慧城市建设中取得率先突破和实践应用。利用物联网、互联网、大数据、云计算和人工智能等新一代信息技术能够建立一个与城市物理实体高度协调互补的虚拟化“数字城市”，并且通过数字城市与物理城市之间的互联互通、实时交互和动态反馈不断交互融合，形成智慧城市共生体。通过打造智慧城市共生体，既可以实现通过对数字城市中大数据的分析来实时感知和监管物理城市的动态变化，又可以将一部分城市实体空间的管理职能、公共服务和行为活动转移至数字城市空间，进一步拓展了城市整体空间，在一定程度上缓解或解决了城市实体空间的压力和弊端，使城市运转和管理更加便捷、高效和智慧，实现可持续发展。

5.1.1 智慧共生城市的特征

数据驱动的闭环赋能系统是智慧共生城市的核心理念。围绕这一理念，虚拟的数字城市功能结构体现出立体感知、完全镜像、功能定义和智能优化等特征。

1. 立体感知

立体感知的架构意味着全时、全域、全覆盖、不间断地感知物理城市实体的信息，类似于拷贝，把现实世界原貌进行编码，形成数字化的要素特征值。基础性立体感知技术包括智能化的传感器，布设在地下、地表和空中等不同的空间，涉及基础设施、交通设备、能源环境、公共服务、工厂车间、建筑楼宇、室内结构等，辅以无人机、北斗卫星的巡视来覆盖天空；在个人移动设备的补充下，将人的行动信息进行上传，从而形成地下、地面、空中所有区域范围的全时覆盖，保证城市中的人、物、事件所产生的信息和数据被毫无遗漏地全方位立体感知。

2. 完全镜像

完全镜像意味着虚拟的数字世界完全呈现了现实物理世界。虚拟世界类似于现实世界的镜像，亦步亦趋，同步展示现实物理世界的人、物、事件的动态变化状况。立体感知架构为完全镜像提供了核心基础，通过城市信息系统建模，把立体感知获得的数据和信息进行定义，在数字化建模过程中完成对现实世界的重塑。在这个过程中，完全镜像实现了对城市运行状态的实时感知和动态监测，在信息维度上形成了虚拟的数字城市对实体城市的精准信息表达和映射。在虚拟世界产生决策和优化信息时，再通过立体感知系统回馈给现实世界，形成与现实世界之间的相互作用、协同发展。

3. 功能定义

虚拟城市不仅仅是现实世界的影子，更为关键的是用数字化的方式来定义实体城市功能，从而实现在虚拟世界中呈现有生命、有活力、会思考的数字城市。通过设置万物感知、万物互联、虚拟交互、虚拟仿真、云计算等技术手段，以数据的方式模拟实体城市中人、事、物在现实状态下的行为，对城市功能进行定义。立体感知系统把真实世界进行数据化编辑，“虚拟建模+软件定义”让虚拟世界有了生命、有了行为。

4. 智能优化

人工智能给虚拟世界安装上一个会思考的“大脑”，通过“大脑”的思维、判断和决策，下达具有软件属性的指令，通过数字城市的神经系统传导到物理世界的立体感知末端，对城市的人、物及事件进行影响和反馈。人工智能具有深度学习、自主分析、迭代演化的功能，可以立体感知城市出现的状况，并对物理世界的运行状态进行干预，通过制定或选择最优方案对现实世界进行指引和优化。

5.1.2 智慧共生城市的架构：基于立体感知的设计

智慧城市共生体是一个开放的复杂巨系统，在构建过程中需要考虑构成要素众多、层次多样、结构关系复杂的特点，需要基于生态系统的架构（图 5-1）进行设计和建设。

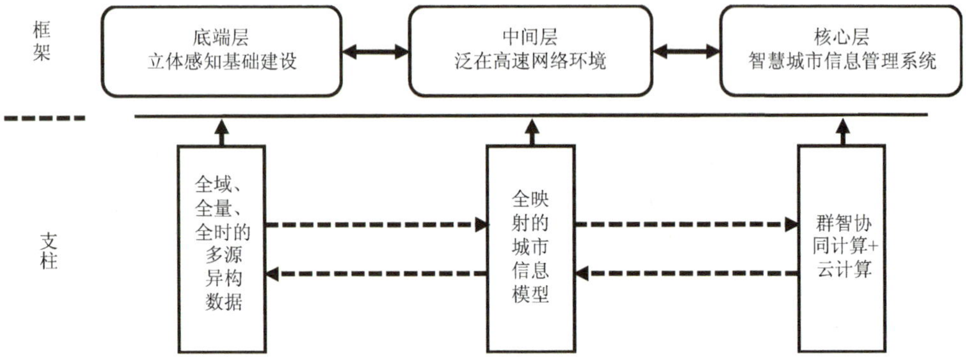

图 5-1 立体感知架构

1. 立体感知架构的三大支柱要素

全域、全量、全时的多源异构数据，全映射的城市信息模型和群智协同计算+云计算是立体感知架构的三大支柱要素，其具体内容已在前文介绍（详见 4.2.1 节），此处不再赘述。

2. 立体感知的智慧共生城市架构

立体感知的智慧共生城市架构包括 3 个层级：①底端层，即立体感知基础建设；②中间层，即泛在高速网络环境；③核心层，即智慧城市信息管理系统。相关具体内容已在前文介绍（详见 4.2.2 节），此处不再赘述。

5.1.3 智慧共生城市的场景应用

1. 智慧共生革新智慧园区定义

据测算，到 2025 年，运用智慧共生技术进行监测的物联网平台将超过 85%，产业园区有望率先利用智慧共生理念和技术实现对园区管理与服务模式的重塑和再造。例如，华为公司通过实时接入园区物联网设备以及人员、资产、设施、能源和环境等感知数据，在东莞市松山湖等园区搭建起基于园区实时运行状况的智慧共生场景，实现园区业务对象的实时感知、园区信息的整体汇聚、园区运营的一体联动以及园区决策的仿真模拟等，开创了新一代智慧共生园区管理的新模式。

2. 智慧共生助力高端工业制造

通过智慧共生建模与仿真技术，对价值高、技术难度大、复杂度强的大型设备产品进行设计、生产、装配的全流程数字化，通过实时感知数据与运行数据，实现对设备产品的全程在线监测和可视化管控，这已在大型工业制造企业中形成共识。例如，西门子公司构筑了涵盖全部生产周期各环节间的完整数据模型，仿真模拟部分厂区的实际生产区域；通用电气公司基于智慧共生理念创新实体机械和数据分析融合的实现途径，让每个涡轮、每个引擎、每台核磁共振都拥有一个信息化的“孪生体”；德国 SAP 公司利用智慧共生理念，在产品试验阶段收集设备运转情况，经分析后得出产品的实际性能，再与预期目标进行对比分析，从而形成产品研发的闭环体系。

3. 智慧共生拔高智能驾驶试验精度

通过搭建与真实物理世界同比对照和实时交互的智慧共生场景，可以还原物理空间的真实运作规则，满足 AI 算法在智能驾驶模式下的训练需要，实现智能驾驶训练效率和安全系数的大幅提升。例如，通过采集激光点云数据，构建自动驾驶智慧共生模型，建立高精度地图，实现厘米级道路精准还原，并且对道路信息进行结构化处理，将其转换为系统可解读的数据，生成且利用大量现有交通事故案例、突发场景对自动驾驶算法进行训练，实现智能驾驶的高精度测试实验，进而为真实世界的智能驾驶提供精准支撑服务。

4. 智慧共生推动医疗领域取得突破

智慧共生理念和技术为健康医疗领域提供新的视角和途径，通过对人体内脏器官、神经系统、骨骼脉络、体内循环、心率脉搏等进行“等比”，建立人体的数据“孪生体”，通过对人体结构特征数据进行精准感知记录，达到实时动态管理人体健康的目的。通过采集 CT、心电图、核磁、彩超等医学扫描和医疗仪器检测的数据，以及血常规、生物酶、尿检等人体生化数据，医疗机构可对患者的健康状况进行分析预测和及时干预，从而大幅提升诊断的精准度和手术的成功率。

5. 智慧共生赋能智慧校园管理

智慧共生将学校实体空间和虚拟数字空间进行精密结合，整体实时感知校园真实物理环境，构筑智能的教育和生活环境，实现精细化、多维度、虚实结合的校园智慧化管理。国内多所高校已建设智慧化的校园信息管理系统，通过感知和整合校区地表及地下、室内及室外的一体化立体空间信息，汇总安全、能源、地下管理等多种传感器数据，实现对校园后勤资源、能源管控、教学教育设施、校园安全等多种对象的智能化管理。

5.1.4 智慧共生城市的产业效应

智慧共生已经激活了巨大的数据科技产业链。产业界对智慧共生城市的关注度日益提升，并将其作为技术创新和业务拓展的重要方向。大量研究机构相继开展对智慧共生的相关专题研究，探索智慧共生技术对于生产制造、城市管理等领域的应用和价值。科技公司将 BIM、CIM、VR/AR、AI 等领先技术作为主攻方向，致力于智慧共生规划研究，并已应用到多个行业。对于参与研究的企业而言，智慧共生城市提供了大量的技术研发方向，几乎涉及信息产业的所有链条，如新型测绘、物联感知、三维建模、地理信息、图像渲染、仿真推演、深度学习、虚拟现实、智能控制等，因此无论是创新型中小企业，还是老牌的智慧城市领军企业，均将智慧共生城市视为重要方向，在抢占市场先机的同时也在不断推动相关技术的创新发展。此外，传统智慧城市厂商顺势推出整套智慧共生城市解决方案。例如，基于互联网、物联网等基础设施打造“智慧城市超脑”的科大讯飞公司，通过汇总城市的时空数据，借助 AI 算法支持，对城市发展与运行轨迹进行深度挖掘，进行实时解析和仿真建模，优化现实中城市公共资源的分配和利用；软通动力公司与华为公司合作，发布智慧城市支持平台——aPaaS，为不同场景配套 API 服务，在环保、交通、安全等各领域提供技术支持；阿里巴巴与千方科技、浙大中控、银江股份、数源科技、海康威视等企业达成合作，以阿里云平台为基础，协力构筑杭州市的“城市大脑”，用于城市交通系统和城管系统的智能化运用；紫光云公司集成智慧共生底座，使用“1+4+*N*”智慧城市应用体系，着重建设“物联网”动态感知技术和“大数据”预算分析技术，为安全生产保驾护航，对重特大事故达成有效的预防和遏制。

空间信息产业的大量加入成为建设智慧共生城市的强大助力。智慧共生需要时空数据收集、数字模型建立、技术研发、服务应用等全产业链的深度参与，与空间信息产业高度相关，同时智慧共生也为空间信息产业在智慧城市中找到了新的支点，深厚的技术积累得以在广阔的需求市场中释放活力，并造就独特的竞争优势。超图公司作为国内 GIS 方面的领军企业，在已部署的新一代三维 GIS 技术体系中，全方位支持倾斜激光点云、摄影建模、BIM 等多源异构的三维模型数据，以此为基础在国内构建并首次推出了三维空间数据规范标准（Spatial 3D Model，S3M）。该标准以倾斜摄影模型、BIM、精模、矢量、激光点云、地下管线、地形、动态水面、三维栅格等多源数据相融合，完成大规模三维数据输送及突破分析的技术“瓶颈”，加速推动了智慧共生的广泛应用。泰瑞数创公司提供了包括尖端航测传感器、信息收集、运用服务到应用研发的智慧共生城市模型构建全产业链服务，并推出实景世界云平台智能地球（Smart Earth），利用结构化语义模型将地理测绘及 BIM、CAD 等技术高度整合，实现城市信息模型的高效化全自动构筑，且已经在智慧城市、智慧工业和自动驾驶等智能产业相关领域顺利运行。51VR 公司通过 GIS、高程、无人机斜拍点云等技术，完成对卫星图、街景图数据的采集，使智慧共生城市模型的精细度大幅提升，并在快速自动化构建模型的基础上实现大场景动态实时渲染，用数据、场景的可视化技术实现对城市运营管理的高效化、精细化。

5.1.5 智慧共生城市与智慧城市

智慧共生城市是智慧城市的起点，是数字城市的目标。如果现实空间是一个城市，那么对应的虚拟空间即智慧共生城市；如果现实空间是一个工厂，则对应的虚拟空间是智慧共生工厂。智慧共生从工业发展至城市，是循序渐进的必然结果，因为城市是数字化更大的舞台，是由更为复杂的人和食物组成的多维系统，比工厂更加庞大而精巧。城市发展如今正面对更为繁杂的问题，过去的处理模式已逐渐失效，城市发展的新模式和新理念无疑将以信息化为引擎的数字城市、智慧城市作为解决方案。虽然数字城市的概念早已为人所知，然而受制于技术手段的发展“瓶颈”，前期的概念并没有提升到智慧共生的高度，如今找到了以成熟技术为支撑的智慧共生内核，才可以说真正实现了数字城市的核心需求。

智慧共生城市作为数字城市的目标，既是数字城市发展的高级阶段，也是智慧城市建设的起跑点。它是在技术驱动下，使城市具备智慧的基础能力和重要设施，是城市数字化从量变走向质变的里程碑。从点延展至线再到面，使数字城市能以信息标识、智能控制、网络连接、自动化感知、平台化服务等强大技术能力为基底，建立一个与物理城市平行运转的数据镜像，蕴含无限创新、虚实融合的空间。

建设智慧共生城市将为城市智能管理和服务带来颠覆性创新。可以想象，当智慧共生城市与物理城市交相对应，现实空间中所有的人、事、物都在数字世界有对应镜像，且信息可见、轨迹可循、状态可查，虚实实时运转、场景交互，过去可追溯、当下知冷暖、未来可预期，见微知著、睹始知终，全区一盘棋尽在掌握，一切可管可控，扁平化管理、一站式服务，让信息传输代替人力跑路，让虚拟服务现实，模拟辅佐决策，人性化、精细化的管理服务建设将易如反掌，城市智慧将成为现实。

智慧共生城市与物理城市相对应，因此要建成智慧城市，首先要把这个城市的智慧城市共生体构建出来，因为城市级的整体数字化是城市级智慧化的前提条件，以前没有提这个概念是因为认识程度和技术条件都不成熟，如今信息通信技术发展日新月异，已经基本具备了构建智慧共生城市的能力。信息化标识、泛在普惠计算、空间立体感知、万物可信互连、智能识别定义、数据驱动决策等构成了智慧共生城市强大的技术模型，大数据、人工智能、智能硬件、区块链、AR/VR等新技术应用使模拟、仿真、分析城市中发生的问题成为可能，技术模型不断完善，功能不断拓展增强。虽然技术条件基本成熟，但实现方案相当复杂，这不仅是新技术融合创新的试验场，也是人类智慧达到新高度的新挑战。

5.2 数据融合

数据融合（Data Fusion），又称多源数据融合，是指整合多源数据以生产比任何单一数据源更精准、更连贯、更有用的信息。数据融合过程根据融合发生的阶段，通常被分为低层级（数据层）数据融合、中层级（特征层）数据融合和高层级（决策层）数据融合。

5.2.1 数据整合与数据融合

通常，从带噪声的多源数据中提取有效多维信息的方法有 2 种：数据整合和数据融合。

数据整合是基于单一传感器采集的每组数据，以获得对某种状态的最佳估计（图 5-2）。传感器数量的增加会导致数据集增加，可以利用增加的数据集提高对观测对象状态的估计精度。数据整合方法的特征如下：

- 每组传感器数据独立处理；
- 本传感器忽略由其他传感器产生的额外数据；
- 传感器故障会导致本传感器对观测对象估计值的丢失；
- 只能从可测量的数据中获得次优值，不能获得最优值（由于未有效利用其他传感器提供的额外信息）。

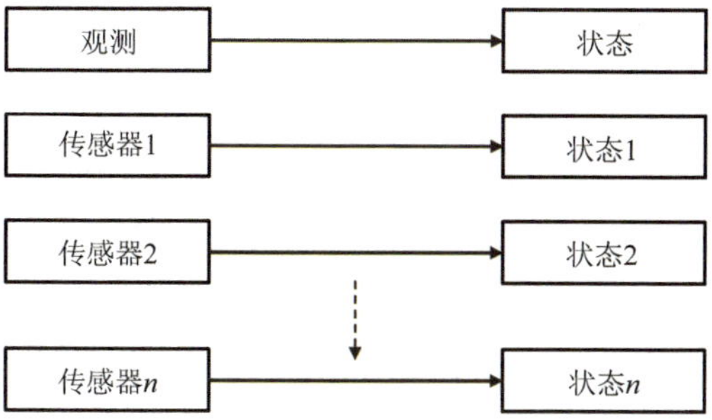

图 5-2　数据整合

数据融合方法克服了数据整合方法的问题，有效利用了其他传感器可以采集的信息，这些额外信息可能是冗余的，但不能被认为是多余的。数据融合的主要数据处理策略是在给定的测量向量上寻找多源数据的最优组合，以形成对观测对象状态的最优估计（图 5-3）。数据融合方法的特征如下：

- 一次性完成对测量对象某种状态所有测量值的处理；
- 有效利用了其他传感器提供的额外数据；
- 提高了对观测对象状态的估计；
- 鲁棒性更强，即某个传感器出现故障不会导致该状态估计值的缺失，但是会造成该状态估计值精度的下降；
- 能从测量值中获得最优值。

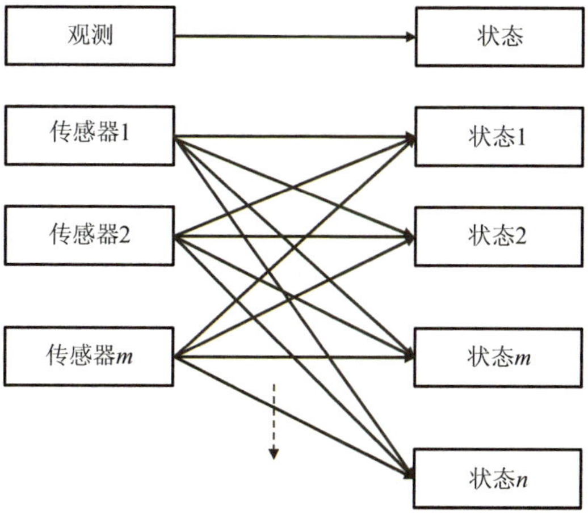

图 5-3　数据融合

5.2.2 数据融合的发展演进

1763 年贝叶斯后验概率理论的发表、1795 年冗余数据状态估计数学方法的提出、20 世纪早中期统计模式识别方法的发展、20 世纪中叶雷达等新型传感器技术的成熟、20 世纪 60 年代太空探索技术和卡尔曼滤波法的进步等，均为数据融合技术的孕育发展奠定了基础。

数据融合的概念于 1973 年提出，最早是应用于美国军方的一项技术，当时是作为先进的作战管理 C3I 系统的底层核心技术，旨在及时、准确、连续、完整地获取战场情况，从而支持预警、决策、指挥、控制和打击等一系列作战活动。

数据融合主要可以分为 3 个发展阶段：

20 世纪 70 年代至 80 年代末，美国国防部在 70 年代开展的声呐信号研究中，为探测海域中的敌方潜艇需要对多个独立信号进行融合。该阶段的数据融合的数据源以同类传感器数据为主，异类信源数据相对较少，致力于实现目标估计（定位、识别、跟踪）的功能，军事作战是其主要的应用领域。

20 世纪 80 年代末至 21 世纪初，军事上联合作战和协同作战的出现要求战场感知具有更好的精确性和实时性。该阶段信息源类型进一步丰富，各类情报在数据的格式、粒度、不确定性和相容性等方面均存在较大差异，数据形式涵盖了文本、图像和声音等多种类别。这一阶段的数据融合致力于实现多信号融合检测、战场态势估计、作战决策等功能。

21 世纪初至今，数据融合前两个阶段旨在建立能独立运行的系统或产品，以支撑相应的业务活动。然而，数据融合系统/产品的使用、优化离不开用户参与。进入 21 世纪后，数据融合领域的研究设计工作者开始考虑“构建自主运行的融合系统/产品”。该阶段力图建立考虑人因工程的数据融合系统，基于系统与人主观能力的耦合，在数据融合系统设计、运行和应用过程中发挥用户对数据融合的主导作用，从而更好地满足用户需求。在这一阶段，数据融合应用逐步向多领域渗透，如汽车自主巡航、无线传感器网络、战略规划、商业绩效管理、重大事件预测等，常用的典型模式为“用户—融合”模型。

5.2.3 数据融合的重要性

与数字仓库、信息集成不同的是，数据融合并非对单独的企业或组织的整体数据汇总一体并标准化，进而推导出单一的结论，而是在复杂数据源中提取相关数据并整合，以产生智能决策为目标，进一步梳理汇总成一个分析数据集。这个分析数据集是一个灵活、独立的实体，可随数据源的变化调整、重组和更新。相比于数据仓库及信息集成，数据融合的另一个优势便体现在对多源数据的包容方面。

数据融合具有发现新规律、新价值的作用。例如，从前用户信用评定主要基于是否有历史借贷违约，但是很多人无借贷关系数据，这就造成了评定困难。为克服这一点，芝麻信用创新性地融合上网数据、身份特征、行为偏好、社交关系等生活属性数据，以侧面刻画用户的信用，通过数据融合发掘了数据的价值。而不同行业数据的融合具有互补性和完整性，将有效提升数据的内涵价值。

数据的不融合、不联通会导致用户数据割裂，从而使系统平台无法勾勒用户全貌，如你的购物数据在京东和天猫、通话数据在移动电信、交易数据在银行金融、社交数据在腾讯微信、搜索数据在百度等。数据的割裂性导致商家对用户的片面认识，进而做出错误决策。例如，京东与头条的“京条计划”就是数据合作的一个案例。“京条计划”使顾客在京东搜索的物品会不定时呈现在今日头条的推荐中，从而诱导潜在顾客，增加购买率。但数据的割裂使顾客已经在淘宝购买的物品依旧会出现在头条推荐页面，进而导致用户体验感大打折扣。

现阶段，深汕特别合作区智慧城市建设起步晚、行政壁垒小、数据孤岛尚未形成，更应该利用“一张白纸”的后发优势创新开展智慧城市建设，以系统性整体规划和稳步实施措施作为保障，形成智慧城市规划建设和以地理信息数据为核心的基础数据积累，从来源上融合，在建设伊始就做好顶层设计和规划，以实现城市数据互联互通，为数据融合打下基础。

5.2.4　数据融合的关键技术

数据融合是为各种异构数据提供统一的存储、管理和表示，以实现逻辑或物理上有机地集中，即将数据源中的关键信息以统一数据模式进行描述，将数据的平台、结构等异构性屏蔽，实现数据的无缝集成。通过机器学习、统计分析、社交网络分析、图像/视频分析、情感与舆情分析等技术手段，对多源异构结合的庞大城市数据进行过滤、提取、挖掘、汇聚和展现，并通过参考历史数据和领域知识、考虑事件间的相关性和上下文感知，对事件发生成因和发展规律进行分析推理，在保障数据的综合、全面、权威、可用、可靠性的基础上，最终给出决策支持信息。

1. 多源空间数据融合

随着空间数据采集手段的进步和广泛应用，可获取的地理信息数据类型迅速增加。可采集信息的多样性、多维性、多语义性和存储模式多源性等特征是空间数据所具备的获取手段，矢量数据、对地观测数据、遥感影像数据等主流数据格式之间存在无法兼容、数据冗余等问题。空间数据融合囊括了多来源信息及数据的自动化检测、相关、互联、预测及汇总处理，是一个多方向、多阶段的加工过程。

数据融合技术具体是指通过一定的算法合并来自多个信息源的数据，并得出更精确、更可靠的信息，进而以该部分信息作为高可用决策的基础，即以多维度的观测信息得出现状可参考的最佳估算值。通过空间数据融合，空间实体信息能够更为精确地被采集，并能充分利用已有数据，在实现信息资源共享的同时降低成本，通过多时相数据融合可以进行动态监测，提高时相检测能力；利用多种遥感影像信息的融合处理可以完成更高级、更复杂的一些分类。此外，通过数据融合也可以提高空间数据的可靠性和可维护性。

目前，空间数据融合还存在一些问题，如多数据库之间交流较困难，不同平台、系统的数据结构和数据来源各不相同，无法实现数据互通、信息共享等；数据标准不一致，缺乏统一的数据标准规范，数据结构不一致造成数据冗余等问题；未形成基本的理论框架和有效的广义模型及算法，目前已有的空间数据融合方法都是针对具体的应用问题的。针对这些问题，应当建立空间数据融合的基础理论和统一的融合模型。

2. 城市多模式数据融合

感知和挖掘城市的多模式数据是建设智慧城市的基础。多模式数据融合最重要的特点是包含表现形式和结构完全不同的多种数据形式，所处理的数据可能包含空间信息和时域信息，不同数据由于形式结构存在差异，只能用截然不同的标准和方法处理。通过对不同形式的数据进行数据挖掘，能够更好地获取数据隐藏的规律和知识。

城市数据的多源特性体现在数据获取手段、数据来源及数据格式的不同。首先是数据获取手段的区别，如针对城市交通数据，各地交管系统可通过电子眼、流量监测仪、浮动车分析车流量数据判断拥挤情况；百度、高德地图等生产商可以通过用户使用电子地图导航时的车辆速度上传数据进行分析；社交软件则可通过用户上传数据判别拥堵情况。其次是数据来源的不同，如在以上数据获取途径中，数据的来源可以是城市交通管理部门、互联网公司等。最后是数据格式的不同，如通过电子眼获取的数据为视频数据，通过流量监测仪、社交软件等获取的数据是文本格式。

城市信息所具备的多模式特性体现在信息的多源性、时变性、异构性和多维性，使数据融合异常困难。为促进数据融合，需要研究并构建多模式数据的融合模型，以实现对城市主体的联合感知、产生高维而更有价值的数据，并实现数据的互通互联。因此，北京航空航天大学提出了一种多模式互联生长数据融合模型，包括服务信息描述模型、互联模型和元数据模型 3 个层次，其基本思想首先是将各项信息与关联服务的相互关系进行描述；然后进行元数据模型设计，设计数据各类属性及存储格式；最后得出以元数据模型和服务信息表达模型为基础的数据互联建模方案，再利用虚拟标签技术与数据实体间的互联，实现城市多模式数据的融合。

通过构建城市多模型数据互联融合模型，能够促进数据融合互联，提高数据挖掘效率，从而解决数据割裂、冗余等问题。

5.2.5　数据融合的实现条件

数据融合的实现一方面依赖体制机制的保障，另一方面依赖标准规范体系的施行。

1. 体制机制保障

智慧城市运行管理体制机制是数据共享的重要前提，而数据共享质量是决定数据融合成败的关键因素。在城市这种典型的数据密集环境中，数据在社会发展和城市经济的战略性资源地位日益凸显。目前，用户数据是割裂的，如政府部门掌握着政务数据、审批流程等，事业单位掌握着社会公共事业数据，运营商掌握着通信数据等。随着城市数据规模呈指数级增长，越来越多的数据带来了大量的商机和应用，同时也出现了数据的无意义冗余、数据原有关联的割裂等问题。原本数据是面向对象的，可能关于某一时间、空间、人物、对象或者事件是相互关联的，但现存的数据组织形式没有充分体现这些关联性，而在城市管理与服务问题中，其关联性也许具有很重要的价值。

建立集中、完整、强有力的智慧城市运行体制机制，使不同来源的数据最终汇合到城市大数据湖中，是解决现存数据割裂问题的有力对策。数据融合在很大程度上依托于数据共享，只有将分散在各应用系统中的数据提取出来并进行共享，才能得到完整的面向对象的数据，满足数据融合的前置条件。在保障数据共享的同时，对涉及个人隐私、商业秘密等数据也需要进行充分保护，通过共享来促进数据融合技术的发展和应用推广，并催生出新的基于数据融合的产业发展。

2. 标准规范体系

数据融合需要施行强有力的标准规范体系。由于数据融合涉及多源异构数据，需要从实际应用出发，围绕数据融合结构体系的共同特征，针对设计与实施方法、数据质量要求、数据分类编码、信息交换格式、信息描述、术语定义、空间定位、技术体系、接口规范等问题进行规范建设，制定一整套规范化的原则和详细需求。规范体系着重于目标性、相关性、整体性、集合性、可分解性、环境适应性等要求，只有以良好的规范体系为基础，数据融合才可能在技术发展、应用共享上得以有规可依。

我国正在制定一系列与数据融合相关的标准规范，目前我国已出台《智慧城市　数据融合》（GB/T 36625）系列标准，包括概念模型、数据编码规范、数据采集规范、开放共享要求、市政基础设施数据元素 5 个部分，模拟了在智慧城市空间中，利用对多种类、多来源数据的采集和汇总，最终将数据检索和功能展示的过程通过数据服务的形式对外提供。此过程涉及编码规则、数据元素、生命周期管理、业务需求、技术要求等系列标准规则，《智慧城市　数据融合》系列标准为数据融合标准规范搭建了基本框架，还需要出台各类地方标准与技术规范以对标准规范体系进行填充。

5.2.6　数据融合在智慧城市建设中的应用

智慧城市是城市化发展与移动网络、大数据、云计算、物联网等信息技术相结合的产物。为应对交通拥堵、资源消耗、空气污染等 21 世纪城市发展所面临的关键挑战，智慧城市建设已经成为新时代的城市建设目标，智慧城市最早源于 20 世纪 90 年代，主要以新一代信息技术为核心基础，用物联化、互联化的技术手段将多种信息进行实时监控、解析并汇总，赋予城市更全面的感知模式及更合理的调控能力，使城市中各个部分协调配合，更为便捷、高效地提高城市的经济、教育、医疗、交通、文化、环境、能源、安全、通信、服务等多维度运作管理模式，构建优异的城市环境，跨越式地提高居民生活质量，使城市间的往来交流更为紧密，构建了便捷的新型城市形态。

智慧城市的设想实施必须以适配的技术架构为基础。对于智慧城市技术体系架构，学术界中从不乏广泛的探讨和研究，数据重要性的关注度在这些技术体系架构中普遍提高，多数认为城市的智能应该建立在对数据规范高效地采集、存储、筛选、处理及运用的基础上。为实现实体空间与数字空间共生先要打破信息孤岛，实现数据源头互联互通，实现智慧城市中海量多源异构数据的共享和融合。数据融合是实现智慧城市实体空间与数字空间共生的关键切入点。

1. 智慧生活

智慧生活关注城市居民的生命健康并致力于提高城市的宜居性。智慧生活应用的普遍目标是从数据中提取高层次的信息或增强数据的完整性，这些应用多数要基于云服务或混合平台架构实现。智慧生活以智慧健康、智慧家居和智慧社区3种服务最为常见。

（1）智慧健康

智能手机及其内置传感器等技术的快速发展进步给智慧医疗应用的推广提供了契机：借助云技术，医生可以远程获取患者的脑电图信号和声音，从而做出诊断；把行为和声音等环境数据作为模糊融合模型的输入，可以实现远程监护家中老年人的状况；通过融合加速度计、振动传感器、方向传感器等数据，可以监测老年人的活动，并检测是否出现跌倒等事件；融合基于智能手机应用的群体感知数据（位置、噪声、光照等），可以刻画出老年人的日常生活习惯；通过融合深度相机和穿戴设备的数据，辅以卷积神经网络，可以识别人体的运动情况；通过融合深度图像数据和惯性数据，可以远程推测患者在家康复的状况。

智慧健康数据融合应用的一个普遍问题在于需要更高的数据精度和更好的鲁棒性，从而降低结论的不确定性和不可靠性。

（2）智慧家居

智慧家居是指基于信息通信技术为家庭成员提供控制、监视、获取服务等一系列的应用。目前，很多大型企业都在智慧家居的应用开发领域有所投入，如谷歌、苹果、微软、亚马逊、英特尔、华为、腾讯、百度、小米等公司。智慧家居制造商面临的挑战主要在于应用整合以及开发相应的软件平台方面。现今常见的智慧家居应用有融合物理传感器（土地湿度）和空间传感器（天气、交通流量）数据，可以实现闹钟动态调节、防洒水等家居功能；采用支持向量机方法，融合房屋环境数据（红外、房门开合度、温度、湿度、声音等）和穿戴设备数据（运动传感器），可以识别个体的活动模式。

智慧家居面临的挑战主要在于如何保护家庭隐私和数据安全。

（3）智慧社区

智慧社区是指小到邻里、大到相连的几个县的居民、组织和政府机构采用信息技术建设本地区。美国、欧盟、加拿大、澳大利亚、新加坡等发达国家或地区已经发起了一些项目来建设智慧社区，典型的应用包括融合片区的监控视频数据，做好社区的安防工作；融合公众数据（交通监控相机、出行数据等）和私人数据（线上购物数据等），分析个人行为以评估个人信用。

数据隐私同样是智慧社区面临的主要挑战之一。

2. 智慧城市管理

智慧城市管理是指采用信息通信技术开展城市规划、安全建设、行政办公等城市管理工作。

（1）智慧政府

政府办公智慧化是一项复杂的工作，因其涉及社会的方方面面，需要在保持政府工作透明和保护敏感信息二者间做出平衡。其典型应用有建设统一（集中）的政府平台，简化办事流程、精简政府人员；融合多源信息的应急管理，采用灯光信号进行疏散辅助；融合故障设施数据，及时开展基础设施的养护维修工作，并生成设施管养报告。

（2）智慧城市规划

传统的城市规划是基于航拍影像、统计数据（建筑面积、人口规模、公共设施）来理解城市的发展状态的，其不足之处在于此类数据通常缺乏细节信息，导致输出结果不具代表性。智慧城市规划可以解决上述问题，如融合卫星数据和航拍图片可以得到既有城市建筑物的细节信息，大范围地布设低功耗传感器可以有针对性地获取城市局部地区的特征。例如，在设计位置布设传感器可以采集本区域的土地使用情况，融合不同阶段采集到的数据可以得出土地使用范式。

智慧城市规划的局限性在于无论数据来源多么丰富，最终需要人的理解做出规划决策。

（3）智慧建筑

智慧建筑为户主提供了一个理解建筑能耗率并进行建筑资源管理的平台，融合各类数据（人类活动、空间传感器、水电力价格等）以实现人类舒适度最大化、资源消耗最小化的目标。目前，智慧建筑应用的发展趋势是优化热水系统、电力消耗、暖冷气系统等建筑资源分配，如融合房屋占用状况和温湿度数据以控制暖冷气系统的开合程度，融合光、烟、温度等传感器数据以降低火灾报警系统的误报率。

3. 智慧环境

智慧环境着眼于研究城市区域内外部周边环境因素。

（1）景观监测

城市景观监测最大的挑战在于提高传感器的覆盖范围。融合移动监测（车载传感器、人工手持设备）数据和卫星遥感数据，可以在较大范围内实现空间分辨率足够的景观变换监测。

（2）城市建模

城市周围的自然资源（如山川、森林等）被认为是城市的重要资产。城市建模最常见的数据源就是卫星图像，为了提升建模效果，一方面可以提升卫星图像的质量，另一方面就是数据融合。融合小卫星、纳米卫星和常规卫星的数据，采用分类技术，可以对森林类型做出区分，并展示不同树种的分布。

（3）废弃物管理

城市垃圾的激增给城市垃圾处理和城市可持续发展造成了不小的挑战，智慧废弃物管理致力于这些问题，如丰富废弃物管理系统的功能，建设监督产品全生命周期的基础设施，开发新的商业模式以降低产品生命周期内废弃物的产生，布设用于废弃物设施管理的智能传感器网络；融合近距离传感器和垃圾桶重量传感器数据，评估普通家庭的垃圾制造能力；融合居民手机数据和垃圾车数据得出垃圾分类数据，评估居民参与垃圾分类计划的程度。

4. 智慧工业

工业 4.0 被追捧为未来的工业标准，各行业开始自动化和数据驱动变革。

（1）智慧制造

智慧制造是指利用信息通信技术优化生产过程从而提高生产能力。其应用主要有融合各类生产过程事件数据，检验管理决策；融合不同机器传感器数据、供应链数据和数据仓数据，评估决策合理性。

（2）智慧运维

设备、机器的可靠性和稳定性对各行业的生产、运营至关重要。融合机器状态数据、仪表盘数据、相关的参数等，采用神经网络或深度学习方法可以估算机器的剩余使用寿命，从而做出及时合理的机器维护与更换计划。

5. 智慧经济

智慧经济是从供应链、物流、金融中心到旅游业的一般商业活动，所有这些活动都可以对城市产生潜在的商业价值。

（1）智慧商务

现代电子商务平台均采用多个模型数据源以更好地理解用户的消费行为，这使电商能为客户更好地提供产品建议，同时使客户更易于做出消费选择。智慧商务主要应用于以下方面：现代消费推荐系统通常融合了用户的出行、信用卡消费、社交数据等，用户行为数据和市场研究数据的融合可以刻画用户的历史消费画像；融合现实世界（天气、地理）数据和网络世界（推特、脸书、微信）数据，结合隐马尔可夫模型（Hidden Markov Model）和遗传算法模型等，可以进行股票市场预测。

（2）智慧供应链

在智慧供应链中，为了解对象的流动、处理过程，需要从自原料供应地到运输目的地对运输对象进行追踪，其应用主要有融合食物保质期数据和供应计划数据，可以开展动态供应决策分析；在农产品供应中，借助 RFID、数据库、无线传感器网络等技术，融合区块链和供应链数据，可以帮助消费者追踪食物产地、识别产品授权、避免销售假冒伪劣产品。

6. 智慧出行

随着信息通信技术的进步，有关人们出行的大量数据被采集，这为研究人类出行的本质，以及更好地改进交通系统提供了基础。智慧出行就是采集、管理、分析、融合不同来源的数据以更好地理解居民的出行行为。

（1）基于位置的出行服务

基于位置的出行服务是在获取个体位置信息的基础上，提供路线规划、导航等服务，帮助出行者更有效率、更舒适地出行。其中，较高精度的户外定位通常会融合 GPS 位置数据、手机信号基站三角定位数据、北斗位置数据等，较高精度的室内定位通常融合了 Wi-Fi（WLAN）、惯性单元、RFID 电子标签、移动通信系统（GSM）、调频广播、超宽带（UWB）等数据。通过融合位置数据、GIS 数据、实时交通数据、用户偏好数据等数据，即可提供基于位置的出行服务。

（2）出行行为理解

定位技术不仅可以为个人提供基于位置的出行服务，还可以从更大层面上为监控、理解人类出行行为提供数据，如融合位置数据、GIS 数据、城市建筑规划数据可以了解出行的距离、时长、OD（出行地—目的地）矩阵分布，发掘人类出行模式特征，识别交通运输模式和建筑人口密度及对应的出行需求。根据上述分析结果，可以改进交通系统、城市规划和通信网络。

（3）智慧交通系统

智慧交通系统旨在缓解交通拥堵、改进公共交通和引进新型系统。融合多个来源的交通流数据，借助决策算法，可实现交通信号灯的自适应控制（根据实际流量变化动态配时）；基于信息通信技术和数据融合技术的共享单车、自动驾驶等新型交通系统（模式），可以解决“最后一公里”和交通事故等问题。

7. 智慧基础设施

智慧基础设施是通过供应资源（电力、燃气、水）或提供服务（公共设施、通信系统）的方式为公众提供便利。

（1）智慧电网

电网是电厂和住宅区、工业区之间的中间平台，智慧电网旨在通过整合信息通信技术，为用户提供稳定、可靠的电力。其应用主要有融合电力用户的电表数据，进行用电量预测，对不同区域、建筑、家庭做出“用电量供应-需求”匹配分析；研究先进的计量设施，确保消费的电力数据不被篡改，以准确测量能源消耗；融合本地电力消耗和全局电力消耗的数据，理解电网供电的负载，做出电力消费实时价格预测。

（2）智慧能源

寻找干净的可替代能源是人类多年来一直在努力的方向。目前，最常见的可再生能源是风能和太阳能。太阳能是指把阳光转化成电能，能量转化受限于光照时间，为确保能量吞吐转化最大化，需要对有光照时段的太阳辐射照度做好预测。利用 ABB、SVM、BRT 等数据驱动算法，融合临近太阳能电站提供的信息，可以准确预测太阳能辐射照度。此外，基于统计模型，融合风向、风速、温度等数据，可以预测风力发电站的总输出功率。

（3）智慧设施

智慧设施是指为公众提供服务的物理设施，如水供应设施、停车设施等。融合城市各区的用水量数据，采用分类技术，可以进行水资源泄漏探测。类似地，可以进行燃气泄漏探测、电力偷窃探测等。融合多源传感器数据推测桥梁位移，可以估计结构剩余使用寿命。

（4）智慧通信

由于服务对象的不同，并非所有的通信平台和标准都一样。即将大规模应用的 5G 技术要求能兼容 LTE、Wi-Fi 等老一代通信技术，以确保用户通信服务不断层。实现这些目标，需要在原始数据层面做融合。基于节点网络的无线传感器网络比无线网和 Ad-hoc 网规模小，需要融合多个节点的数据进行数据包的编码解码工作。

5.3 实时应用

5.3.1 城市模型

1. BIM

建筑信息模型（Building Information Modeling，BIM）是建筑项目管理工作中的一种全新工作模式与信息管理技术，它通过数字化的表达方式将建筑工程项目的物理特征信息及全生命周期内的整个实施过程和资源等数据在多维模型中进行集成。BIM 可以对项目进行多方位、多角度、全周期的交互协同管理，具有节约生产成本，保障工程质量和工期，有助于实现设计、施工和运维一体化等优点。

2. CIM

城市信息模型（City Information Modeling，CIM）是对城市各要素及其时空状态信息的数字化描述和表达。CIM 所具备的特性本质上是一种数字化描述模式，着重描述的对象是城市的功能和物理特征，集成城市全尺度要素信息，构建描绘城市全貌、呈现城市状态的综合信息载体。从资源的角度来审视 CIM，它便是一种可供多方共享且需共同参与维护的信息平台，作为城市的“信息骨架”，它与城市大数据平台融合形成数字底座，主要体现为在基于面向城市运行管理的时空大数据信息平台上进行整个城市的信息化运行管理。从面向城市运行管理的整个工作周期来看，CIM 是一个不断为改善城市服务和功能提供相关决策信息的周期循环过程。

3. 从 BIM+GIS 到 CIM

2018 年 11 月，为了鼓励“有条件的城市，可在 BIM 应用的基础上建立 CIM”，住建部发布了行业标准《“多规合一”业务协同平台技术标准》的征求意见。借助 BIM 这个高度集成的三维模型，为建筑工程项目涉及的各方人员提供了一个工程信息交换和共享平台，极大地提高了建筑工程的信息化程度。以建筑施工进一步高效化、安全化、绿色化、低成本化为目标，诞生于工程建筑领域的 BIM 技术早已获得广泛的认可和应用。然而在提供精确地理位置、建筑物周边环境整体展示和空间地理信息分析等方面，BIM 仍然存在不足，而恰好三维 GIS 针对这部分不足可以进行补充，完成建筑物的地理位置定位及周边环境空间分析，完善大场景的可视化展示，使信息更完整及全面，BIM 与三维 GIS 的融合有效实现了空间大场景与精细化小场景的完美结合，构筑一个能将海量城市数据囊括其中的城市模型，即 CIM 城市信息模型。CIM 单从数据类型的角度来看，是由大场景的 GIS+BIM 数据构成的，以城市时空信息数据为基础，将静态的传统数字城市增强为实时动态、可感知、虚实交互的智慧城市，是支撑城市精细化治理和综合性管理的重要基础。

4. 从 CIM 到智慧共生

CIM 是智慧共生的基础核心，以城市公共系统的数据资源，如人口、房屋、住户水电和燃气数据、警务安防数据、交通数据、旅游资源数据做接入，实现数据跨部门共享、应用跨系统集成，进而为智慧共生城市的决策分析做技术支撑。通过智慧共生城市的技术，在虚拟的数字空间再造一座与实体物理空间一致的城市，将其作为物理空间真实城市的镜像、映射、仿真和辅助，为新型智慧城市的规划、建设、管理搭建直观、高效、开放的统一基础平台。

5.3.2　城市模型的发展阶段及存在的主要问题

1. 城市模型的发展阶段

通过相关学者的研究，智慧城市的发展可以大致分为数码城市（Cyber City），数字城市（Digital City）、智能城市（Intelligent City）和终极目标的智慧城市（Smart City）；根据不同时期智慧城市发展目标，城市模型可以分为城市三维模型、城市虚拟三维模型、城市虚拟仿真模型和城市全息模型 4 个阶段。

（1）城市三维模型阶段

城市三维模型（Urban 3D Model）是城市模型的早期阶段，初步实现了城市整体空间观察和部分静态数据查询，解决了城市模型从无到有的问题。通过手工组建单体模型，在建模平台上按照一定规则进行单体部署，收集单体模型的建设年代、使用功能、物理空间、人口等各种属性数据形成属性数据库，并实现基础交互查询。

（2）城市虚拟三维模型阶段

城市虚拟三维模型（Urban Virtual 3D Model）是在城市三维模型的基础上，提高空间环境数字化虚拟的真实程度，并加强模型在规划设计、空间管理和公众参与中的服务作用。在倾斜摄影和激光雷达（Lidar）技术的推动下，产生了真实反映城市空间环境的实景三维建模方式，与手工绘制的三维模型相比，其更能准确地描述地物的外观、高度、位置等属性，并达到可供实时量测、分析及二次开发的要求。同时，新的建模技术对建模平台也提出了更高的技术要求，在新一代虚拟现实开发引擎的支持下，形成既支持现有数据库，又可融合实景三维数据类型的城市虚拟三维模型，再根据不同行业和用户的需求，为规划设计过程、空间辅助管理和广泛的公众参与提供各种应用功能和服务端口。

（3）城市虚拟仿真模型阶段

城市虚拟仿真模型（Urban Virtual Simulation Model）在城市虚拟三维模型的基础上，加入逐步成熟的各种仿真功能模块，实现对城市运行状态的模拟和规律的分析，满足对城市各种定量研究和高品质城市建设实践的需要。在可见光场景建模的基础上，进一步采集城市夜视、声场、红外热成像数据，丰富城市夜景、声景乃至热景（热环境）的多维感知环境。同时，随着各种仿真技术的逐步成熟，加载诸如光照、气候、重力、交通等物理仿真和社会活动仿真模块，形成一个不断完善的城市虚拟仿真模型。这是城市空间研究长久以来所缺乏的虚拟环境平台，可以展现诸如从城市洪水淹没实景演绎到紧急事件中人口疏散情景模拟等过程，为规划设计研究者创造一个“情境式”的研究场景，并提高城市发展建设和管理运行的效率。

（4）城市全息模型阶段

城市全息模型（Urban Holographic Model）在城市虚拟仿真模型的基础上，利用新一代信息通信技术实现对城市环境全要素和城市运行全过程的模拟分析，实现与现实城市交相呼应的智慧共生城市。在城市时空大数据支撑下，借助以深度学习为代表的人工智能技术，形成以全时空感知、全要素联动、全周期迭代的城市全息模型。全息模型将能全面展现城市全景空间和城市基本运行规律，辅助城市管理者、设计者和公众应对城市发展和社区生活的各种问题，实现智慧城市的建设目标。

2. 当前城市模型存在的主要问题

在城市信息建模发展中，多数城市模型正从第一阶段向第二阶段转变过渡，与传统的城市三维模型相比，在建模效率、虚拟真实程度、多源数据处理、功能开发和多设备支持程度等方面均提出了更高的要求。在建模技术方面，传统建模方式几乎完全依靠人工的建模特点，存在着以下不足：①将耗费大量人力和时间成本，尤其在频繁更新和快速建设的城市建成环境中，同步更新维护模型的成本也较高；②场景的真实程度较差，与现实空间环境存在较大差别。在建模软件方面，仍延续着“以数据生产为中心”的基本架构，通过不断添加各类数据完善城市模型，而诸如点云等新型数据的添加则更加让模型的运行“雪上加霜”，模型复杂度更高，响应速度迟缓。在较大规模的城市区域，模型建成后只有运行观摩和基本的查询功能，同时也不能离开特定的高端服务器，这同模型高效、广泛的使用要求产生了巨大的矛盾。新一代模型需从“以使用者为中心”的角度，采用更加灵活、高效、可扩展的基本构架。

5.3.3　城市模型在城市规划、建设、管理中的应用

CIM、云计算、大数据、物联网、智能化等先进数字技术，是城市从规划建设到管理的全要素、全方位、全过程的智能化、在线化和数字化的重要支撑，打通规划、建设、管理之间的数据壁垒，同步形成城市物理空间与数字空间连通融合、资源共享、一体共生，助力打造智慧、绿色和韧性的智慧城市共生体，实现城市规划、建设、管理全过程的数字资源汇集管理与应用、信息互通与共享。

1. 规划阶段

现有的城市规划、土地规划和发展规划等各自为政，规划一致性无法得到保

障，规划过程无法高效协同，规划审批效率不高，规划成果质量难以保障。通过规划一张蓝图辅助决策系统实现规划协同编制、数据实时共享、多规集成可视、会议会审、并联审批等，提升审批效率与质量、提升城市规划品质。

在规划的各个阶段，如现地状况建模、设计表达、成本估算、基地分析、设计审核、历程规划、空间规划、空间分析等，都具有较深入的应用。

2. 建设阶段

现有的各行业信息化系统之间存在着信息壁垒，无法进行有效共享，同时由于项目参建方多，信息收集、传递和管理难度大，建设监管存在决策支撑不足等问题。通过基于 BIM 的重大项目监管系统和建设工程数字化综合监管系统，对接规划数据和后续管理需求，探索数字化监管新模式，提高行政审批和监管效率，形成建筑市场与施工现场的联动互馈，实现项目过程的管理前置、多级联动、多方协同、科学决策。

（1）虚拟仿真施工

虚拟化施工和施工过程控制、成本控制的模型可运用 BIM 技术进行构建。数据模型将用于对工艺参数及影响施工的事项进行整合，并对相互关联的设计模型与施工模型进行反映。BIM 技术将实现 3D+2D（三维+时间+费用）条件下的施工模型，在维持数据建模的连续性与同步性的同时，将虚拟施工的多维度场景及过程进行高效集成。

（2）项目成本的动态化管理和精细化管理

运用 BIM 技术，通过量算软件构筑建设阶段的 5D 模型，对项目成本进行精细分析，以将多个工序、工区及阶段内的工程量进行准确计算。根据施工进度实行动态统计分析，完成对成本的实时管理。同时，分析企业定额，按照结论将各阶段中每个构建的施工成本和中标单价及时进行计算，并作出对应分析，从而实现了项目成本的精细化管理，对变更设计的前后造价变化额进行及时分析，实现对成本的动态管理。

（3）施工成本的大幅节约及大型构件的虚拟拼装

在实际施工过程中，上海中心的施工单位通过三维激光测量技术，通过在建造阶段建立已完成的各个钢架的三维尺寸数据模型、模拟构件的预拼装，在电脑上建立钢架模型，节省了钢架的工厂预拼装过程，节约了大量的人力和费用。

（4）各专业的碰撞检测，及时优化施工图

施工前的碰撞检查可通过建立建筑、设备、构件、水电等各专业的 BIM 模型进行，并对管线、设施的位置及时优化，避免施工中大量返工，加快施工进度。而管线调整则以碰撞检查的结果为参考，从而满足了符合业主需求、维护检修空间、体现设计意图、设计施工规范的要求，实现最终模型展示为零碰撞。同时，各专业的安装顺序、施工方案以及完成后的最终效果也可借用 BIM 技术的三维可视化功能直接展示。

（5）项目管理的优化

施工组织的设计优化可通过 BIM 技术建立施工阶段三维模型得以实现，并可对各种施工机械间的空间位置进行检查，优化机械运转间的配合关系，实现施工管理的优化。此外，还可以在施工过程中根据建筑模型对异型模板进行建模，准确获得异型模板的几何尺寸，用于进行预加工，减少了施工损耗；同样，可以对设备管线进行建模，获取管线的各段下料尺寸和管件规格、数量，使管线尺寸能够在加工厂预先加工，工业化建筑生产模式得以实现。

（6）造价咨询单位及建设业主的投资控制

采用 BIM 技术，造价咨询单位或建设业主可以有效实现施工期间的成本控制。通过导入 BIM 技术，施工期间的咨询建设可以快速准确地建立三维施工 3D 模型及 5D 模型（加上时间、费用），实现施工完成工程量及产值的及时准确划分，并完成施工期间对成本的实时管理，为进度款支付提供及时准确的依据。

3. 管理阶段

通过建立城市信息模型并结合物联网技术，对城市生命线、水环境进行实时监测，及时掌控城市安全、生态环境突发事件，指挥各级协同应急响应，调度多方力量和资源，做到事前积极预控，事中高效决策，实现城市治理一盘棋，将城市管理精细到“细胞级”治理水平。

（1）空间管理

空间管理主要应用在消防、照明等各系统和设施空间定位等方面。通过原来文字编号记录表示变成三维图形和属性信息获取各系统和设备的空间位置，进而使形象更为直观且方便查找，如通过 RFID 获取大楼的安保人员位置；运用 BIM 技术，在消防报警时可以快速定位使用者所在位置，并查看周边的疏散通道和重要设备等。

（2）设施管理

在设施管理方面，主要包括设施的维护操作、空间规划及装修。能够提供关于建筑项目协调一致、可计算的信息是BIM技术的特点，其信息的共享复用价值较高，且高互操作性亦可降低运营商和业主的成本损失。通过远程控制重要设备，RFID等通信技术亦可把原来商业地产中独立运行的各设备进行集成管理，在统一平台上进行操作。通过虚拟可视化和远程控制，业主可充分了解设备的运行状况，进而更好地为运维管理提供良好条件。

（3）隐蔽工程管理

以BIM技术为基础的运维方式可对如污水管、排水管、电线、网线以及相关管井等复杂地下管网实行管理，并且可以在图上直接获得地下空间实体的相对位置关系。当二次装修或改建时，可以及时避开现有管网位置，便于管网维修、更换设备和定位等。内部相关人员可以共享这些电子信息，以保证信息的完整性和准确性。

（4）应急管理

基于BIM技术的管理不会有任何盲区。作为人流聚集区域的高层、大型建筑和公共建筑等建筑物，对突发事件的响应能力非常重要。BIM技术对突发事件管理包括预防、警报、模拟和处理，与仅仅关注响应和救援的传统突发事件处理方式截然不同。对于大型突发灾害事件，如能源泄漏，可通过BIM场景化平台对灾害事态趋势和破坏程度进行条件模拟，利用情景模拟评估灾害风险等级，提供更加精准的应急决策支持。

（5）节能减排管理

结合物联网技术，BIM可更加便捷高效地监控日常能源管理。建筑能耗数据的实时传输、采集、初步分析、定时定点上传等基本功能，亦可通过安装携带传感功能的水电表、燃气表实现，并具有较强的扩展性。通过对室内温湿度的远程监测，系统还可以对房间内的实时温湿度变化进行分析，以配合节能运行管理。在管理系统中通过开发的能源管理功能模块可以及时收集所有能源信息，并且对能源消耗情况进行自动统计分析。

5.4　一体建设

5.4.1　一体建设理念

智慧城市实体空间和虚拟空间的一体建设，是指实体空间和虚拟空间实行同步建设，在虚拟空间建设过程中充分体现其对实体空间过去、现在和未来的模拟和分析能力，以辅助实体空间更科学合理地建设；在实体空间建设过程中，将实时动态的现状数据不断传入虚拟空间，不断充实虚拟空间的数据库，使虚拟空间具有更强的分析能力。智慧城市的一体建设能将信息技术与城市规划、城市建设与城市管理结合起来，解决城市经济、社会和环境的各类问题，是一项新颖、长期而又复杂的大系统工程。以信息化技术提供的虚拟空间为基础，以现实的空间环境为载体，通过虚拟空间和实体空间的相互促进、不断影响，既能优化传统城市建设实践应用的成本和效率，也能给传统的城市建设发展理论、方法、思维带来一定程度上的影响，新的城市建设发展理论伴随着颠覆人类生活方式的新技术而不断产生和深化。

5.4.2　一体建设基本思路

智慧城市虚拟空间和实体空间的一体建设可以采用“统一标准、统一规划、统筹建设、统一运维、统筹管理”的总体思路开展。

1. 统一标准

虚拟空间和实体空间的一体建设采用对虚拟空间和实体空间能相互协调的统一标准，包括数据体系标准、网络传输标准、虚拟现实标准和实体硬件设施标准等，是一体建设的基本要求。统一标准可以促使实体空间向虚拟空间传递更多、更有价值的数据信息，也可以使虚拟空间的分析结果具有更强的反馈性，能直接控制实体空间的运行，有利于促进优化实体空间的运行效率。

其中，数据体系标准是标准体系中最主要的内容。由于智慧城市涉及业务庞杂、数据较多，在一体建设构建中首先必须要考虑数据标准化建设。对必选、条件必选和可选的元数据子集、元数据实体和元数据元素进行定义，界定各类数据在数据库中的显示以及保存规范，同时还需要考虑为满足特殊需求对元数据进行扩展和制定元数据应用的规则和方法。虚拟空间和实体空间需要数据交换，涉及大量的数据采集、交换和共享。因此，数据类型、数据格式、数据表结构的规范统一是非常重要的，需要定义标准的数据交换、传输及格式规范，以此既可以满足不同的语言平台、操作系统平台以及硬件平台应用之间的通信要求，也可以满足相应的数据交换，即不同的应用系统以及部门间数据交换共享。因此，很有必要建设数据交换标准，说明各业务系统间要进行数据交换时数据格式所要遵循的标准。

2. 统一规划

虚拟空间和实体空间的一体化是在任一空间进行规划设计的时候，同步考虑另一空间同一场景的规划设计，以及两个空间的数据交换渠道，如虚拟空间在规划设计时需考虑同一实体空间的历史状况、现实情况及动态演变的过程，以及虚拟空间的演变如何传递到实体空间，如何对实体空间产生影响；实体空间在规划设计时，需考虑同一虚拟空间的同步更新，包括数据结构变化、数据内容变化以及数据模型变化，从而使虚拟空间更好地模拟实体空间。

虚拟空间和实体空间的一体建设是一个庞大的综合工程，涉及主体众多，建设内容丰富，各方诉求多样，需要在设计过程中充分考虑各方因素，进行统一规划，既要做好顶层设计、总体把控、覆盖全面，又要分清主次、突出重点、分清层级、逐步推进。以数据共生思维应对一体建设，杜绝单空间孤岛建设，设计以信息资源开发和利用为主线，以智慧应用为关键，以城市为主体搭建统一的智慧化支撑平台，统一基础设施支撑、统一数据资源支撑、统一应用架构支撑，在支撑平台之上按需建设应用系统，并按统一标准对接已有系统，杜绝相关部门各自为政，消除信息孤岛。

3. 统筹建设

在一体建设过程中，建设单位应充分考虑两个空间的同步建设。在统一标准和统一规划的背景下，建设单位应同时考虑实体空间和虚拟空间建设的技术要点要求，主要是在实体空间建设过程中要考虑安装相关传感器，为实体空间信息传入虚拟空间提供实时、准确的信息获取渠道。同时，实体空间建设模型如果在虚拟空间已有对应的虚拟空间模型，则直接使用已有的虚拟空间模型，对接数据接口，将实体空间数据与虚拟空间数据进行自动关联，直接实现一体化建设；实体空间建设模型如果在虚拟空间没有对应的虚拟空间模型，则在实体空间建设过程中，须单独考虑虚拟空间对应模型的建设，确保实体空间与虚拟空间的同步。

虚拟空间和实体空间的统筹建设，一方面，能确保两个空间在建成之后具有无缝对接的能力，做到你中有我、我中有你的一体化形态；另一方面，两者同步建设可以大大提高虚拟空间模型的重复利用率，大大降低虚拟空间单独建设的成本，充分发挥一体化建设的经济效益。

4. 统一运维

随着信息时代的持续发展，城市设施运维已经逐步过渡到自动化运维体系。面对越来越复杂的业务和越来越多样化的用户需求，不断扩展的城市运行需要越来越合理的模式来保障城市服务灵活便捷、安全稳定，这种模式中的保障因素就是自动化运维。从初期的市政设施维护发展到庞大的城市实体空间运维，单靠人工已经无法满足在业务、技术、管理等方面的要求，因此标准化、自动化、过程优化、架构优化等降低城市服务成本的因素越来越被人们重视。其中，自动化首先作为代替人工操作为出发点的诉求被广泛研究和应用。

虚拟空间和实体空间的统一运维，其实质就是自动化运维的体系升级。利用自我检测、故障报警、自我修复等自动化技术手段，可以实现在虚拟空间中对实体空间的运行维护，保障实体空间城市各类市政设施正常运行。施行实体空间和虚拟空间的统一运维，能有效降低城市运行维护人员成本及维护成本。

5. 统筹管理

对虚拟空间和实体空间进行统筹管理，有利于二者数据的无缝互通，使数据能进行充分的聚合和转换，避免重复性获取或加工；同时，对两个空间的统筹管理能有效降低城市空间管理成本，方便资源统筹利用，有利于资源发挥最大的效益。

同时，虚拟空间和实体空间的统筹管理能有效降低城市信息泄露的风险。未来虚拟空间和实体空间的一体建设必将打通两个空间的各类数据，从信息安全保障角度出发，两个空间的统筹管理能更好地对两个空间的安全进行同步的维护，使虚拟空间和实体空间都处于同一安全体系下，确保信息安全得到有效保障。

5.4.3　一体建设体系

1. 技术框架

智慧城市一体建设依托以云、网、端为主要构成的技术生态体系，端侧形成城市全域感知，深度刻画城市运行体征状态；网侧形成泛在高速网络，提供毫秒级时延的双向数据传输，奠定智能交互基础；云侧形成普惠智能计算，以大范围、长周期、多尺度、智能化地实现城市的决策、操控。

（1）端侧：群智感知、可视可控

城市感知终端“成群结队”形成群智感知能力。感知设施将从单一的 RFID、传感器节点向更强感知、通信、计算能力的智能硬件、智能杆柱、智能无人车等迅速发展。同时，个人持有的智能手机、智能终端将集成越来越多的精密传感能力，拥有日益强大的感知、计算、存储和通信能力，成为感知城市周边环境及居民的“强”节点，形成大范围、大规模、协同化普适计算的群智感知。

基于标识和感知体系全面提升传统基础设施智能化水平。通过建立基于智能标识和监测的城市综合管廊，实现管廊规划协同化、建设运行可视化、过程数据全留存。通过建立智能路网实现路网、围栏、桥梁等设施智能化监测、养护和双向操控管理。多功能智能杆等新型智能设施全域部署，可以实现智能照明、信息交互、无线服务、机车充电、紧急呼叫、环境监测等。

（2）网侧：泛在高速、天地一体

提供泛在高速、多网协同的接入服务。全面推进 4G、5G、WLAN、NB-IoT、eMTC 等多网协同部署，实现基于虚拟化、云化技术的立体无缝覆盖，提供无线感知、移动宽带和万物互联的接入服务，支撑新一代移动通信网络在垂直行业的融合应用。

形成天地一体综合信息网络支撑云端服务。综合利用新型信息网络技术，充分发挥空、天、地信息技术的各自优势，通过空、天、地、海等多维信息的有效获取、协同、传输和汇聚，以及资源的统筹处理、动作的组织和管理、任务的分发等，实现时空复杂网络的一体化综合处理和最大有效利用，为各类不同用户提供实时、可靠、按需服务的泛在、高效、智能、协作、机动的信息基础设施和决策支持系统。

（3）云侧：随需调度、普惠便民

边缘计算及量子计算设施提供高速信息处理能力。在城市的工厂、道路、交接箱等地构建具备周边环境感应、随需分配和智能反馈回应的边缘计算节点，部署以原子、离子、超导电路和光量子等为基础的各类量子计算设施，为实现超大规模的数据检索、城市精准的天气预报、计算优化的交通指挥、人工智能科研探索等海量信息处理提供支撑。

人工智能及区块链设施提供泛在智能嵌入城市运行与合约执行。搭建支持深度学习、知识推理、概率统计等人工智能统一计算平台和设施，形成具有认知推理、知识计算、运动执行、人机交互能力的智能支撑能力。建立可定制、可个性化部署的区块链服务设施，支撑各类应用的身份验证、电子证据保全、供应链管理、产品追溯等领域商业智能合约的自动化执行。

部署云计算及大数据设施。建立虚拟一体化云计算服务平台和大数据分析中心，基于 SDN 技术实现跨地域服务器、网络、存储资源的调度能力，满足智慧政务办公和公共服务、综合治理、产业发展等各类业务的存储和计算需求。

2. 典型场景

城市一体建设模式提供了一种能力，包括实时、动态、精准定位与可视化展示、仿真、验证、回溯、协同、联动等。城市的运行状态将与以往大为不同，可以肯定的是，未来科学发现和智慧应用将会不断涌现，使我们的生活充满了惊喜体验。

（1）规建管协同管控，助力“一张蓝图”干到底

城市一体建设模式加载了数据和软件的城市信息模型，并使之成为城市最重要的基础设施之一。

在规划前期，基于数字模型摸清城市家底、把握运行脉搏，通过快速的“假设”分析和发展推演，以更快的速度和更少的成本推动创新型城市顶层设计落地。科学评估规划影响，避免因不切实际的规划设计而浪费时间，防止在验证阶段重新进行设计。

在勘察阶段，基于数字模型进行空间分析、数值模拟和可视化表达，构建工程勘察信息数据库，实现工程勘察信息的有效传递和共享。

在规划阶段，通过全面整合导入土地、城乡、生态环境保护、市政等多方规划数据，在智慧共生空间实现合并叠加，解决潜在的冲突差异，统一空间边界控制，形成“多规合一”的“一张蓝图”，以此为基础进行规划评估、动态优化、多方协同与实施监督。在充分保证“一张图”有效性和实时性的前提下，通过对各种规划方案及结果进行模拟仿真及可视化展示，实现方案的优化和比选。

在设计阶段，基于数字模型对设计方案进行性能和功能模拟、优化、审查和数字化成果交付，开展集成协同设计，提升质量和效率。

在建设阶段，基于数字模型对工程项目从图纸、施工到竣工交付全过程进行监管，对重大项目进度、资金、质量、安全、绿色施工、原材料、劳务和协同协作进行数字化监管，实现动态、集成和可视化施工管理，确保重大工程项目的按时、高质、安全交付。

在运行管理阶段，基于数字模型和标识体系、感知体系及各类智能设施，实现对城市基础设施、地下空间、生态环境、能源系统、道路交通等运行状况的实时监测和统一呈现，通过数字模型和软硬件系统实现快速响应、决策仿真、应急处置，以及设备的预测性维护，提升城市的综合抗灾、防灾能力，让城市运行更安全、可靠。

（2）虚实互动以虚控实，支撑城市一盘棋治理

城市一体建设可实时展示城市运行全貌，助力形成城市一盘棋集中治理模式，立足城市运行监测、管理、处理、决策等治理领域，建立物理世界与虚拟世界的数据映射和数字展示平台（智慧共生城市模型平台），实现跨层级、跨系统、跨地域、跨部门、跨业务的城市治理协同，形成全程在线、精准监测、高效处置、高效便捷、主动发现、智能处置的城市智能治理体系。

城市公共资源自动优化配置。在城市一体化建设模式中，可实时全景展示城市公共资源分布情况、能源消耗情况、城市突发事故情况等。

城市异常问题的自我发现。通过感知监测或视频监控图像、图像智能分析和识别，实时对生态破坏、环境卫生、各类警情、灾害、违章违建、道路遗撒、交通事故等进行可视化展示，多发地带在一张图上标注，提醒过往行人，并进行资源的优化配置。

“城市大脑”智能仿真控制交通。通过视觉分析和道路、人流、车流等数据的机器学习，掌握城市交通体征检测，再通过不断优化各路口信号灯时长，进行交通流量仿真，直到总体通行时间最短，全域信号灯实时精细化控制，根据特种车辆特殊需求制定路线，仿真后再进行沿线信号灯控制。

城市基础设施动态管理控制。任何进入城市的人和车辆都通过各种技术手段被感知、被记录。一周之内轨迹可查，未来动向可预测。所有城市部件和建筑、灯柱、井盖、消防栓、垃圾箱、公园座椅、公共卫生间、桥梁、建筑、树木都有电子身份标识。

自动驾驶无人机巡检。利用无线电遥控设备和自备的程序控制无人机，完

成复杂的空中飞行任务和各种负载任务，同时与成像设备等部件结合完成高空城市作业。在城市电力运营场景中，无人机巡检有着机动灵活、安全性高、成本低、环境要求低、便于携带和运输等与人力巡检及载人直升机巡检无法比拟的优势。

（3）情景交融以人为本，升级个性主动服务体验

在城市一体建设模式中，所有的服务场景都将在网络空间拥有对应的虚拟场景映射，服务内容也将从实体向数字化转变。城市一体建设模式将全面采集城市居民的日常出行轨迹、收入水准、家庭结构、日常消费、生活习惯等，洞察提取居民行为特征，在数字空间上，可预测人口结构和迁徙轨迹，推演未来的设施布局，评估商业项目影响等，以智能人机交互、智能服务推送、网络主页提醒等形式，实现城市居民政务服务、教育文化、诊疗健康、交通出行等服务的快速响应，以个性化服务形成具有巨大影响力和重塑力的城市一体建设模式服务体系。

全生命周期式智慧医疗服务。城市一体建设模式下，整合智能可穿戴设备、医疗设备采集健康数据、电子病历等各类个人健康数据，形成完备的个人医疗健康档案。患者的虚拟病历及各项数据同步到云端，实现院际间、区域间、国际间数据互通共享，打通远程会诊的渠道，患者通过远程医疗协同平台，可以在“虚拟医院”中实现在线挂号、远程诊断，就医时间更加灵活便捷，足不出户解决了“看病难”问题，也减轻了医院和医生的压力。同时，利用人工智能协助分析、诊断，应用辅助诊疗系统、智能导诊系统、智能检测仪器、手术机器人等智慧医疗设备系统提高医生判断准确度，使患者可以接受更高水平的医疗服务。

虚拟政务大厅实现全线上政务服务。通过搭建政务服务云平台，建立“虚拟政务大厅”，在城市一体建设模式下，市民所有身份信息以身份证号为索引，以电子证照形式在系统中存在，市民可在虚拟政务大厅一站式在线办理各项政务和民生服务事项，真正实现“数据多跑路，群众少跑腿”。此外，系统可深度学习、挖掘市民政务服务需求，提供主动式线上推送服务。

个人生活体征全面洞察。一体化城市使每个个体的行为轨迹都会被精准映射，形成个人的大数据集，通过对数据的分析与挖掘可得到每个人的个性化信息，如消费偏好、生活习惯，甚至审美、价值取向等。根据这些信息，企业可充分了解

用户的个性化需求，为其设计符合特性的专属服务。例如，酒店能够在客人入住前获取其对室温、光亮、水温、饮食等的偏好，提前做好相应准备，给客人带来更舒适的入住体验；出行时可以根据用户常用路线、出行方式、交通情况等进行规划。

个性化的虚拟制造服务。城市一体建设模式下，不仅城市运行可虚实并存，企业生产同样可实现虚实融合。顾客提出对产品的样式、功能、材料等个性化要求，企业根据要求进行虚拟设计、加工、制造，通过虚拟制造告别过去传统的批量化生产模式，实现产品的定制化与个性化，从而提供适销对路的产品，既拉近了企业与顾客之间的距离，也能够避免企业库存积压，降低企业的运营成本。

5.4.4 一体建设体制机制支撑

虚拟空间和实体空间的一体建设在传统的体制机制下难以实现，需要政府提供与之相适应的体制机制进行支撑。为顺利开展一体建设工作，政府应确定或组建一个稳定的单位对一体化的全流程进行统筹管理，包括标准规范统筹、规划设计统筹、建设统筹、运维和管理统筹，以指导和监督城市建设按照一体建设的方向推进。一体建设相关机制，一方面要求政府在制订项目年度预算和计划时，应在必要时将实体空间建设和虚拟空间建设打包在一起，由一家主体单位进行统一建设，确保建设资金统筹考虑；另一方面约束相关建设单位在建设、运维和管理过程中，充分与总统筹单位进行对接，服从整体一体化建设的要求。

5.5 以人为本

5.5.1 智慧共生理念下以人为本的城市模型概念

目前，智慧城市建设在各地掀起了一股热潮，然而城市的建设者不能仅注重表象的建设，而忽略了城市建设的内在。智慧共生城市建设要把以人为本作为核心理念。城市中的主体是城市居民，惠及民生应是智慧城市的根本目的，智慧城市建设应利用新一代信息技术努力为居民服务。

智慧共生城市建设要重视民众参与，使建设主体多元化。伴随着社会的不断发展，城市治理模式也不再是政府为单一主体，而应更多地吸纳民众以及其他组织共同参与治理。多元参与汇聚各方力量和智慧，共同推进智慧共生城市的建设和可持续发展。但是，目前我国大多智慧城市的建设依旧是以政府为主体，在制定及执行政策时并没有大众的参与，因此大部分居民对于智慧城市这个概念依旧不了解，大部分人认为其只是政府提出的一个“噱头”。由于在智慧城市建设中，负责具体基础设施建设的企业大部分都是垄断型国有企业，没有公众的制约和监督，没有对相关数据和信息进行公开，使公众无法得知具体的建设情况，导致公众对智慧城市建设的不理解。

“城市即人”，人是城市的灵魂和城市发展的核心动力。我国智慧城市建设应重视 3 个方面——以人为本、让人参与、为后人着想。把人纳入城市多元协作、协商治理的体系中，让人深度参与解决方案的制定过程，可以防止数字鸿沟（Digital Divide）的拉大，促进智慧技术的人性化转型，推动人和城市共同的智慧化进步。国际上智慧城市的建设均将以人为本作为最核心的原则，如英国伦敦的智慧城市规划《智慧伦敦 2020》中的第一句话就是“伦敦市民是核心”（Londoners At The Core），并指出要成功建成智慧伦敦，必须把市民和企业放在中心位置，以智慧技术手段推动治理优化，这样才能推动城市的创新。国内如河北省保定市的国家级贫困县阜平的《智慧阜平总体规划》，从时空多维度出发，通过新技术手段的介入，为人的全面发展提供支持；同时，运用互联网平台和大数据分析等现代信息技术，推动精准扶贫工作的开展。在智慧城市建设方面，该规划并没有过于强调智慧基础设施的建设，而是强调采用灵活多样的方式聚焦民生，发展智慧医疗、智慧教育等服务，为传统扶贫模式植入互联网思维，以期切实改善贫困人口的生活，实现社会治理的优化。

坚持以人民为中心是习近平新时代中国特色社会主义思想的重要内容，把增进人民福祉、促进人的全面发展、朝着共同富裕方向稳步前进作为经济、社会发展的出发点和落脚点，在人民中寻找发展动力、依靠人民推动发展、使发展造福人民。以人为本的科学发展观是对历史经验和教训的总结，要建设一个绿色、可持续发展、有活力的智慧城市，更要时刻谨记以人为本的核心理念，城市的建设应该以城市的居民为主体，以为民、便民、惠民为宗旨。

5.5.2 智慧共生理念下以人为本的体现

1. 人文情怀

人文情怀充分考虑城市主体“人”的因素，时刻关注市民的生产、生活，是城市可持续发展的内在需求，是智慧共生城市的重要目标。智慧共生城市通过实体空间与物理空间的规建融合，建立二者的互促机制，与人们生产、生活息息相关的公共服务领域依赖这一机制，借助信息化、智能化手段提供开放共享、全程全时、多元融合的高水平服务，满足人们不同层次、不同方面的需求。城市是一个复杂的“巨系统”，智慧共生城市发挥智慧共生优势，全面统筹城市不同类型、不同功能、不同结构、不同角色的复杂结构，利用大数据、云计算、物联网等新一代信息技术支撑城市的全面构建，涵盖相应历史文化、风俗志趣的城市精神载体和文明印记，用全新的形态彰显城市的吸引力和表现力，提升城市的人文关怀和居民的幸福满意度。

智慧共生城市下的民生，在社区层面体现在充分借助物联网、传感器、网络通信技术融入社区生活的各个环节，挖掘社区范围内外的资源潜力，建设生态高效、信息发达、经济繁荣的新型现代化社区，实现从家庭无线宽带覆盖、家居智能、家庭娱乐到小区智能化为一体的理想生活；在教育层面体现在建立对教学、教研、信息技术、管理、生活服务等校园信息的收集、整合、处理、存储、传输和应用，促进教育信息基础设施的全面覆盖和教育信息资源的广泛应用，实现教育管理现代化、服务网络化、决策科学化；在医疗层面体现在以信息技术、生物科技为驱动，推进公共卫生、医疗保障、医疗服务、药品公园、综合管理等的信息化建设，实现医疗卫生信息资源高效精准的采集与传递，以及医疗卫生管理与服务的智能化、共享化和个性化；在出行层面体现在以出行信息的收集、处理、发布、交换、分析、利用为主线，着眼于既有出行设施的运行效率，通过缓解拥堵、减少事故、诱导预警、智能引导为出行者提供多样性、个性化、响应式服务；在文旅层面体现在注重游客体验的人性化、经营者的精准化、管理者的高效化，通过智能化方式感知和分析游客状态，提供无处不在、触手可及的基础服务和管理，实现行业与管理信息的大贯通。

智慧共生城市下的政务，通过资源整合、流程优化、业务协同提高政府办公、监管、服务、决策的智能化水平，形成高效、集约、便民的服务型政府运营模式。

全面整合政府门户及下属单位子网站的信息资源，从全局考虑实现有序互联、有效共享，政府各部门通过重置流程及资源为市民及公司提供便捷、优质、低成本的服务，通过不断丰富服务类别，公共便民业务持续完善。结合业务职能和用户需求，在不同程度上整合教育、医疗卫生、社保、就业、住房、交通、企业服务等领域的相关政策、指南信息、名单名录、业务表格、业务查询、常见问题等资源，方便用户和企业使用。通过线上与线下的服务整合，将有关职能部门有机联系成一个整体，实现业务办理的互联互通。办事人可以通过智能手机、计算机等多个终端办理业务，随时随地查看办事指南、进度流程、审批结果。网上办事大厅的建设为打造服务政府、法治政府、阳光政府奠定了基础。政务网站建立多样化的互动渠道：一是利用领导信箱、公众留言、在线咨询、在线投诉等渠道，接收公众和企业的咨询、意见、投诉和建议；二是建设网上调查、民意征集、意见征集等栏目，实现在线提交意见功能；三是开通直播面对面、在线访谈等实时交流平台，与公众进行深入交流。

智慧共生城市下的生态文明建设，通过顶层设计、全盘考虑，打破单边、碎片化的管理模式，实现跨区域、跨部门、跨行业合作，以价值创造赋能结构变革。生态环境大数据同时考虑省、区、市各级数据的联通、互动以及与生态环境部数据的对接，同时加强与气象、水利、土壤、林业等相关行业的协同配合。充分运用立体化大数据分析提供的规律性结论，形成系统完备、科学规范、运行有效的环保治理体系，为推进生态文明建设提供决策支撑。加强环境信息化基础设施建设，推进环境自动化监测网络建设，建立天、地、空网格化的环境监测和监控数据获取体系，获取更多实时动态的环境大数据。变事后监管为事前预警，综合运用在线监测、视频监控等物联感知设备，实时掌控污染源总体指标分析、污染源企业环境综合监控、空气质量监测、水源地修复管理等功能，智能化系统第一时间自动报警，驱动管理部门快速响应，最大限度地减少环境污染。将监测和管理的有机结合，通过各种技术手段将信息串联，保证数据监测各个环节的真实性，并形成与大数据建设相适应的开放性环境管理生态、柔性环境管理组织、系统性环境管理制度，有效提升环境管理的信息化水平。

2. 城市活力

始终坚持“以人为本”，把人当作城市的主体建设，这将为城市增添无限活力。

快速城市化进程给城市规划、建设、运行和发展带来一系列问题，导致城市经济发展失调、社会管理失稳、环境建设失衡，城市运行失序。创新伴随着新一代信息技术的兴起，给智慧城市的发展与演进带来了新的机遇和挑战。智慧城市基于全面透彻的感知、宽带泛在的互联以及智能融合的应用，营造有利于创新涌现的制度环境与生态，培育面向知识社会的用户创新、大众创新、开放创新、协同创新，通过以人为本的可持续创新实现了从传统城市、数字城市向智慧城市的演进，提高了城市的运行效率，也提高了居民的幸福感和生活质量。

从技术发展的视角，我们早已跨入信息时代，但直到进入21世纪，伴随着信息技术的深入应用与发展，改变世界的力量主体从国家、企业进一步演变为个人，从工业时代以生产为中心的创新模式演变到知识时代以服务为导向的创新模式，我们才逐步做好了社会、文化、心理上的准备，社会形态才完成从工业文明向信息文明的嬗变，从工业社会迈入知识社会。新一代信息技术的发展使城市形态在数字化基础上进一步实现智能化成为现实。依托物联网可实现智能化感知、定位、识别、跟踪和监管；借助云计算及智能分析技术可实现海量信息的处理和决策支持。同时，伴随知识社会环境下创新形态的逐步展现，现代信息技术在对工业时代各类产业完成面向效率提升的数字化改造之后，逐步衍生出一些新的产业业态、组织形态，使人们对信息技术引领的创新形态演变、社会变革有了更真切的体会，对现代科技发展下的城市形态演化有了新的认识，对科技创新以人为本有了更深入的理解，信息化的发展给人们的衣食住行带来了便利。以人为本的可持续创新面向知识社会的下一代创新，重塑了现代科技以人为本的内涵，也重新定义了创新中用户的角色、应用的价值、协同的内涵和大众的力量。智慧城市的建设尤其注重以人为本、市民参与、社会协同的开放创新空间的塑造以及公共价值与独特价值的创造。注重从市民需求出发，并通过维基、微博、Fab Lab，Living Lab等工具和方法强化用户的参与，汇聚公众智慧，不断推动用户创新、大众创新、开放创新、协同创新，以人为本实现社会、经济、环境的可持续发展。信息化的发展助力城市的建设，方便市民的衣食住行，提高市民的生活质量，提高城市的运行效率，为城市带来无限的活力。

5.5.3 以人为本的智慧共生城市建设路径

1. 需求导向

智慧共生城市建设要把更多的精力放在满足城乡居民的需求上，所有智慧都是为人类服务，围绕人类的需求建设，解决人类生活中的生理需求、社交需求、安全需求、尊重需求、自我实现需求，充分结合科技手段和人的幸福感，坚持需求牵引、效果为先，注重用户体验，把人民的满意度作为智慧共生城市建设的出发点和落脚点，才能真正实现改善市民生活质量，提高居民生活的便利程度。另外，充分激发市场活力，有针对性地提供增值服务，发挥企业创新主体的作用及敏锐捕捉市场需求的优势。以市场需求带动技术变革，以技术变革推动智慧发展，使城市资源聚集由仅依赖于物理空间集中聚集升级为以数字空间分散聚集为主、以物理空间集中聚集为辅，资源配置由线下单一配置转向线下、网络多元配置，城市治理由简单机械治理转为复杂高效治理。

需求是阶段性的，呈螺旋式发展的，同时这个过程本身是变化和发展的，能够促进需求客体不断优化甚至更新换代。对多主体、多地域、多系统需求的统筹管理和协调优化，有助于推进多能互补，实现资源精细利用，满足个性化、多元化的需求，建立上下联动、开放多元、共融共享的互联体系，提升社会整体能效。需求与实现需求是智慧共生城市的内部调节和驱动机制，智慧共生城市充分利用新一代信息技术，以整合、系统的方式管理城市运行，让城市中各个功能彼此协调运作，从而对各种需求作出智能响应，为市民提供更高的生活品质，为城市中的企业提供优质发展空间，为人类创造更美好的城市生活。信息时代下的生活方式更加强调个性化、人性化，以及服务提供者与需求者之间的良性互动，满足居民工作、生活、娱乐休闲等方面的需求，使居民能便捷、高效地享受城市公共服务，增强市民的城市获得感。

2. 因地制宜、因时制宜

智慧共生城市更加注重城市建设的个性和特色，把城市特有的文化和历史要素最大限度地融入城市建设中，发扬城市个性，杜绝“千城一貌”“城城一面”，做到“一城一策”“百城百样”。注重保持城市特有的历史传承、地域文化、民俗风格等基因，塑造城市灵魂，提升城市品质，满足人们更高层次的文化需求和精神需求，并根据城市的资源优势、自然风格、特色基础等打造别具一格的城市品牌。突出城市发展特色，立足城市需求，因地制宜地开展智慧城市规划、建设、运营，以保障城市建设既能满足城市服务管理需求，又能充分发挥城市的优势资源和个性特征。另外，在智慧共生城市建设过程中，我国需要全面发展覆盖城乡的基础设施和服务信息，推动城乡一体化建设，促进社会管理水平提升，并实施信息开放共享机制。因此，在城市信息化建设过程中，每座城市都要认真研究自身城市的发展规划，针对目前需要重点解决的问题，结合城市现状，探索适合自身特色的智慧共生城市发展道路。

3. 共建共治共享

党的十九大报告对“加强和创新社会治理”作了重要的战略部署，明确指出“打造共建共治共享的社会治理格局”。站在新的历史起点上，在国家治理现代化战略的大背景之下，构建共建共治共享的新型智慧城市是建设现代化人民大城市的迫切要求，是满足人民日益增长的美好生活需求，要切实贯彻以人为本的核心理念，始终把民生优先放在首位，始终坚持在不脱离发展实际的前提下保障和改善民生。习近平总书记指出“必须始终把人民利益摆在至高无上的地位”“不断促进社会公平正义，形成有效的社会治理、良好的社会秩序”。多层次、可持续地覆盖全民、城乡统筹、权责清晰、保障适度的社会保障体系、基本公共服务体系、基层医疗卫生服务体系将更趋完善，城乡一体化基层政务服务、公共服务、公益服务、商业便民服务及社会治安防控体系将基本建成。社会大局和谐稳定为打造共建共治共享、以人为本的新型智慧城市筑牢了民意基础。

随着城市社会要素的不断丰富和社会变迁的日益加速，根据城市发展的品质提升要求，坚持人民城市人民共建，激发社会共同体意识，积极探索创新；共治是根本途径，是多元主体共同参与社会治理，是满足人们不断增长的对民主、法治、公平、正义、安全、环境新要求的主要手段；共享是最终目标，是民生建设、社会建设、社会协同共治成果的全民所有，养成以人民为中心的公仆情怀，急人民所急，谋全民福祉，坚持党委领导、政府主导，不断完善顶层设计，实现各项社会事业发展目标。

例如，安徽省合肥市始终坚持以人为本、共建共治共享，坚持以人为本、民生优先，大力推进保障和改善民生工作，民生工程投入资金达到 449 亿元，城镇新增就业近 105 万人，新（改、扩）建幼儿园 306 所、新建中小学 150 所；全市共建立 1381 个留守儿童之家，农民市民化政策落实扎实有效。空气质量优良天数持续增加，森林覆盖率、城区绿化覆盖率分别提高到 27.4%、46.0%，大大地提高了人们的生活幸福感；以“两应”基层党组织建设为统领，合肥市包河区方兴社区等社区大综管服务平台、便民服务中心基层实践创新已形成可推广经验；政府负责“三无”小区整治的蜀山经验也结出硕果；群众公议团、群众自治搬迁等居民自治共建社区公共生活的方式创新如雨后春笋；全国社会组织建设创新示范区工作取得明显进展。社会组织、志愿者、居民、公众参与社会建设已成风尚。合肥滨湖、蜀山等社区街居制管理体制改革走出了一条“党委领导、多元共治、一社多居、居政分离”的新型社区共治之路；社区构建党建共同体，推行“四组联建”，取得了成熟经验；“三级联动”“三调对接”“三方互补”的矛盾纠纷调处化解机制运行成效显著；“六张防控网”建设和三网联动的社会化、法治化、智能化、专业化手段的运用织密了首善之城的平安防护墙；以传统文化保护传承和核心价值观宣传教育为抓手，全市乡村自治、法治、德治乡村治理体系逐步健全，覆盖全市城乡社会全域的多元共治体系已较为完备。合肥市城乡社区标准化和城乡公共服务均等化水平大幅度提升，城乡深度融合为乡村振兴，应对城市快速变迁中的“城市病”、流动人口聚散等矛盾，解决老龄化社会问题，增加城市温度提供了条件，民生工程已惠及 760 余万名群众。人民群众的满意度连续五年位居全省前列。

人民安居乐业、国家长治久安，离不开共建共治共享的社会治理。在新征程上，要善于把党的领导和制度优势转化为社会治理效能，善于把智慧共生城市效能转化为人民群众对社会治理的满意度和获得感，不断开创和完善共建共治共享的以人为本的智慧共生城市新局面。

第6章

智慧共生模式应用探索

智慧共生模式的三大主要特征是二元空间、同步规建、联通融合，主要应用途径在于实体空间和数字空间的融合共生，即以实体空间衍生数字空间，以数字空间拓展实体空间，数字空间与实体空间同步规划、同步建设、耦合推进，两个空间互联互通、循环反馈、融合共生。在城市发展的不同阶段，智慧共生理念在与实体空间和虚拟空间的互动中将体现不同的关系。在城市大开发、大建设、大发展阶段，城市数据尚未形成规模，数字空间伴随实体空间共同成长、适度超前；在城市成熟运行阶段，海量、异构、有效的高质量数据汇聚城市大数据平台，为大规模智慧运行管理系统的时空感知和运行状态管控提供了基础，实现了数字空间与实体空间相互促进。

6.1 大型城市应用探索

6.1.1 北京

北京市紧紧围绕首都战略定位，始终坚持问题导向、需求驱动、政府主导、市场驱动，充分发挥信息化的支撑和引领作用，以建设新型“智慧北京”为主线，以智慧共生为理念，以完善信息基础设施、构建信息惠民体系、推进城市智慧管理、培育融合创新生态为重点，全面推行大数据、物联网、云计算等新一代信息化技术在民生服务、城市治理、产业升级等重点关注领域的深度融合与创新应用，为建设成为世界级和谐宜居城市提供条件。

北京市的智慧城市共生体建设以智慧通州副中心、智慧交通、无人驾驶、智慧物业、智慧博物馆等为核心内容，以北京通、“五位一体”智慧城管为亮点展开。

作为首善之区，北京市正全面快速地推进以数据驱动为核心的新型“智慧北京”建设。目前，“智慧北京”建设在信息基础设施建设和公共服务体系建设等方面已经取得了突破性进展，并且在信用体系建设方面已经成为全国样板。在建设“智慧北京”的良好基础上，北京市继续推出了以城市副中心为试点，以以人为本、以宜居宜业为目标，注重市民生活和城市运行管理的新型智慧城市试点示范。

通过科学规划以及运用城市数据模拟，对副中心进行硬件设备部署，实现先行先试的制度创新，研究开发新的数据采集及传输管理系统，建立各部门间数据合作共享机制。建设副中心城市大数据中心，对全市范围内地表、地下、空中进行三维建模，实现可计算、可推理、可全息感知的多位动态时空信息管理；推进体制改革，探索适合大数据时代的“预见性”和“预测性”管理方法。

在以数据强化城市治理方面，主要解决“大城市病”问题。具体建设内容包括要建立新的合作机制，通过将各类快车、专车、网约车、拼车、代驾平台和地图、气象、产业规划等相关数据整合成交通大数据，构建实时路网仿真模型，快速发现路网拥堵点及交通事故点，并分析路网频繁拥堵点，提前预测，科学引导城市交通。

6.1.2　深圳

深圳市委、市政府把智慧城市建设作为一项重点工作来部署、推进，进一步加快完善互联网、物联网、云计算等信息网络服务基础设施，全面推进掌上政务、指尖服务、人脸识别。通过开展新型智慧城市建设进一步推动电子信息化产业的转型升级，以促进整个城市发展的技术创新、业务创新、管理创新、服务创新，使城市管理服务的精细化、品质化以及智能化水平得到提高。

从智慧城市建设的总体水平来看，深圳市稳居全国第一位。这是由于深圳的信息化建设目前已经形成了一个完备的体系。早在 2012 年，深圳市就在全国率先建成信息资源共享体系。深圳市政府始终注重总体规划和顶层设计，贯彻智慧共生理念，实行“规划与建设同步”，先后出台新型智慧城市总体方案和实施方案，为智慧城市建设指明方向，推动智慧城市建设向系统化发展。2018 年 7 月，深圳市政府发布《深圳市新型智慧城市建设总体方案》（深府〔2018〕47 号），提出到 2020 年，深圳新型智慧城市建设要实现“六个一”的发展目标，即“一图全面感知、一号走遍深圳、一键可知全局、一体运行联动、一站创新创业和一屏智享生活”，建成全国新型智慧城市的标杆城市，达到世界一流水平。2018 年 9 月，深圳市政府发布《深圳市新型智慧城市“六个一”实施方案》，进一步明确“六个一”的任务和实施路径。根据新型智慧城市建设顶层设计，深圳市未来三年将实施高速宽带网络工程等十大工程，重点推进一批解决民生问题和治理痛点的重大工程。

早在 2016 年，深圳市就成立了以市主要领导为组长，区、委、办、局主要领导为成员的新型智慧城市建设领导小组，并组建新型智慧城市专家委员会，由各领域专家学者组成，两位院士为首，国家研究机构、深圳相关部门、知名大学、龙头企业等多个领域专家为辅，为新型智慧城市建设发展提供智慧支撑。

1. 立足产业，提升城市发展新动能

一是持续开展全球电子信息化产业集聚基地建设。30 多年来，深圳市不断聚焦信息技术产业发展。2016 年，深圳市通信行业设备研发能力以及市场占有率稳居世界第二，通信基站、交换机、路由器、手机等通信类产品产量位居世界前列。电子信息制造产业生产总值达到了 16055 亿元，占当年全国电子信息制造产业的 1/7。

二是积极推动智慧城市建设行业面向国际基础设施市场。深圳市内注册企业累计为全球超过 145 个国家提供了工程建设及咨询服务。2016 年，深圳市企业对外承包工程在我国（不包括港、澳、台地区）排名第一。其中，与智慧城市建设密切相关的通信类项目的新签金额累计超过 180 亿美元，营业额则超过 150 亿美元，占深圳市对外承包工程的 95%以上。

三是成功培育出一些智慧城市建设行业龙头企业。其中，华为、中兴通信、海能达等公司的业务已拓展至全球各个国家和地区，在海外成功开展了一大批智慧城市建设合作项目，项目涵盖了信息基础设施、政务、平安城市、交通、应急、医疗等方面，涉及多个智慧城市领域。而腾讯公司依托移动互联网技术，拓展智慧城市行业服务。截至 2018 年 8 月，其业务已全面拓展至上海、重庆、河南、海南、云南、四川、贵州、湖北、天津、陕西等省（市），并与累计超过 150 个城市建立项目合作，合作涉及了智慧城市各个领域，包括交通、医疗、教育、出行、新零售、警务、商圈等。

四是加强智慧城市新兴产业投入。通过开展传感器网络（物联网）、大数据分析、人工智能及移动互联网等新一代信息技术的研发和推广应用，推进智能化应用建设，重点推进物联网、云计算、大数据分析及移动互联网等新兴产业建设发展，不断提高信息消费品和服务供给能力。

2. 依靠企业，合力推进智慧城市建设

在智慧城市建设领域，深圳市始终坚持企业的主体地位和市场决定资源配置，政府起到统筹协调、规范引领作用。

政府通过数据公开以及购买服务等多种方式，结合各企业自身优势，共同参

与到智慧城市的规划、设计以及建设当中。例如，在政务云建设领域，加强与华为公司、浪潮公司的合作，推动一体化、集约化建设；在智慧城市运行管控中心建设领域，加强与中国电子科技集团的合作，以提高城市管理水平；在移动互联网领域，加强与腾讯等公司的合作，通过运用微信 App 等移动互联网技术，创新服务模式，提供主动、全时、平等、便捷的城市公共服务；在通信基础设施建设方面，加强与通信运营商的合作，开展人口流动分析等大数据分析领域合作，提高政府的大数据管理服务水平。

3. 整合资源，构建一体化的基础设施

一是通过建设立体化、多层次、高带宽、全覆盖的基础宽带网络，不断提高智慧城市信息化基础设施水平。截至 2017 年年底，深圳全市光纤接入用户数量达到了 453.46 万户，光纤接入率达 99.98%，全市 4G 用户量为 1931 万户，重点公益性公共场所免费 WLAN 覆盖率达到了 99.00%，基本实现了“百兆到户，千兆到企，百米光接入”。

二是通过建设全市统一的信息支撑体系，推进智慧城市基础设施一体化建设。通过建设网络平台、电子政务云平台、共享平台、基础信息资源库等，构建全市范围内的支撑体系。统筹推进云计算基础设施建设，用以支持各企业利用云计算服务资源开展相关业务；统筹推进全市综合管网信息数据库和统一的管道信息平台，集成市政基础设施数据，为市政工程项目审批及地下管线管理提供基础信息。

4. 服务民生，不断提升智慧城市的公众体验

一是大力实施信息惠民工程。通过运用移动互联网、云计算、大数据等新一代信息技术，整合构建民生领域服务体系，实现全天候、全方位民生服务，提升公众幸福感；在教育、医疗、社会保障、民政、交通以及出入境管理等领域，通过运用移动互联网技术，构建新的服务模式，提供主动、平等、便捷的城市公共信息服务。

二是构建一体化电子公共服务体系。通过建设全覆盖、全流程的线上审批服务大厅，打造全市统一的线上线下一体化公共服务体系。

5. 创新管理模式，促进社会治理能力现代化

一是通过数据挖掘，实现互联互通共享，提高城市管理水平。建设涵盖全市范围的政府信息资源数据库以及数据共享平台；构建涵盖城市各个场景的感知体

系，构建“全景态势一张图”，提升监测预警、应急以及跨领域协同能力；构建社会治安防控监管体系，建设健全安全生产监管体系；建设全市统一的食品安全溯源以及信用服务平台；扩大信用信息服务范围，构建社会信用体系服务社会治理新模式。

二是推动政府职能转变，构建社会治理新模式。通过向企业开放公共数据，鼓励各企业利用开放数据进行研究和技术开发，为民众提供增值服务，推进治理社会参与多元化，形成社会共治的新型治理模式；通过大数据实现政府权力清单、责任清单、负面清单的透明化管理，推进政府简政放权、依法行政治理，推动政府从事前审批向事中、事后监督管理转变，形成政府主导、社会参与的新型社会治理体系。

6.2 中小型城市应用探索

6.2.1 佛山

自“智慧佛山”建设以来，坚持围绕“四化融合，智慧佛山”发展战略，秉承智慧共生理念，在顶层规划设计、政务服务创新、智能产业构建、城市文化打造、民生服务优化等方面呈现出独有特色，形成了“超前引领、政务创新、智造先行、高度融合、转型跨越、惠民发展”的佛山模式，智慧佛山得到了进一步的深化和实践。

1. 超前引领

2010 年 5 月，佛山市委、市政府首次提出，未来佛山将朝着“四化融合，智慧佛山”方向前进。2010 年 10 月 18 日，佛山市正式出台《“四化融合，智慧佛山”发展规划纲要（2010—2015 年）》，作为指引佛山智慧城市建设的总体纲领，成为国内 300 余地级市中首个全面系统制定智慧城市发展战略的城市。佛山市成为迅速公开发布、快速推进实施的地区，每年度对智慧城市建设成功经验和做法进行总结和推广，并编制年度《智慧佛山发展白皮书》和年度《佛山智慧城市建设评估报告》，分析智慧城市建设的发展、创新和优势。“智慧佛山”建设取得新进展，先后荣获“2015 智慧城市应用创新奖”“十二五智慧城市领军城市”等奖项。

2. 政务创新

自2011年11月以来，佛山市“名称统一、标识统一、标准统一、系统统一”的行政服务体系全面建成，各级行政服务中心建设成集窗口管理、行政审批、政务公开便民服务、公共资源管理和效能监察于一体的政务服务综合载体。2014年9月，佛山禅城区启动“一门式”改革试点，全面推进“一门式”行政服务体系建设，即按照先自然人后法人、先镇街后区级的思路，逐步推进所有服务事项集中行政服务中心这一道门，门内综合窗口可以受理所有事项，实现现场“一窗”能办多件事。2015年5月，佛山市提出了《关于全面推进佛山市“一门式”政务服务创新体系建设的实施意见》，将全面推进“一门式”改革，并且在“一门式”政务改革基础上，引入“互联网+”政务服务思维，以线下的“一窗通办”为切入点，全面优化线上的“一网通办”“一端通办”“一号通办”，统筹标准化建设和信息化建设两个核心，建设高效综合政务体系，打造佛山政务服务新模式。

3. 智造先行

佛山市为加快打造珠江西岸先进装备及各制造产业基地，构建现代产业体系，一方面出台了《佛山市加快推动用于生产过程的装备制造业发展工作方案》，注重培育发展有自主知识产权、市场前景广阔、应用于生产制造过程中的装备制造重点领域。大力推进传统制造业信息技术改造，不断改进生产制造模式，充分激发自主创新活力，大幅提升节能减排水平，加速推动从“制造”到“智造”的转变与创新进程，以持续强化产业核心竞争力，带动两化深度融合。针对薄弱环节，有针对性地建链、强链、补链。另一方面出台了《中国制造2025》佛山行动计划，针对整个制造业体系全盘规划，实现从佛山制造向佛山智造的转变、以佛山速度向佛山质量转变、从佛山产品到佛山品牌转变，将佛山市打造成中国先进制造业示范区，成为国内领先的智能制造产业基地。

4. 高度融合

佛山市积极贯彻落实国家、广东省加快信息化和工业化深度融合的战略部署，深化信息化与工业化、城市化、国际化的高度融合。一是以信息化带动工业化，制定《佛山市“两化”融合工作方案》，持续深化重点行业大中型企业“两化”融合水平，不断提升中小企业应用信息技术水平，快速提高工业发展的质量和效益，使由物联网、云计算、大数据等新技术、新应用驱动的新兴业态蓬勃发展；二是以信息化提升城市化，落实《佛山市城市升级三年行动计划》（佛府〔2012〕1号），促进城市升级和环境再造，积极探索推进广东省特色新型城市化道路，以佛山城市升级总体目标为导向，通过重点实施组团中心提升、主要轴线和节点提升、交通基础设施建设及城乡环境整治4个方面的103个项目，推进城市绿化、亮化、文化、美化的“四化”建设；三是以信息化加快国际化，制定《佛山市跨境电子商务试点企业、园区创建实施方案》，积极扶持跨境电子商务产业发展，推动产业转型升级，深化跨境电子商务应用，推进跨境电子商务企业、园区发展，规范跨境电子商务企业试点、园区认定流程，构建佛山特色的现代产业体系，打造超前引领的高效政府，建设开放包容的国际化城市。

5. 转型跨越

佛山市以建设国家创新型城市为契机，以城市升级促产业转型，以产业转型支撑城市升级，实现产业和城市发展的“双转型、双升级”。制定《佛山市城市升级三年行动计划》，围绕建设“民富市强，幸福佛山”的目标，依据佛山市的人文特色、自然禀赋和城市发展战略，在历史积累的基础上推进城市建设，坚持组团式城市的发展道路，以优秀城市环境吸引高端项目，以高端项目吸引高端人才，借助高端项目和高端人才推动城市品质的提升，全面提速“集群化、城市化、国际化”进程，全力实施“强中心”战略，大力推进六大工程的实施，确保佛山城市升级行动“一年见成效，三年大变样”。从硬件、软件、人际关系3个层面上下苦功，“让人们生活更美好”，促使佛山成为传统产业转型升级的典范城市、制造业服务化领头城、创新驱动先锋城市及产业金融中心城市。

6. 惠民发展

2015年1月，佛山市入选第二批国家信息消费试点城市，制定出台了《佛山市推进国家信息消费试点城市工作实施方案》，遴选出全市25个信息消费重点项目。通过加快信息基础设施建设、拓展信息服务新兴业态、提升信息产品供给能力和公共服务信息化水平、创新政府智能化管理模式五大措施，充分发挥信息消费在稳增长、调结构、促改革、惠民生中的积极作用，促进全市经济平稳快速发展，取得成功的示范效应。2015年12月15日，佛山市成功入选信息消费示范城市，在中国信息界发展研究院联合清华大学媒介数据研究中心等单位共同发布的《中国智慧城市惠民发展评价指数报告（2015版）》中，佛山市的智慧城市惠民发展评价指数达到72.4（总分为100），在所有地级市城市中名列榜首。2017年4月，腾讯研究院发布《中国“互联网+”数字经济指数（2017）》，在“智慧民生”

板块，佛山市在全国百强城市中排名第四，仅次于广州、深圳和北京。

6.2.2　银川

银川市的智慧城市建设整体框架为“一图一网一云”。其中，“一图”是通过城市中的各类物联网终端，结合全景式 3D 地图，对城市中的各个关键部位进行立体式定位；“一网”是利用达 8000 G 的光纤网络将散布于城市中的各个关键部位连接起来，将“一图”中产生的各类数据传到“一云”；而“一云”就是大数据中心云平台，负责将“一网”送过来的海量数据进行整理、存储和分析，让冰冷的数据发挥出应有的价值。

以此为基础，以“智慧共生、共联共享”为原则，银川市规划了智慧城市的顶层设计，打破全市各类信息孤岛，结合资源整合、服务融合的理念，建立了“智慧银川”城市运营指挥中心，集日常运营、应急指挥、城市综合管理三大功能于一体，收集城市信息，分析城市数据，堪称银川市的智慧城市“大脑”。银川市是第一个提出以市为基本单位进行智慧城市建设的城市，第一个实现了全市各级行政部门数据整合的城市，第一个进行智慧城市建设立法的城市，在众多智慧城市建设中走出了“银川模式”。

智慧城市的“银川模式”之所以能成为全球标杆，主要体现在五大创新。

1. 商业模式创新

银川市摒弃了以往以 BT 为主的智慧城市建设模式，创新性地利用 PPP+资本市场的模式，将智慧城市建设与资本市场相结合。银川市政府与中兴通信合资成立项目公司——中兴（银川）智慧产业有限公司，政府向合资公司购买 50 年智慧城市服务，形成合资公司最初的资本估值，然后合资公司并入上市公司进行资本运作，通过股票增值收益解决智慧城市建设资金问题，化解了分散投资所形成的行政壁垒、信息孤岛问题，更解决了以往 BT 下更新换代的难题。银川市在利用社会资本建成智慧城市的同时，还可获得股票增值带来的额外收益。

2. 管理模式创新

银川市以全市为整体实施顶层设计，有效整合各类城市信息资源，大力推进互联互通、信息共享、数据融合和业务协同。银川市成立以市委、市政府主要领导为组长的领导小组，在市委督查室设立办公室，强化督查落实。在信息系统建设方面，统一进出口，明确发改部门不批准新建信息项目，财政部门不安排资金，从而杜绝形成新的信息孤岛。2016 年 7 月，银川市除垂直管理部门外，各委办局的数据归集到大数据中心，解决了数据信息共享问题。银川市成为全国首个整合政府数据、实现数据归集和资源共享的城市。

3. 技术架构创新

银川市通过搭建“一图一网一云”技术架构，构建了一个在当前可以应用、在未来可扩展延伸的智慧生态系统。银川市还成立了中兴（银川）智慧城市研究院，进行智慧城市设计和大数据挖掘及分析应用。这种架构如同一个智慧终端，开放各类端口，可以扩展应用，与未来的新技术、新应用对接，满足未来不断建设、更新和升级的需要。

4. 监管方式创新

大数据是新型生产力，在各行业都有广泛的应用前景，但涉及隐私、安全和商业机密，需要专业机构进行管理，以促使其健康发展。银川市成立了大数据的专职监管机构——银川市大数据管理服务局，负责智慧城市整体规划建设工作，制定大数据标准（共享、开放、交易）、大数据安全规范（系统安全、隐私安全、商业机密安全）和产业发展规划，统筹协调信息资源的共享和互联互通，对大数据进行集中监管和挖掘分析，实现数据增值、精准监管和服务优化。

5. 立法保障创新

智慧城市建设是新出现的事物，要通过相关法律法规的保护，有效破解数据采集、安全使用、信息公开、信息共享等问题。银川市注重法规建设与智慧城市建设同步进行，2016 年在全国率先出台《银川智慧城市建设促进条例》，成为全国首个对智慧城市进行立法保障的城市，使智慧城市建设及大数据开放共享有法可依。

6.3 深汕特别合作区应用探索

新区新城是城市经济发展的新空间，是城镇化发展的创新引擎，是创新要素融通的新载体，是推进城市智慧化发展的试验田和排头兵。因此，在智慧城市建设中，新区和新城肩负着特色化、差异化、示范化发展的重要任务。在智慧城市规划建设中新区新城要因地制宜、找准定位，综合考虑区位优势、城市发展定位、经济社会发展水平等，找到具有本土特色的有针对性的发展路径。

深汕特别合作区是在原有的农村基础上开展城市建设，是典型的新区新城，具备“一张白纸”的天然优势，各种智慧城市建设都可以在此实践。智慧共生理念可在新城新区得到充分贯彻。首先，通过在虚拟的智慧城市中对智慧城市建设规划、应用解决方案进行模拟仿真和分析验证，构建数字空间，指导智慧城市建设；其次，对虚拟智慧城市的建设效果进行评价；最后，在智慧城市运营阶段，通过互联网、物联网与实体城市的连接实现智慧城市的运营管理。

6.3.1　深汕特别合作区智慧共生建设

自 2018 年 12 月 16 日起，深汕特别合作区作为深圳市的一块“飞地”，正式成为深圳第“10+1”区，站在历史新起点迈入深圳全面负责建设管理的新时代，承担着“区域协调、合作示范、自主创新”的发展使命，将通过组团式发展模式形成“一中心四组团”的城市格局，力争以世界眼光、世界标准建设成为粤港澳大湾区东部门户。

《深汕特别合作区总体规划纲要（2017—2035年）》中指出，“坚持智慧城市规划与实体城市规划紧密结合，同步规划、同步建设，适度超前布局信息通信基础设施，推进新一代信息技术与城市发展全面融合。”深汕特别合作区在大开发、大建设中融入智慧共生理念，致力于打造智慧城市共生体。

深汕特别合作区拥有集山、水、林、田、湖、草于一体的自然禀赋，近似“一张白纸”的建设条件，具备后发优势，有条件强化新型智慧城市顶层设计的统筹指导作用，推动规划建设同步实施，是实践数字空间与实体空间融合共生理念的绝佳试验田。

统筹布局智能泛在信息基础设施，包括形成初步的智能感知体系、建成高速泛在光前网络基础设施、建成集中统一的物理载体等方面。深汕特别合作区拟积极开展 5G 应用示范，基于 5G 网络覆盖可探索“5G+工业制造”“5G+医疗服务”“5G+智能制造”等多种应用场景，开启 5G 万物互联新时代。

在智慧小区、智慧空间、智慧交通、智慧政务、智慧水务等系统建设方面加大推进力度，建设“互联网+政务服务”系统和智慧深汕城市运行管理中心，在海逸村试点智慧小区开展科教大道等“五横六纵”智慧道路工程建设。

搭建统一制度标准体系框架，协同建设通用和专用制度标准体系，围绕全面感知、网络传输、集成运算、应用发布四大板块，研究制定智慧城市建设制度规范和技术标准，形成智慧城市大数据管理库基础。

新型智慧城市建设是一个复杂的系统工程，在智慧城市建设众多的细分领域中，智慧交通一直是这个复杂系统中最重要、应用最广泛的内容之一。随着国家建设交通强国一系列指导方针、政策文件的出台，深圳市提出建设交通强国城市范例的行动方案。深汕特别合作区作为深圳市第“10+1”区，秉承交通强国建设理念，全力打造高标准、国际化的智慧交通，也是不容推卸的责任与使命。

基于交通先行和智慧共生的原则，深汕特别合作区智慧交通以全生命周期智慧一体共生为理念，尝试为智慧深汕共生理念提供示范效应。全周期一体共生的基本理念涉及贯穿城市发展的规划设计、建设、运行服务的整个生命周期。在交通领域旨在在交通规划建设、监管调度、运行维护、公共服务等各环节实现共建、共享、共治。

规划建设阶段通过对现状问题的分析发现，规划方案设计与支持、方案的快速评价、规划分析结果的直观说明等都为深汕特别合作区提供一系列的交通规划建设管理的决策支持。监管调度环节通过对各种道路交通状况和车辆信息数据采集处理，依靠高效的决策能力和组织协调能力，实现对交通状况的有效监控、交通流量的自动调节，从而提高道路通行能力，缓解交通拥堵问题；运行维护环节高度集成监测、评价、决策、设计、施工、后评价等阶段，形成一套科学高效的智慧交通运行维护体系，实现全生命周期质量和成本控制；公共服务环节着眼于出行信息的广泛应用与服务，以个性化、多样化服务提高既有出行设施的运行效率，满足交通出行的需要。

近年来，多功能智能杆在智慧城市建设中备受瞩目，在智慧交通领域的应用较为成熟。通过多功能智能杆的共建共享工作，提升了城市运维效率，为智慧城市建设打下良好基础。合作区坚持“一体化统分结合、体系化多方参与”的原则，力争高起点、高标准、前瞻性布局智慧道路多功能智能杆。深汕特别合作区智慧道路建设将以多功能智能杆为载体，广泛借鉴国际先进经验，围绕各类交通出行特征，结合 5G 技术，深入挖掘基于道路安全、交通效率、本地服务、联网服务四大类多种应用场景。多功能智能杆建设集成视频监控、卡口系统、RFID 数据、客流监测、环境感知、手机信令等多个前端感知设备，构建深汕特别合作区智慧道路的感知体系。通过前端设备采集的数据构建大数据中心，分类形成前端设备采集数据库、基础数据库、交通服务业务数据库、城市服务业务数据库等。通过网络传输实现大数据共享，为智慧交通运行监测、服务于综合治理平台等多个智慧应用系统提供数据支撑，进行分析研判。

智慧交通是深汕特别合作区智慧城市建设的重点工程之一，以点带面探索打造智慧交通样板工程，将为其他智慧城市建设领域提供诸多宝贵经验。

6.3.2 新区新城智慧共生模式发展特点

与老城区相比，新区新城因其历史负担轻、发展迅速，在践行先进发展理念、条块融合统筹布局、先行先试等方面具有先天优势，可大大降低创新、协调、绿色、开放、共享发展的难度。

在践行先进发展理念方面，新区新城的智慧城市建设更注重“顶层设计”，从统一规划到落地实施可充分吸收世界先进理念，广泛借鉴国际成功经验，坚持世界眼光、国际标准，高水平、高标准、高质量打造新型智慧城市。

在条块融合统筹布局方面，新区新城有条件打破各个信息平台各自为政、条块分离、数据归口不一的固有格局，从源头上打破数据壁垒，各领域的数据从一开始就会融合共享，真正贯彻实现“一体化统分结合、体系化多方参与”的理念和原则。

在先行先试方面，新城新区肩负着深化改革、扩大开放的重任，不同程度地获得各级先行先试政策支持。在这种鼓励创新的大环境中，新区新城可在率先部署先进基础设施、优先应用新技术推广新模式等方面大胆探索，并将区域的优秀经验和实践成果推广至更大范围。新城新区的智慧城市建设以信息技术引领“多规合一”，挖掘创新资源，培育独特能力，探索新技术、新模式的落地实践，推动其特色化、差异化发展。

由于新区新城智慧城市建设相当于一个新设立的城市，所有的体系都是从零开始搭建的，通常面临基础设施数量少、质量低、体制机制流程不完善、网络基础设施薄弱和覆盖率低、基础数据资源匮乏等诸多问题。数据汇集和城市建设需要一个漫长的过程，在一张白纸上绘制蓝图容易，但要绘到底却不容易，这对城市建设者的战略耐性是极大的挑战。此外，在智慧新城基础设施配套建设中如何适度超前，在充分预留未来发展空间的同时又不造成资源浪费，也是需要建设者们深入思考探索的问题。

6.4 乡村振兴应用探索

6.4.1 智慧乡村的建设背景

智慧城市理念逐步得到了社会各界的重视，并且很大程度上开始应用在乡村发展中。印度曾于2015年开启“数字印度”规划，计划利用网络打通全国所有乡村，形成数字链接通道；欧盟也于2017年正式开启“欧盟智慧乡村行动”。在我国，智慧乡村建设项目于2014年在北京市落地实施，《北京市“十三五”时期信息化发展规划》提到，“要大力推进智慧乡村的建设工作，达成2021年完成200个智慧乡村建设的宏伟目标。”海南省在2015年以后建设完成“互联网农业小镇”共计13个。我国学者分析了国内一批智慧乡村建设的案例并总结经验，包括江苏省南京市江宁区“美丽乡村”、北京市西柏店村“美丽智慧乡村”、广西壮族自治区来宾市忻城“智慧电商”以及江西省抚州市“智慧医疗”等。

6.4.2 智慧乡村的概念与内涵

智慧共生理念即信息技术的广泛应用，与经济、社会、生态等领域的良好融合，创新与自我优化等理念同样可在乡村建设中适用，也是智慧乡村建设中的必备要素。在城乡发展历程中，基础设施、基本公共服务将逐步体现出均等化趋势，城市和乡村作为社会系统的两个组成部分，两者功能互补，可在更大程度上发挥其社会作用。所以，智慧城市和智慧乡村之间亦是互通有无、互相影响的。但相对于城市来说，乡村在智慧建设中存在更多的困难，如基础设施薄弱、建设难度大、教育水平较城市差，且目前乡村的老龄化现象明显，大部分村民没有信息化意识，更遑论应用。此外，由于乡村规模小且异质性强，使乡村资源受限，发展建设存在更强的阻碍，因此应因地制宜地挖掘乡村的发展潜力和发展需求。此外，城市与乡村的功能定位各有侧重，农业生产、生态保护等方面是乡村特有的功能。智慧乡村与智慧城市的建设重点也不尽相同。

智慧乡村由智慧城市概念延伸而来，也是智慧共生理念在乡村区域的应用。有学者指出，智慧乡村是指在大数据、移动互联、物联网、云计算等新兴技术的基础上，把农村产业经营、居民生活、乡村治理、资源环境等多个领域进行智慧化建设，充分利用智慧化应用解决乡村地区存在的问题、矛盾，创新性地为乡村振兴和可持续发展做好全面服务。具体而言，智慧乡村具备以下几个特征：信息技术在乡村各领域的运用；不断激发人的创新精神和主观能动性，激发乡村发展活力；不断优化乡村系统功能；乡村生态、社会、经济等各方面均可实现可持续发展的目标。

6.4.3　国内智慧乡村实践

智慧乡村建设近几年在国内掀起了热潮，各地都以智慧共生为建设发展理念，从规划设计共生、体制机制共生、建设实施共生、运营管理共生多个方面积极探索，并根据发展需求和自身条件选择适合自身的建设内容和建设重点，逐步产生不同类型的智慧乡村模式。

1. 北京智慧乡村

北京市主要以单元式划分的模式来建设智慧乡村，通过提升改造信息化体系，使信息技术应用在乡村治理、农业生产经营、社会公共服务等领域，使农村产业达到提质增效的效果，并逐步实现公共服务以及乡村治理的精细化。北京市自 2014 年开始试点建设智慧乡村，到 2017 年年底已基本建设完成 135 个智慧乡村，范围覆盖北京市 13 个区。

2. 海南“互联网农业小镇”

海南开展“互联网农业小镇”建设工作主要以镇为单元，构建了“1+2+*N*”的运营模式，即 1 个综合运营平台+2 个中心（大数据中心和运营管理中心）+*N* 个模块（农户、企业、组织、机构、创客等）。镇、村开展分工合作，镇级产业管理服务由镇级运营中心负责；互联网向农村、农户延伸，技能培训、农产品销售推广等服务则由村级服务中心负责。利用信息技术和互联网思维来整合调配镇域资源，促进“三农”和“互联网”的不断融合。

3. 湖南省益阳市紫薇村

紫薇村将美丽乡村和智慧乡村的理念相结合，通过信息技术手段逐步开展乡村建设。首先，通过建立环卫物联网智能监控管理系统来提升人居环境；其次，通过建立“最美紫薇村”微信公众号以及“紫薇云”等公共服务平台，提供多样化线上服务，提升游客体验；再次，通过远程监控的方式将生产场景开放给消费者，通过开展农产品预售的方式对农产品进行促销活动，部分村民的电商销售收入每月可达到近万元；最后，这一便捷、智慧的生产、生活方式也在不断吸引大量回流。

6.4.4 总结与启示

由于智慧乡村的概念并未达到广泛适用和精确的程度，其建设模式也并不是统一适用的，因而应当因地制宜地开展相关建设。第一，要深入挖掘当地的发展需求以及面临的“瓶颈”问题，根据当地需求来整合资源，制定适合当地人文条件和自然地理的适用性建设方案，以达成规划设计智慧共生的宏伟目标。第二，智慧乡村建设尚未建立统一的标准，但是其他地区的成功实践案例，尤其是类似问题的案例，对于当地的乡村智慧建设具有重要的借鉴意义。因此，需要对智慧乡村建设过程中的实践经验、典型案例和存在问题及时进行总结分析与分类汇总整理，考虑建立专用的公共平台对相关经验总结进行汇总发布，并建立工具数据库为各地智慧乡村实践提供参考依据。第三，智慧乡村的研究目前尚处于起步阶段，远远达不到可以全面实践的地步，未来仍需要进行进一步探讨，包括对智慧乡村概念内核的深入探讨，对智慧乡村实践经验的总结，以及利用智慧乡村评价体系定量评价智慧乡村发展水平等。

第7章

总结与展望

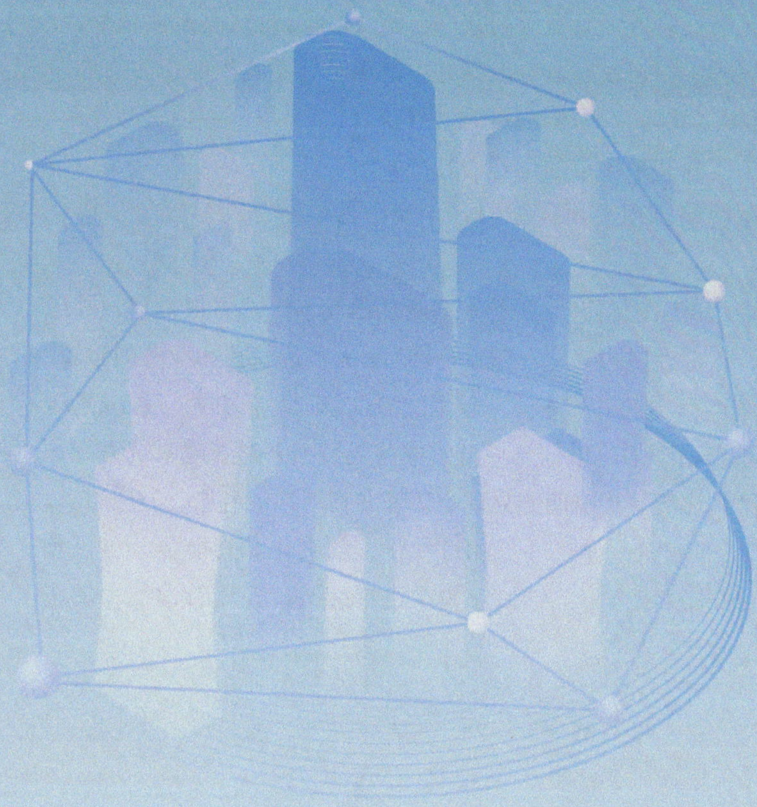

本章从城市发展趋势、技术创新驱动和应用场景需求 3 个方面，深入分析推动智慧共生理念不断丰富完善的影响因素，对智慧共生理念不断丰富和完善的方向和趋势作出科学的预测和判断，并且力图准确地刻画出在智慧共生理念的影响下短期内未来城市的发展肖像。

7.1 智慧共生理念的实践总结

在城市发展趋势、技术创新驱动和应用场景需求 3 个方面的驱动下，智慧共生理念将不断丰富和完善。

1. 多源异构数据资源整合将更加完善，构成完整的系统

智慧共生城市在城市信息模型上集成了城市的全量大数据，包括动态数据和静态数据、政务数据和社会数据、历史数据和预测数据，这些多源异构数据全部作为实体属性加载到城市信息化模型中。实现城市级数据共享和数据融合、形成城市全量大数据、支撑数据驱动的治理模式得以落地是智慧共生成功的关键因素。当前全国主要省市都在进行政务信息资源的共享与整合，部分地区基本实现整合，大部分地区仍在整合过程中，但仅有政务数据并不能满足智慧共生城市的治理需求，重点领域的社会数据、实时采集的物联网数据应尽快整合进入数据资源体系，融入城市信息模型，为智慧共生城市的运行做好准备。

2. 成熟的管理系统将嫁接三维信息模型，城市管理方面的智能分析将逐步替代人脑分析

在大学校园、产业园区、经济开发区等一些封闭的功能区，一般都建设并运行着成熟的管理系统，负责设施的管理、资源的管理、人员的管理和业务的运转。通过将这些封闭的区域进行实景三维建模，建立区域信息模型，并将已经成熟运行的管理系统叠加到信息模型上，以信息模型集成各类数据并对管理系统进行适当重塑，将实现从二维到三维、从平面到立体、从静态到动态的升级，如虎添翼、事半功倍，大大提升管理能力，使管理更加可视化、精细化、智能化。可以预见的是，越来越多的管理系统将与三维信息模型进行嫁接，实现管理能力的快速升级。

7.2　智慧共生理念的未来展望

1. 城市规划领域：促进全局最优管理决策

于城市规划而言，通过在城市信息模型上模拟仿真“假设”分析和虚拟规划，可以推动城市规划有的放矢、提前布局。为避免过度设计或无效设计的出现，应提升设计的效率和可行性，在规划和设计前期充分调研城市特性、评估规划影响，以更少的成本和更快的速度推动规划落地。通过城市信息模型以及可视化系统，以定量与定性方式制订专题分析、模拟仿真、动态评估、深度学习规划方案，并分析其对城市带来的影响，保证规划楼宇、绿地、公路、桥梁、公共设施等每一寸土地的综合效益实现最优化。

一是实现规划管控“一张蓝图”。通过城市现状三维实景、地形地貌、地质等基础空间数据，地下空间、管廊等地下空间数据，人口、土地、房屋、交通、产业等现状数据的多源数据融合，以及总规、控规、专项、城市设计、限建要素等规划成果的多规数据融合，形成结构合理、内容完善、规范高效的数据统一服务体系。智慧共生空间内的数据合并叠加能够有效解决潜在的空间边界冲突差异，实现规划管控“一张蓝图”，并以此为基础进行规划评估、多方协作、动态优化与监督实施。基于实时和有效的规划管控数据，通过模拟仿真及可视化展示方式，可实现对各种规划方案及结果的优化和比选。

二是基于全量数据分析进行多方案比选。通过建立城市信息模型平台，汇聚更多规划相关数据，如人口分布密度、绿地面积布局、地理空间位置、房屋布局、道路分布、停车位等静态信息，交通流量、实时环境检测、空气流动、温度变化、人们社交活动等动态信息。基于全量数据构建各类模型，如城市风貌模型、控规模型、参数化模型等，实现用地统计、管线统计、面积汇总、拆迁分析等，并采用 GIS 方式进行展示，如温度变化、水势变化、空气动力变化、雾霾分布情况等，为规划提供决策依据。为城市规划规模、能源系统、通信系统、医疗资源、教育资源、防灾能力、绿地景观、供水及污水处理、文化健身场地建设等方面提供专题分析，支持进行多方案评价对比。建立城市规划评价指标，包括用地、绿化、人口分布、空间结构等，支持指标计算与综合评价、多方案评价的对比。

三是基于城市体检进行规划修正。利用城市信息模型属性信息机器可识别、可分析的特性，对城市运行数据进行可视化分析，从城市环境监测反馈、城市建设监测反馈和城市运营监测反馈 3 个层面进行城市体检，在数字空间分别展示城市生态环境动态（水、大气等）、城市建设管理情况（土地利用、违建执法等）和城市运营情况（人口、交通、产业等），并分析梳理相关问题，归纳总结规划意图实现程度和缺陷。通过城市体检对照规划目标和规划实施情况，进行规划设定指标的评价、规划实施质量的评价和规划预期的合理性评价，并提出修正目标，如改进规划设计方案以及调整建设时序。

2. 城市建设领域：满足城市管理者的项目进度管控可视化需求

城市建设项目具有规模大、复杂度高、周期长、涉及面广等特点，项目管理十分困难，整个项目的进度和质量难以科学管控。利用智慧共生技术，不仅可以全要素真实还原复杂多样的施工环境，进行交互设计、模拟施工，还可以赋予城市“一砖一瓦”的数据属性，确保信息模型在城市建设全生命周期不同阶段的信息交换。

一是在设计阶段实现交互设计。在城市建设项目的设计阶段，利用智慧共生技术还原建设项目周边环境，一方面可以实现在可视化环境中进行交互设计，另一方面可以预先了解设计方案和周边环境的干扰因子，让施工阶段暴露的缺陷在虚拟设计过程中提前暴露，以便设计人员及时优化设计方案，同时可以对施工量提供辅助参考。

二是在施工阶段实现全面管控。由于智慧共生技术中对象具有时空特性，因此在施工阶段需要将施工方案进度与进度计划进行对比和分析，对施工过程进行全面管控。例如，事先模拟大型设备的吊装方案，在三维虚拟环境下检查项目设计和施工能力，通过动态碰撞分析模型检测物体运动过程中潜在的碰撞。

三是在运维阶段实现数据留存。项目建设完成进入运维阶段，其设计、施工数据将全面留存并导入同步建成的智慧共生城市，构建时空数据库，可实时呈现建筑物细节，并基于虚拟控制现实实现远程调控和远程维护。建筑工程项目完成后，设计、施工、装配过程中的所有数据全部留存，生成完整的建筑三维模型，通过在建筑内外部空间部署各类传感器、监控设备，采集建筑环境数据、设备运行数据、构件压力和应变数据、视频监控数据、异常报警数据等进行智能分析，对可能出现的建筑寿命、设备健康等问题进行预测预警。当出现问题隐患和故障报警时，管理人员可借助 VR/AR 设备操控智能巡检机器人进行巡查和维护，在虚拟空间中诊断和解决物理建筑中存在的实际问题。

3. 城市治理领域：满足城市管理者的“一盘棋”综合治理需求

智慧共生理念立足城市运行监测、管理、处理、决策等要求，将各行业数据进行有机整合，实时展示城市运行全貌，形成精准监测、主动发现、智能处置的城市“一盘棋”治理体系。

一是城市运行“一张图”管理。利用城市信息模型和叠加在模型上的多元数据集合，打造精准、动态、可视化的智慧共生城市大脑，通过智能分析、模拟仿真，洞悉人类不易发现的城市复杂运行规律、城市问题内在关联、自组织隐性秩序和影响机制，制定全局最优策略，解决城市各类顽疾，形成全局统一调度与协同治理模式。借助智能大屏、城市仪表盘、领导驾驶舱、数字沙盘、立体投影等形式，可“一张图”全方位展示城市各领域综合运行态势，并根据不同主题分级分类呈现，帮助城市决策者、管理者、普通用户从不同角度观察和体验城市发展现状、分析趋势规律。

二是城市部件统一数字化管理。城市部件管理一直是城市治理的重点和难点。一方面，随着城市的智慧化发展，各类城市部件数量呈现爆发式增长态势，管理复杂度不断上升；另一方面，城市部件广泛部署在地上、地下、水中、建筑物内外等各个角落，空间位置复杂，故障损坏具有突发性和随机性，而传统的城市部件管理手段和方式较为单一，存在信息表述不清晰、传达不准确、处理流程慢等问题。在智慧共生城市中，基于标准统一的城市部件数字编码标识体系和空、天、地全方位立体部署的物联感知设施，能够为各类城市部件、基础设施甚至是动植物等生命体赋予独一无二的“数字身份证”，实现对城市部件的智能感知、精准定位、故障发现和远程处置。

4. 交通领域：满足道路通行效能最大化需求

利用大数据、云计算、物联网、人工智能、可视化等信息技术手段，融合多源异构、多模态交通实时数据，构建交通信息知识图谱，将物理世界中复杂的交通系统构建为机器可理解的智慧共生交通环境。通过对交通时空大数据的挖掘和分析，实现对交通情况的实时展示、监测预警、应急处理、拥堵治理和联程联运等功能。

一是优化城市交通。通过智慧共生交通环境，可实现自动计算城市的道路网密度、干线网密度、人均道路面积、非直线系数、时间可达性、空间可达性等多项测量指标，从而对路网进行分区、分段、总体的空间拓扑评价。基于交通流量数据或者起止点数据，利用交通流理论计算路阻函数、道路路况、交通密度等信息，也可以基于微观仿真将流量转化为宏观参数输入、输出交通运行的仿真结果，对运行效率、路网负荷度等进行分析评价。从公交线网密度、公交专用道比例、信号优先交叉口比例等方面进行公交线网静态评价；结合排班信息、公交客流需求信息，进行公交客流分配计算或者微观仿真，获取客运量、满载率、高峰平均运营速度等结果，对公交动态运行进行评价，实现对城市地面公交系统专项评价。

二是保障交通安全。在很多国家，因为航路和扇区设计合理性不足、空中交通管理系统设施不完善等，导致局部空域飞机较多，为空难事故的发生埋下了隐患。新疆空管打造的智慧共生之空中交通管理，创造性地将空中交通管理的各要素，如空域范围、空中流量、雷达扇区、航路区间、飞行设备、地勤设备等进行数字镜像制作，集成到一个视图，为运行管理中心、飞行服务中心、飞行管制中心、设备监控中心提供了更加便捷、直观的管理手段，提高了各中心工作人员的管理水平和工作效率，实现了“保证安全第一、改善服务工作、争取飞行正常”的目标。

三是高精度实景重现。智慧共生加速了智能驾驶的落地普及，通过智慧共生完整的工具链仿真系统实现了道路、地形、交通标志、光线、天气、交通流等的高精度仿真。利用高还原度、模型丰富的仿真平台实现了基于真实道路数据、仿真模型数据和案例场景实测数据对自动驾驶的车辆进行测试和训练，提升智能驾驶决策执行能力和安全稳定性，加速无人驾驶技术应用的落地和推广普及。

5. 城市应急管理领域：满足让应急预案更加贴近实战的需求

突发事件的发生往往措手不及，且事件的演变具有极大的不确定性，人类无法完全预测和消除事件的潜在威胁和现实破坏，只能在力所能及的范围内尽可能减少突发事件带来的危害。使用智慧共生和虚拟现实技术为用户模拟真实的突发灾难场景，如火灾、洪水或暴雪等事件，让用户更加生动地体验在紧急事件发生时不同处置措施带来的不同结果。

一是应急现场环境快速还原。采用新型测绘技术快速还原地震、泥石流、滑坡等应急事故现场的环境，这是应急指挥的基础条件。真实的直观现场环境可为相关部门开展灾情研判、灾害分析、地质灾害排查、灾后重建等工作提供测绘级精度的保障，也为应急预案制定提供科学依据。

二是应急资源可视化管理。智慧共生平台可以通过可视化界面形象地实时展示各种应急资源的位置、状态，并可基于空间实际地理坐标对可用应急资源进行查询。同时，可以根据应急预案仿真的需求，为某件突发事件的应急预案提供底层的应急资源数据支持，以为后续根据应急预案模板生成具体的应急预案提供帮助。此外，还需对重点建筑和重点区域细化场景模型，用以支持后续的应急事件和应急预案仿真流程，如对可疏散区域、出入口、道路交通路网等进行建模。

三是应急预案科学仿真。按照“情景—应对”模式进行系统化的构建。一方面，系统梳理出该类突发事件发生的场景、针对的具体目标与对象，在建立的功能性场景的基础上对应急事件本身进行建模，类别可包括自然灾害、事故、社会安全等。另一方面，需要对某种具体的应对措施进行建模，包括该处置措施所涉及的应急资源、应对具体突发事件的效果等。建模完成的应急预案模板应存入应急预案数据库。通过在重点场所、重点建筑触发某种应急事件，或者是随机生成应急事件的方式开始应急预案的仿真，随之通过调用具体的应急预案模板，根据相关的应急资源分布的状况生成实际应急预案。通过三维模拟仿真技术对整个应急事件处置的全流程进行仿真，在仿真的过程中通过多种评价方式对每个具体的仿真流程、整体应急资源的准备情况、应急预案整体执行效率等进行多角度的评价。整个仿真的数据和评估报告应存入应急预案仿真结果和评价数据库，后续可以根据仿真的情况反馈，制订若干预案和应急资源准备改进方案。

四是应急预案模拟演练。在微观方面，可以针对应急预案中的不同角色，对其承担的职责进行培训和演练，以达到评估优化预案和训练相关人员的目的。具体执行时，可触发某种突发事件，然后通过推送方式通知不同角色人员开始演练，不同角色人员根据模拟演练脚本的情况及自身的职责进行对应步骤的演练，模拟应对步骤对应急事件本身产生的影响。整个模拟演练的日志和视频须记录并存入数据库，供后续对演练学员的表现进行定性和定量的评估。

6. 公共安全领域：满足让“雪亮工程”更“明亮”的需求

借助“雪亮工程”、警用地理信息系统等在建或已建资源，依托数字城市，实现公共安全应用场景的真实再现，通过接入各种传感信息，实现公共安全应用场景的实时动态监控，通过对海量公共安全数据进行整理、分析、挖掘、呈现，最终作用于真实物理世界。对城市公共安全的全面透彻感知、系统整体掌控、迅捷精确响应使公共安全治理主体能够实现信息共享与互联互通，最终形成统一的预警防控体系。基于智慧共生理念的公共安全是公共安全治理的新模式，能够适应城市的复杂性、流动性和连续性，支持服务主体管理的开放性、动态性，融合信息的多元化、复杂化，呈现对海量数据的整理、分析、挖掘。

可以看到，采用智慧共生理念后，在公共安全领域，基于人工智能技术、算力的提升和数据超大规模汇聚，分析和整合城市各个角落的监控设备产生的数据，可实现对城市安全形势的精准分析、整体研判和协同指挥，使“雪亮工程”更“明亮”。

7. 公共服务领域：满足提升市民体验的需求

在公共服务领域，智慧共生的技术创新平台化模拟仿真和三维交互式体验可再造服务内容传播形式，显著提高服务供给的质量和效率。例如，在医疗服务领域，智慧共生正在加快构建基于多维度生理指标的“数字化个体”，赋予医生“透视”诊断能力，提高医疗服务的准确性；在公共教育领域，智慧共生技术将抽象的知识转化为基于数字平台的可视化模型，并可根据受教育者的学习反馈表达，动态调节教育方案和计划，从而让知识更易于理解和高效传播。

一是智慧共生个体不断提升医疗就诊精准性。目前，面向个体的智能可穿戴设备越来越多，监测的生理指标范围也越来越大。与此同时，大型医疗诊断设备也在快速发展，医学成像、3D 器官打印、基因测序等技术日新月异，面向个体的生理认知正在不断深化，智慧共生个体正在局部领域得到应用，如医疗机构通过开展脑电图监测设备多导监测，可对患者多个生理体征进行长时间实时监测，并绘制脑电图、眼动图、肌电图、心电图、呼吸图等多维度数据立体画像。

二是智慧共生让教育服务更加可感可视。在互联网和智慧共生技术的推动下，多媒体教学正在进一步升级演进，通过将数字课件中的知识点以声音、视频、图像等多种形式加以包装处理，让原本生涩难懂的知识点变得可感可视，信息转化和知识嫁接更为顺畅高效。例如，在医学课上，通过智慧共生教学平台中展示个体器官、局部组织，让学生高效学习掌握知识点和手术流程，以及如何处理突发手术意外和其他意外情况等；在工业实训基地等应用场景中，企业对关键设备、产品、加工生产线甚至整个车间进行在线模拟仿真和同步控制，便于培训对象直观掌握装备构造、生产加工流程、机械控制逻辑等内在信息。同时，通过虚拟仿真和过程在线控制，还可以实时分析企业生产管理、过程控制等运行效能，有助于降低系统开发和性能优化成本。

三是智慧共生将从局部走向全域、从粗糙走向细腻、从映射走向操控。受管理难度和技术成本的影响，智慧共生将从社区、园区、校园、港口等小范围的封闭区域逐步向城市全域范围、城乡融合、陆海空天一体化的全空间过渡。此外，随着智慧共生程度的不断深化，实景三维模型精密度将由仅可满足普通的城市管理需要的低精度向能够满足人工智能算法训练的高精度演进，实时渲染效果将更加真实，如实现 24 小时昼夜变换，逼真呈现清晨、白天、黄昏、夜晚的效果，天空光的颜色和强度，天气变化和自动光照变化，达到仿真的“镜像”效果。当前，智慧共生城市建设重点还聚焦于对物理城市的精准映射，未来建设重心将向对物理城市的智能操控转变。

参考文献

[1] 阿尔伯特·梅耶，曼努尔·彼得罗·罗德里格斯·玻利瓦尔，奉莹，等. 管理智慧城市：关于智慧城市治理的文献综述[J]. 国际行政科学评论（中文版），2016，82（4）：150-166.

[2] 安然. 论雄安新区的智慧新城建设[J]. 新西部，2018（9）：81，69.

[3] 白勇刚. 智慧城市建设运营模式探讨[J]. 焦作师范高等专科学校学报，2017，33（3）：50-53.

[4] 贝文馨. 智慧城市核心内涵研究[D]. 上海：上海师范大学，2017.

[5] 曹阳，甄峰. 基于智慧城市的可持续城市空间发展模型总体架构[J]. 地理科学进展，2015，34（4）：430-437.

[6] 柴彦威，申悦，陈梓烽. 基于时空间行为的人本导向的智慧城市规划与管理[J]. 国际城市规划，2014，29（6）：31-37.

[7] 常倩，李瑾. 乡村振兴背景下智慧乡村的实践与评价[J]. 华南农业大学学报（社会科学版），2019，18（3）：11-21.

[8] 常燕军. 西方国家智慧城市建设实践及对上海的启示[J]. 秘书，2019（2）：44-50.

[9] 陈阿江. 共生农业：生态智慧的传承与创新[N]. 中国社会科学报，2017-12-15（6）.

[10] 陈冰，张华，廖含文，等. “互联网+城市”的智慧可持续发展路径研究[J]. 城市建筑，2019，16（34）：17-21.

[11] 陈桂龙. 解读全球智慧城市[J]. 中国建设信息化，2016，5：30-37.

[12] 陈桂龙. 智慧银川：从2. 0迈向3. 0[J]. 中国建设信息化，2016（11）：38-39.

[13] 陈换新，刘栋永，徐明世，等. 空间数据融合的框架流程及发展现状研究[J]. 地理信息世界，2013（5）：26-31.

[14] 陈骞. 国外智慧城市建设进展与应用实践[J]. 上海信息化，2014（10）：81-83.

[15] 陈兰杰，李乐诗. 基于多源数据融合的城市治理模式研究[J]. 行政科学论坛，2019（5）.

[16] 陈庆. 数字孪生在数据中心基础设施领域的应用探索[J]. 中国金融电脑，2019，361（8）：

67-71.

[17] 陈如明. 智慧城市定义与内涵解析[J]. 移动通信，2013，3-4：5-9.

[18] 陈锐，贾晓丰，赵宇. 智慧城市运行管理的信息协同标准体系[J]. 城市发展研究，2015，22（6）：40-46.

[19] 陈伟清，史丽娜，吕冬妮，等. 基于灰色关联聚类分析的智慧城市建设领域发展水平实证研究[J]. 科技管理研究，2017，37（6）：59-64.

[20] 陈伟清，覃云，孙栾. 国内外智慧城市研究及实践综述[J]. 广西社会科学，2014（11）：141-145.

[21] 陈晓红. 数字经济时代的技术融合与应用创新趋势分析[J]. 社会科学家，2018（8）：8-23.

[22] 程大章，沈晔. 智慧城市的规划设计——规划内容[J]. 智能建筑与城市信息，2013（8）：88-93.

[23] 程大章. 论智慧城市的体制与机制[J]. 智能建筑与城市信息，2013（4）：26-30.

[24] 程亮. 新基建背景下的智慧城市建设[J]. 中华建设，2020（4）：130-131.

[25] 程治磊，范保银. 智慧城市发展对城市规划的影响评述[J]. 建筑工程技术与设计，2016（16）：56.

[26] 楚天骄. 借鉴国际经验，建设面向未来的智慧城市——“十四五”期间上海智慧城市建设目标和思路研究[J]. 科学发展，2019（9）：25-31.

[27] 崔璐，杨凯瑞. 智慧城市评价指标体系构建[J]. 统计与决策，2018，6：33-38.

[28] 戴海雁，张宏. 智慧城市的实施计划——以《智慧伦敦路线图》为例[J]. 国际城市规划，1-10.

[29] 戴俊杰. 智慧城市的建设对我国城市规划的影响与措施研究[J]. 科技经济导刊，2019，27（18）：26.

[30] 单志广. 我国智慧城市发展面临的挑战[N]. 经济日报，2015-10-29（15）.

[31] 邓毛颖. 智慧城市与智慧的城市规划[J]. 华南理工大学学报（社会科学版），2015，17（3）：50-56.

[32] 邓贤峰，张晓海，张晓伟. 城市运行管理信息化的缺憾与智慧化创新——以南京为例[J]. 上海城市管理，2012，22（4）：21-24.

[33] 定美辰. 物联网技术在智慧城市建设中的应用[J]. 通信电源技术，2019，36（8）：179-180.

[34] 董成，孙刚，赵国良，等. 大数据背景下的智慧城市建设[J]. 住宅与房地产，2020（3）：247.

[35] 董宏伟，寇永霞. 智慧城市的批判与实践——国外文献综述[J]. 城市规划，2014，38（11）：52-58.

[36] 董经轩. 智慧城市运营管理模式创新研究[D]. 贵阳：贵州财经大学，2019.

[37] 杜双枝. 智慧城市的顶层设计规划[J]. 智能建筑，2016（8）：32-35.

[38] 樊婷婷. 地方政府推动新型智慧城市建设中的问题与对策研究[D]. 石家庄：河北师范大学，2020.

[39] 房毓菲，单志广. 智慧城市顶层设计方法研究及启示[J]. 电子政务，2017（2）：75-85.

[40] 智慧城市 数据融合：GB/T 36625—2018[S]. 国家市场监督管理总局，中国国家标准化管理委员会，2018.

[41] 高光耀. 我国智慧城市顶层设计基本思路研究[J]. 管理现代化，2013（6）：46-48.

[42] 高红. 关于智慧城市顶层设计的思考[J]. 房地产导刊，2017（21）：4.

[43] 高璇. 我国智慧城市建设困境与破解路径研究[J]. 城市观察，2018，56（4）：123-129.

[44] 高璇. 我国智慧城市研究特征与趋势——基于 CiteSpace 知识图谱分析[J]. 城市观察，2019，61（3）：147-156.

[45] 高艳丽，陈才，张育雄. 数字孪生城市：智慧城市建设主流模式[J]. 中国建设信息化，2019，21：8-12.

[46] 高艳丽，陈才，张育雄. 数字孪生城市的智能中枢[J]. 中国建设信息化，2019，100（21）：13-17.

[47] 高艳丽，陈才，张育雄. 数字孪生城市智慧城市建设主流模式[J]. 中国建设信息化，2019，100（21）：8-12.

[48] 顾朝林. 转型发展与未来城市的思考[J]. 城市规划，2011（11）. 23-34.

[49] 郭菊芳，刘珊珊. 邯郸市永年区绿色发展与智慧农业共生[J]. 农业开发与装备，2019（6）：1-6.

[50] 郭黎，崔铁军，王玉海，等. 多源空间数据融合技术探讨[J]. 地理信息世界，2007（1）：64-68.

[51] 郭黎. 多源地理空间矢量数据融合理论与方法研究[D]. 郑州：中国人民解放军信息工程大学.

[52] 郭黎. 空间矢量数据融合问题的研究[D]. 郑州：中国人民解放军信息工程大学，2003.

[53] 郭理桥. 国家智慧城市试点工作总结与展望[J]. 建设科技，2015（5）：22-26.

[54] 郭靓，张东，么遥，等. 国际智慧城市发展趋势与启示[J]. 中国经贸导刊，2018（27）：

35-36.

[55] 郭晓平. 关于智慧城市内涵与智慧城市建设的研究[J]. 城市建设理论研究（电子版），2018（33）：189-190.

[56] 何东. 智慧城市创新发展模式和策略探讨[J]. 信息通信，2012（1）：265-266.

[57] 洪越炎，王利平. 江西省婺源县智慧城市建设的调研与思考[J]. 传承，2016（10）：103-105.

[58] 侯远志，焦黎帆. 国内外智慧城市建设研究综述[J]. 产业与科技论坛，2014，13（24）：94-97.

[59] 侯月美. 关于物联网技术在智慧城市中的应用研究[J]. 通信世界，2019，26（8）：212-213.

[60] 胡佳艳. 智慧城市研究进展与展望[J]. 科技管理研究，2014，34（17）：155-159，170.

[61] 胡美瑜. 新时代下智慧城市规划的思路探索[J]. 居舍，2019（24）：4-5.

[62] 胡圣武，张卷美，王新洲，等. 空间数据融合的基本框架[J]. 测绘科学，2007（3）：23，176-178，200.

[63] 胡小芳. 数字经济时代智慧城市建设的困境及对策研究——以绵阳市智慧城市建设为例[J]. 湖北经济学院学报（人文社会科学版），2019，16（11）：17-19.

[64] 胡小明. 智慧城市反思与展望[J]. 办公自动化，2020，3：11-15.

[65] 黄婷. 国内外智慧城市建设模式比较研究[D]. 西安：西北大学，2015.

[66] 姜武华，辛鑫，陈无畏，等. 基于信息融合的自动泊车系统车位线车位识别和决策规划[J]. 中国机械工程，2020，31（10）：1190-1196.

[67] 姜延吉. 多传感器数据融合关键技术研究[D]. 哈尔滨：哈尔滨工程大学.

[68] 金江军，张琳琳，姚大川. 中国智慧城市发展现状、问题及对策[J]. 北京城市学院学报，2019（1）：10-13.

[69] 金江军，张琳琳，姚大川. 中国智慧城市发展现状、问题及对策[J]. 北京城市学院学报，2019，1：10-13.

[70] 金世斌，吴国玖，黄莉. 智慧城市建设的国际经验与趋势展望[J]. 上海城市管理，2016，25（2）：12-17.

[71] 金永亮. 建设智慧城市的实践和探索[J]. 城市，2013（11）：19-22.

[72] 李博. 美丽城市：智慧、绿色与共生[J]. 中外建筑，2018（6）：1.

[73] 李成名，李兵. 从数字城市走向智慧城市[J]. 地理空间信息，2013，11（S1）：7-10.

[74] 李春佳. 智慧城市内涵、特征与发展途径实操——以北京智慧城市建设为例[J]. 现代城市研究，2015，5：79-83.

[75] 李春友，古家军. 国外智慧城市研究综述[J]. 软件产业与工程，2014（3）：50-56.
[76] 李德仁，邵振峰，杨小敏. 从数字城市到智慧城市的理论与实践[J]. 地理空间信息，2011，9（6）：1-5，7.
[77] 李国秋. 欧盟信息化测度的新发展及启示[J]. 图书馆杂志，2016，1：74-83.
[78] 李国英，侯珂. 国外智慧城市建设实践研究[J]. 现代经济信息，2015（23）：27-28.
[79] 李昊，王鹏. 新型智慧城市七大发展原则探讨[J]. 规划师，2017，33（5）：5-13.
[80] 李建明. 智慧城市发展综述[J]. 中国电子科学研究院学报，2014，9（3）：221-225，233.
[81] 李金华. 雄安新区绿色智慧新城建设及核心政策设计的思考[J]. 财经智库，2018，3（2）：84-92，142.
[82] 李军. 智慧城市下现代城市规划设计发展方向[J]. 绿色环保建材，2019，7：52-53.
[83] 李立望，黄德海. 智慧城市的中国化历程和发展方向[J]. 新经济导刊，2019，274（3）：46-52.
[84] 李林. 新加坡“智慧岛”建设的经验与启示[J]. 当代党员，2018，4：46-47.
[85] 李敏贤. 依托雄安新区建设，探索河北智慧城市运行体制与机制研究[J]. 科技风，2020（10）：268.
[86] 李强. 城市环保治理效果模型构建与实证研究——以贵州省数据为例[J]. 生态经济，2019，4：193-195.
[87] 李霞. 智慧城市智能感知信息服务模型与应用研究[M]. 北京：科学出版社，2019.
[88] 李娴，邱天圆. 智慧城市的顶层设计规划探讨[J]. 通信世界，2019，26（11）：111-112.
[89] 李小葵，杜成章. 数字城市、智慧城市顶层设计探讨[J]. 智能建筑，2013（1）：28-32.
[90] 李欣，刘秀，万欣欣. 数字孪生应用及安全发展综述[J]. 系统仿真学报，2019，31（3）：385-392.
[91] 李彦霞，许鹏，单彬. 银川智慧城市建设研究[J]. 中国市场，2017（31）：41-43.
[92] 李颖智. 智慧城市管理模式研究[D]. 武汉：华中科技大学，2015.
[93] 廖广利. 深圳新型智慧城市建设研究[D]. 深圳：深圳大学，2018.
[94] 林彬. 大数据时代城乡规划和智慧城市建设探究[J]. 居舍，2019，2：177.
[95] 刘百韬，潘艳艳，李梦培，等. BIM，3DGIS 技术在智慧城市基础设施及数字化管线运管系统中的应用与研究[J]. 中国科技纵横，2019，（5）：37-41.
[96] 刘波. 缓解城市交通拥堵探讨[J]. 企业经济，2011，（6）：145-147.
[97] 刘丁睿，贺煜，杨艳，等. 探讨城市智能化发展　分享智慧城市建设[J]. 重庆与世界，2018

（17）：34-41.
[98] 刘军萍，白晨，王晓丽. “美丽智慧乡村”集成创新试点建设实践探索与思考——以北京市平谷区大兴庄镇西柏店村为例[J]. 农业工程技术，2016，36（15）：67-75.
[99] 刘婷，徐寰春. 大数据时代背景下智慧城市规划[J]. 智能城市，2016，2（9）：50.
[100] 刘献韬，郭淑利. 探析智慧城市的内涵及其技术创新[J]. 江西建材，2016，4：27-31.
[101] 龙瀛，张恩嘉. 数据增强设计框架下的智慧规划研究展望[J]. 城市规划，2019，43（8）：34-40，52.
[102] 陆小敏，陈杰，袁伟. 关于智慧城市顶层设计的思考[J]. 电子政务，2014（1）：15-22.
[103] 路永华，李海燕. 智慧城市项目建设运营模式对比分析[J]. 物联网技术，2019，9（9）：74-78，81.
[104] 罗侠，蓝春青. 忻城“智慧乡村”：3 万人靠它脱贫[J]. 农家之友，2018（3）：18.
[105] 吕淑丽，薛华，王堃. 智慧城市建设的研究综述与展望[J]. 当代经济管理，2017，39（4）：53-57.
[106] 马捷，葛岩，蒲泓宇，等. 基于多源数据的智慧城市数据融合框架[J]. 图书情报工作，2019（15）.
[107] 马磊. 智慧城市社区信息化解决方案——智慧社区规划方案[J]. 通信电源技术，2019，36（1）：240-241.
[108] 马林艺，米青，刘畅. 雄安新区绿色智慧新城建设应注重的关键问题[J]. 传播力研究，2018，2（32）：186-187.
[109] 毛子骏，黄膺旭，徐晓林. 信息生态视角下智慧城市信息安全风险分析及应对策略研究[J]. 中国行政管理，2019，411（9）：123-129.
[110] 牛强，卢相一，魏伟. 虚拟智慧城市初论——基于虚拟城市空间的智慧城市建设方式探索[J]. 城市建筑，208，15：26-30.
[111] 潘军. 多元地学空间数据融合及可视化研究[D]. 长春：吉林大学，2005.
[112] 彭煜玮，彭智勇. 空间数据融合技术的研究[J]. 计算机工程，2007，33（18）：51-52.
[113] 钱慧. 智慧城市管理机构的设置与运行研究[D]. 南京：南京航空航天大学，2018.
[114] 钱立峰. 推进智慧城市综合管理平台建设 提升政府社会治理和服务的能力[J]. 信息化建设，2017（2）：28-31.
[115] 秦洪花，李汉清，赵霞. “智慧城市”的国内外发展现状[J]. 信息化建设，2010，9：1-3.
[116] 秦婉欣. 智慧城市建设应当一城一策[J]. 经济，2015，（19）：42.

[117] 邱彩凤. 智慧城市发展现状调研及解决方案研究[J]. 通信世界，2019，26（5）：93-94.

[118] 邱天. 浅析新时代基于智慧城市理念的城市规划方略[J]. 智能城市，2019，8：15-16.

[119] 人民邮电报. 数字孪生城市既是数字城市的目标也是智慧城市的起点[EB/OL]. https：//www. sohu. com/a/211071253_472878，2017.

[120] 尚晓博. 刍议智慧城市发展对城市规划的影响[J]. 城市建设理论研究（电子版），2017，223（13）：86-87.

[121] 邵劲松. 智慧城市创建的误区与建议[J]. 智慧中国，2016，（1）：75-76.

[122] 盛晖. 新时期智慧城市对城市规划的几点思考[J]. 科学技术创新，2019（36）：136-137.

[123] 司开林. 智慧城市：价值、内涵与模式[J]. 现代城市，2014.

[124] 宋刚，邬伦. 创新 2. 0 视野下的智慧城市[J]. 城市发展研究，2012，19（9）：53-60.

[125] 宋金城，吴宣佑. 工业互联网技术发展现状及趋势分析[J]. 现代经济信息，2016（22）：338.

[126] 孙超. 浅谈虚拟现实技术在智慧城市领域的应用[J]. 中国公共安全，2017，1：73-78.

[127] 孙丹. 智慧社区视角下的社区管理体制机制创新[J]. 荆楚学术，2019，6（32）：17-20.

[128] 孙亮. 网络信息安全在智慧城市建设中的威胁与应对[J]. 江苏通信，2018，34（6）：73-75.

[129] 唐友雄. 新时代下新型智慧城市建设如何少走弯路[J]. 科技经济导刊，2018，26（15）：207，209.

[130] 陶飞，张贺，戚庆林，等. 数字孪生十问：分析与思考[J]. 计算机集成制造系统，2020，26（1）：1-17.

[131] 滕吉文，司芗，刘少华. 当代新型智慧城市属性、理念、构筑与大数据[J]. 科学技术与工程，2019，36：1-20.

[132] 涂萌，何培育，陈博. 伦敦智慧城市用户信息安全保障机制及其对我国的启示[J]. 重庆邮电大学学报（社会科学版），2020，32（1）：26-36.

[133] 万玲. 大数据时代下智慧城市建设项目运营模式研究[J]. 价值工程，2019，38（10）：50-52.

[134] 万倩. 探究智慧城市规划与顶层设计[J]. 信息通信，2018（6）：114-115.

[135] 王殿来. 太原市智慧城市建设研究[D]. 太原：山西大学，2019.

[136] 王栋，张志军. 突出创新管理理念 提升智能管理水平[J]. 中国建设信息化，2018，17：54-57.

[137] 王广斌，崔庆宏，刘欢. 国外智慧城市研究的现状分析与启示[J]. 工程管理学报，2016，30（6）：55-60.

[138] 王广斌，张雷，刘洪磊. 国内外智慧城市理论研究与实践思考[J]. 科技进步与对策，2013，30（19）：153-160.

[139] 王红茹. 抚州市市长张鸿星：以智慧医疗破解“乡村看病难”[J]. 中国经济周刊，2018（14）：68-69.

[140] 王花蕾，李晓春. 新加坡全面运用信息技术建设智慧国家[J]. 智能建筑与智慧城市，2016，12：36-39.

[141] 王磊. 浅析智慧城市理念与未来城市发展[J]. 信息通信，2018，4：262-263.

[142] 王鹏，杜竞强. 智慧城市与城市规划——基于各种空间尺度的实践分析[J]. 城市规划，2014，38（11）：37-44.

[143] 王伟玲，肖拥军，王晶. 智慧城市运营模式研究[J]. 改革与战略，2015，31（2）：73-76.

[144] 王文文. 我国智慧城市建设与政府管理问题研究[D]. 南宁：广西民族大学，2016.

[145] 王夏晖，张惠远，王波. 快速城镇化进程中的环境安全研究[J]. 城市问题，2008（5）：11-15.

[146] 王小广. 住房结构不合理：交通拥堵的第四大原因[J]. 南风窗，2011（10）：83-85.

[147] 王亚玲. 公众参与：智慧城市向智慧社会的跃迁路径[J]. 领导科学，2019（2）：115-117.

[148] 王耀南，李树涛. 多传感器信息融合及其应用综述[J]. 控制与决策，2001，16（5）：518-522.

[149] 王益明，许春雯，黄容. 中国智慧城市建设的现状与发展趋势——第七届中国电子政务高峰论坛综述[J]. 电子政务，2013，8：86-90.

[150] 王胤瑜，刘朝晖，田大江. 智慧城市“顶层设计”内涵解读及与相关概念的辨析[J]. 智能建筑与智慧城市，2017（3）：29-33.

[151] 王胤瑜，田大江，李颖玥. 以“智能”实现城市公平——美国纽约的智慧城市创建行动及启示[J]. 智能建筑与智慧城市，2017（12）：28-31.

[152] 王咏. 新城新区智慧城市差异化建设思考[J]. 通信企业管理，2019（1）：26-28.

[153] 王玉华，田永健，张雅琪，等. 关于雄安新区智慧城市建设理念的探析[J]. 经济师，2019，7：43-46.

[154] 王志斌. 国际智慧城市建设历程与服务体系比较研究[J]. 智能城市，2020，6（12）：52.

[155] 王子敏，范从来. 城市化与能源消耗间关系实证研究[J]. 城市问题，2012（8）：8-14.

[156] 邬明罡. 亚太地区典型智慧城市发展经验或可借鉴[J]. 世界电信，2013，26（3）：37-41.

[157] 吴迪. 边缘计算赋能智慧城市：机遇与挑战[J]. 人民论坛·学术前沿，2020（9）：1-8.

[158] 伍朝辉，武晓博，王亮. 交通强国背景下智慧交通发展趋势展望[J]. 交通运输研究，2019，5（4）：26-36.

[159] 夏连鲲，程星华. 从 CES 技术应用看未来智慧城市的发展趋势[J]. 智能建筑与智慧城市，2019，271（6）：14-17.

[160] 肖斌，段承先，阎高伟. 多传感器信息融合及其在工业中的应用综述[J]. 电脑开发与应用，2007，20（10）：27-29.

[161] 肖静华，谢康，迟嘉昱. 智能制造数字孪生与战略场景建模[J]. 北京交通大学学报（社会科学版），2019，18（2）：69-77.

[162] 徐建明. 数据智能、孪生城市——展望未来智慧城市产业发展[J]. 中国安防，2019（12）：20-27.

[163] 徐振强，李有增. 数字中国——智慧城市高质量案例精选[M]. 北京：中国质检出版社，2019，135-156.

[164] 徐振强. 智慧城市理论与实践初探[J]. 城乡建设，2020（14）：23-27.

[165] 徐振强. 中国的智慧城市建设与智慧雄安的有效创新[J]. 区域经济评论，2017（4）：69-74.

[166] 许海云，董坤，隗玲，等. 科学计量中多源数据融合方法研究述评[J]. 情报学报，2018，3：318-328.

[167] 许庆瑞，吴志岩，陈力田. 智慧城市的愿景与架构[J]. 管理工程学报，2012，26（4）：1-7.

[168] 许镇，吴莹莹，郝新田，等. CIM 研究综述[J]. 土木建筑工程信息技术，2020，12（3）：1-7.

[169] 许作仲. 智慧城市建设中的政府管理机制创新研究[D]. 上海：华东政法大学，2019.

[170] 续合元，李健，曲振华，等. 智慧城市内涵和应用服务体系研究[J]. 电信网技术，2011（9）：14-18.

[171] 薛大暄，刘金刚. 基于数据挖掘的交通监控信息融合技术研究[J]. 现代电子技术，2020，43（13）：88-91.

[172] 薛向华，靳宏尧. 智慧城市解决方案[J]. 通信世界，2019，26（9）：40-41.

[173] 闫寒. 智慧城市背景下城市规划的应对与创新[J]. 中国标准化，2019，24：164-165.

[174] 严涛. 国外智慧城市的启示[J]. 北京规划建设，2015（2）：91-93.

[175] 杨成福，王毅睿. 智慧城市顶层设计浅析[J]. 邮电设计技术，2016（4）：76-83.

[176] 杨春志，韦颜秋. 基于立体感知的数字孪生城市发展：内涵与架构[J]. 建设科技，2019（12）：61-66.

[177] 杨庚，王安琪，陈正宇，等. 一种低耗能的数据融合隐私保护算法[J]. 计算机学报，2011，34（5）：792-800.

[178] 杨建勋. “互联网+”时代城市绿色低碳交通的挑战与对策[J]. 环境保护，2018，46（6）：43-46.

[179] 杨钧. 城镇化对环境治理绩效的影响——省级面板数据的实证研究[J]. 中国行政管理，2016，4：103-109.

[180] 杨琳. 大都市的大智慧——纽约[J]. 中国信息界，2013（12）：54-57.

[181] 杨彭，顾颖，周旭. 多站融合业务应用场景与建设运营模式探索研究[J]. 数据通信，2020，（3）：1-3，6.

[182] 杨巍，包丽凯. 日本智慧城市建设的经验及借鉴意义[J]. 中国工程咨询，2020（2）：78-85.

[183] 杨泽民，郭显娥，王文军. 数据挖掘中关联弱化问题的解决方法分析[J]. 计算机科学，2013（8）：220-222.

[184] 杨兆鑫，李萌，张延华. 区块链驱动的智慧城市体系建设[C]//第十六届中国航空测控技术年会论文集，2019（11）.

[185] 姚晓婧，王喆，王大成，等. 智慧城市空间信息公共平台：城市数据价值之源[J]. 中国科学院院刊，2019，34（10）：1165-1175.

[186] 叶志俊. 城市智慧建设首先要做好顶层设计[J]. 建设科技，2015（5）：43.

[187] 解析国外智慧城市建设经典案例[J]. 信息系统工程，2014（11）：8-9.

[188] 深圳：打造国家新型智慧城市新标杆[J]. 中国建设信息化，2020（5）：20-25.

[189] 专家聚兰州新区把脉“数字农业”：“智推”西部农业提速增效[J]. 农业工程技术，2019，39（27）：54-55.

[190] 尹丽英，张超. 中国智慧城市理论研究综述与实践进展[J]. 电子政务，2019（1）：111-121.

[191] 袁名人. AI 大数据时代智能安防在智慧城市建设中的发展与应用趋势[J]. 中国安防，2019，167（11）：42-45.

[192] 翟青. 基于居民活动的城市虚-实空间关联研究与评价[D]. 南京：南京大学，2015.

[193] 张晨. 智慧城市顶层设计信息安全管理的分析[J]. 数字通信世界，2018，166（10）：277.

[194] 张军. 智慧城市建设如何才能“真智慧”[J]. 人民论坛，2020，14：27-29.

[195] 张少彤，王芳，王理达. 智慧城市的发展特点与趋势[J]. 电子政务，2013（4）：2-9.

[196] 张威，郭黎，贾占永. 栅格数据融合算法探讨[J]. 海洋测绘，2007（5）：14-18.

[197] 张伟. 基于“智慧城市”下城市规划的改革创新分析[J]. 数字通信世界，2019（3）：220，247.

[198] 张小娟，贾海薇，张振刚. 智慧城市背景下城市治理的创新发展模式研究[J]. 中国科技论

坛，2017（10）：105-111.

[199] 张小娟. 智慧城市系统的要素、结构及模型研究[D]. 广州：华南理工大学，2015.

[200] 张雅博，孙钰. 基于智慧城市理念的城市环境治理效率提升研究[J]. 城市，2019（12）：58-66.

[201] 张义，陈虞君，杜博文，等. 智慧城市多模式数据融合模型[J]. 北京航空航天大学学报，2016，42（12）：2683-2690.

[202] 张永军. 利用新一代信息技术推进智慧型美丽乡村建设研究——以南京市江宁区为例[J]. 中国商论，2018（9）：5-7.

[203] 张振刚，张小娟. 智慧城市研究述评与展望[J]. 管理现代化，2013（6）：126-128.

[204] 赵大鹏. 中国智慧城市建设问题研究[D]. 长春：吉林大学，2013.

[205] 赵剑波. 推动新一代信息技术与实体经济融合发展：基于智能制造视角[J]. 科学学与科学技术管理，2020，41（3）：3-16.

[206] 赵菁雅. 云南乡村智慧旅游电子商务发展研究[D]. 昆明：云南农业大学，2016.

[207] 赵凯. “智慧城市”背景下的城市规划创新[J]. 科技创新导报，2020，6：225-226.

[208] 赵亮. 智慧生态城市的理念发展梳理与实践路径解析[J]. 智能建筑与智慧城市，2019，3：72-76.

[209] 赵蜀蓉，汤志伟，徐维烨. 智慧城市发展的机遇挑战与创新[J]. 中国行政管理，2016，378（12）：150-151.

[210] 赵卫明. 城市化与城市环境问题研究[J]. 经济论坛，2008（1）：49-50.

[211] 赵银红，李圆圆. 基于共生理论的智慧社区发展路径研究[J]. 绿色科技，2020（6）：261-263.

[212] 甄峰，秦萧. 智慧城市顶层设计总体框架研究[J]. 现代城市研究，2014（10）：7-12.

[213] 郑发. 刍议智慧城市理念与未来城市发展[J]. 价值工程，2018，13：212-213.

[214] 钟旻. 5G在物联网中的作用和对新技术的需求[J]. 数字通信世界，2019，176（8）：3-5.

[215] 钟山. 发展数字孪生（DT）建设新型智慧城市[N]. 中国信息化周报，2020-6-22.

[216] 周怀陵. 我国智慧城市运行模式和发展方向分析[J]. 中国新通信，2018，20（14）：72.

[217] 周文迪. 智慧城市智库联盟组织及运行模式研究[D]. 郑州：郑州大学，2016.

[218] 周妍琳. 智慧城市解读与未来城市发展的思考[J]. 建筑与文化，2014，8：134-136.

[219] 周怡舟. 智慧城市发展对城市规划的影响评述[J]. 智能建筑与智慧城市，2018，4：80-89.

[220] 周瑜，刘春成. 雄安新区建设数字孪生城市的逻辑与创新[J]. 城市发展研究，2018，25（10）：66-73.

[221] 朱凯松. 智慧深圳公共安全应急管理体系建设研究[D]. 长春：吉林财经大学，2017.

[222] 朱元德，王凯. 物联网技术在智慧城市建设中的应用[J]. 数字通信世界，2019（9）：161.

[223] 邹德磊，王庆春. 智慧城市建设与生命城市理念[J]. 山西建筑，2014，40（21）：10-11.

[224] 邹佳佳，马永俊. 智慧城市内涵与智慧城市建设[J]. 无线互联科技，2012，1994-2012：69-71.

[225] 邹伟，郑春勇. 发达国家的"分享型城市"建设实践、争议与启示[J]. 电子政务，2018，9：108-113.

[226] 邹贤映. 在城市规划体系中体现智慧城市建设需求[J]. 居舍，2019，（5）：162.

[227] Abdulrahman Habib，Duha Alsmadi，Victor R. Prybutok. Factors that determine residents' acceptance of smart city technologies[J]. Behaviour & Information Technology，2020，39（6）：610-623.

[228] Wang Fafa，Su Tingli，Jin Xuebo，et al. Indoor tracking by RFID fusion with IMU data[J]. Asian Journal of Control，2019，21（4）：1768-1777.

[229] Harrisonc，Donnellyia. A theory of smart cities[R/OL]. [2018 -12-20]. http：/ /journals. Isss. org /index. php /proceedings55th /article /view/1703，2011.

[230] Jae-Kwang Kim. Statistical data fusion[J]. Journal of the American Statistical Association，2019，114（527）：1425-1426.

[231] Marek Blok，Sylwester Kaczmarek，Magdalena Młynarczuk. Radar Data Fusion in the Stradar System[J]. Scientific Journal of Polish Naval Academy，2019，218（3）：43-56.

[232] Sarah Hernandez，Kyung（Kate） Hyun. Fusion of weigh-in-motion and global positioning system data to estimate truck weight distributions at traffic count sites[J]. Journal of Intelligent Transportation Systems，2020，24（2）：201-215.

[233] Andrea Caragliu，Chiara Del Bo，Peter Nijkamp. Smart cities in Europe[J]. Journal of Urban Technology，2011（2）.

[234] Karima Kourtit，Peter Nijkamp，Daniel Arribas. Smart cities in perspective-a comparative European study by means of self-organizing maps[J]. Innovation：The European Journal of Social Science Research，2012（2）.

[235] Suparth Jain，Abhishek Kumar，Meena Priyadharshini. Smart city：traffic management system using smart sensor network[J]. Journal of Physics：Conference Series，2019，1362（1）：012129.

[236] Tania Ray Bhattacharya，Anindya Bhattacharya，Benjamin Mclellan，et al. Sustainable smart

city development framework for developing countries[J]. Urban Research & Practice，2020，13（2）：180-212.

[237] Zandbergen Dorien，Uitermark Justus. In search of the smart citizen：republican and cybernetic citizenship in the smart city[J]. Urban Studies，2020，57（8）：1733-1748.